# 前 言

《成本会计学》是会计专业的一门专业基础课,同时也是一门具有财务会计与管理会计双重性质的课程,是继会计学原理、中级财务会计等课程之后会计专业的另外一门重要的专业课。《成本会计学》主要侧重于成本核算这一职能的实现和任务的完成,另外兼顾了成本分析,力求既把有关实务操作与方法讲清、讲透,又对有关问题作一定的理论分析,使学生不只是知其然,更知其所以然,掌握其精神实质所在。该课程的最大特点就是实用性很强,涉及的基本概念与基本方法比较多。因此,在学习过程中,应当注意比较全面、系统地掌握和理解成本会计的基本理论、基本知识和基本方法,同时通过大量的练习加强方法的掌握和比较。该教材是在过去多次编写的《成本会计学》等教材的基础上,总结了我们多年科研、教学成果,并且吸收了国内外最新的科研成果以及其他院校优秀教材的精华编写而成的,是专为会计专业、财务管理专业、审计专业、资产评估专业本科生编写的,也可供广大财会工作者、财经院校教师、其他财经专业学生参考和自学。

为了保持教材的先进性和持久的生命力,在教材编写过程中,特别注重了以下几个特点:

第一,本教材的编写以《企业产品成本核算制度(试行)》、《企业会计准则》、《小企业会计准则》等为依据,全面论述了成本会计的基本理论、基本方法。成本会计学作为经济应用学科,其教材既要讲清理论,又要注意应用。本教材注重了从理论高度进行概括和解释,增加了成本会计领域的一些新的研究成果,又运用基本原理去解决实际问题。

第二,由于制造业企业的费用、成本业务具有很强的代表性,因此,本教材以制造业企业的成本核算和分析为重点,较为详细地解释了制造业企业在成本核算和成本分析等方面的特点和具体核算程序与方法。

第三,注意各学科之间的联系和区别,详略得当。成本会计的内容繁多,本教材只论述成本核算和成本分析方法,以避免与《管理会计》和《财务管理》中论述的内容重复。

第四,兼顾会计专业技术资格考试、注册会计师考试之需,这些考试中有关成本会计的内容也包括在本书之中。并且，根据注册会计师考试的最新调整，增加了关于作业成本法的内容，对作业成本法的基本理论与具体实施程序作了详细的说明，便于学生复习相关内容，通过考试。

第五，力求将系统性、实用性、创新性相结合。本书各章节内容相互衔接，注重内容的逻辑性；内容上力求切合我国成本会计理论与实务的现实情况。书中每一章开始均设有“学习目的”，引领学生把握本章主要内容，每章结束均附有本章小结和复习思考题，便于学习时掌握学习重点和难点，以及有关知识点之间的相互联系，并且努力使学生做到学用结合；另外，这一设计更便于授课教师的备课、讲授、复习和测评授课效果。

本教材由山东财经大学有着多年教学和实践经验老师编写，曹庆华、刘芳担任主编，负责拟定大纲、组织撰写、审阅、修改和定稿。本书共分为十四章，各章的具体分工如下：第一章由杨公遂编写；第二章、第六章由曹庆华编写；第三章由王冠忠编写；第四章由李云编写；第五章、第九章、第十章、第十一章由刘芳编写；第七章由韩倩倩编写；第八章由林丰岩编写；第十二章由叶飞编写；第十三章由王维祝编写；第十四章由中央财经大学会计学院李连燕编写。在本书的编写过程中，参阅了国内许多优秀的教材、著作，在此表示衷心的感谢。

作为一部教科书，坚持与时俱进、不断充实和提高是极为重要的。而要做到这一点，广泛吸收广大读者的意见和建议是不可或缺的，因此，虽然我们做了不少努力，但由于水平有限，书中难免存在缺点和错误，恳请读者批评指正，以便改正和提高。

《成本会计学》编写组

2016 年 7 月

财会精品系列教材

Cheng Ben Kuai Ji Xue

# 成本会计学

主 编 曹庆华 刘 芳
副主编 杨公遂 李 云

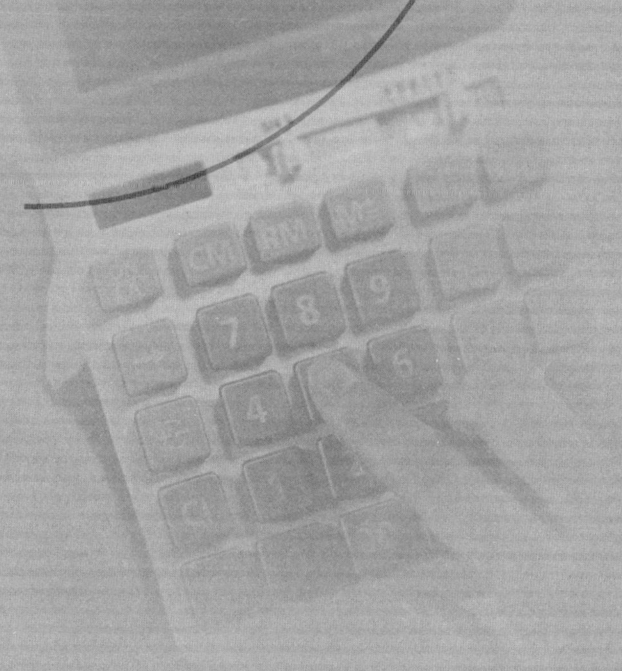

山东人民出版社

# 目 录

# 第一章 总 论

**学习目的：**

1. 了解成本会计的对象、性质和职能；
2. 理解成本会计机构设置的方法；
3. 掌握成本会计的核算形式。

## 第一节 成本会计的对象和性质

### 一、成本的概念

不同的学科，由于其研究的角度和目的不同，对成本的定义也不完全相同。下面主要从政治经济学和会计学的角度，对成本的概念简要分析。

（一）政治经济学中成本的概念

马克思在《资本论》一书中指出，“按照资本主义方式生产的每一个商品 W 的价值，用公式来表示是 W = c + v + m。如果从这个产品价值中减去剩余价值 m，那么，在商品中剩下的，只是一个在生产要素上耗费掉的资本价值 c + v 的等价物或补偿价值。”（《马克思恩格斯全集》第 25 卷，第 30 页）“只是补偿商品使资本家自身耗费的东西，所以对资本家来说，这就是商品的成本价格。”（同上）马克思在这里称为商品的“成本价格”的那部分价值，指的就是商品成本。

从政治经济学的角度可以对成本定义如下：生产经营过程中所耗费的生产资料转移的价值和劳动者为自己劳动所创造的价值的货币表现，也就是企业在生产经营中所耗费的资金的总和。

（二）会计学中成本的概念

在会计学中，成本是指为了实现一定的经济目的而付出的、可以用货币计量的代价（或价值牺牲）。

会计学中成本的定义，是从管理学的角度出发的，目的是加强企业成本管理，提高企业经济效益。

而经济学对于成本的定义较为宏观：凡是经济资源的牺牲都是成本。换句话说，成本可以是有形的或无形的，主观认定或客观认定，货币或非货币，也包括社会成本如因污染引发的成本。

本教材采纳会计学定义，按照我国财政部2013年发布的《企业产品成本核算制度（试行）》（2013）规定，"产品，是指企业日常生产经营活动中持有以备出售的产成品、商品、提供的劳务或服务。产品成本，是指企业在生产产品过程中所发生的材料费用、职工薪酬等，以及不能直接计入而按一定标准分配计入的各种间接费用"。

不同行业成本的内容不完全相同，本书主要以制造业为例，分析成本的构成和成本的计算方法。对于制造业而言，为了实现获取收益的目的，必须组织产品生产，为此需要付出如下代价：耗费原材料、燃料及动力等，计提固定资产折旧以及支付职工薪酬等。

应当指出的是，以上只是从理论上说明了成本的经济实质和它应包括的客观内容。在实际工作中，成本的开支范围是通过有关会计准则、制度等来加以界定的。为了促使企业加强经济核算，减少生产损失，对于劳动者为社会劳动所创造的某些价值，如财产保险费等，以及一些不形成产品价值的损失性支出，如工业企业的废品损失、季节性和修理期间的停工损失等也计入成本。可见，实际工作中的成本开支范围与理论成本包括的内容是有一定差别的。就上述的废品损失、停工损失等损失性支出来说，它从实质上并不形成产品价值，它不是产品的生产性耗费，而是纯粹的损耗，并不属于成本的范围，但是考虑到经济核算的要求，将其计入成本，使之得到必要的补偿。当然，对于成本实际开支范围与成本经济实质的背离，必须严格限制，否则，成本的计算就失去了理论依据。

（三）成本与费用

成本与费用是一组既有一定联系又有一定区别的概念。区分成本与费用是非常重要的。按照《企业产品成本核算制度（试行）》规定，"产品成本，是指企业在生产产品过程中所发生的材料费用、职工薪酬等，以及不能直接计入而按一定标准分配计入的各种间接费用"，它是对象化的费用，即产品成本是相对于一定的产品而言所发生的费用，是按照产品品种等成本计算对象对当期发生的费用进行归集而形成的。按照《企业会计准则》规定，费用是企业在日常活动中发生的会导致所有者权益减少的、与向所有者分配利润无关的经济利益的总流出。费用是资产的耗费，它与一定的会计期间相联系，而与生产哪一种产品无关；成本与一定种类和数量的产品或商品相联系，而不论发生在哪一个会计期间。

## 二、成本会计的产生和发展

成本会计先后经历了早期成本会计、近代成本会计、现代成本会计和战略成本会计四个阶段。成本会计的方式和理论体系,随着发展阶段的不同而有所不同。

(一)早期成本会计阶段(1880～1920)

随着英国产业革命的完成,机器代替了手工劳动,工厂代替了手工作坊,会计人员为了满足企业管理上的需要,起初是在会计账簿之外,用统计的方法来计算成本。此时,成本会计出现了萌芽。从成本会计的方式来看,在早期成本会计阶段,主要是采用分批法或分步法成本会计制度;从成本会计的目的来看,主要是计算产品成本以确定存货成本及销售成本。所以,初创阶段的成本会计也称为记录型成本会计。

(二)近代成本会计阶段(1921～1945)

19世纪末20世纪初,在制造业中发展起来的以泰勒模式为代表的科学管理,对成本会计的发展产生了深刻的影响。标准成本法的出现使成本计算方法和成本管理方法发生了巨大的变化,成本会计进入了一个新的发展阶段。近代成本会计主要采用标准成本制度和成本预测,为生产过程的成本控制提供条件。

(三)现代成本会计阶段(1946～1980)

20世纪50年代起,西方国家的社会经济进入了新的发展时期。随着管理现代化,运筹学、系统工程和电子计算机等各种科学技术成就在成本会计中得到广泛应用,从而使成本会计发展到一个新的阶段,即成本会计发展重点已由如何对成本进行事中控制、事后计算和分析转移到如何预测、决策和规划成本,形成了新型的以管理为主的现代成本会计。

(四)战略成本会计阶段(1981年以后)

20世纪80年代以来,随着电脑技术的进步,生产方式的改变,产品生命周期的缩短,以及全球性竞争的加剧,大大改变了产品成本结构与市场竞争模式。成本管理的视角由单纯的生产经营过程管理和重股东财富,扩展到与顾客需求及利益直接相关的、包括产品设计和产品使用环节的产品生命周期管理,更加关注产品的顾客可察觉价值;同时要求企业更加注重内部组织管理,尽可能地消除各种不增加顾客价值的内耗,以获取市场竞争优势。此时,战略相关性成本管理信息已成为成本管理系统不可缺少的部分。

## 三、成本会计的对象

成本会计有狭义与广义之分。狭义的成本会计主要是指成本核算,是按照一定的程序、标准和方法,对企业发生的各种费用进行归集和分配,从而计算出产品总成本和单位成本的一系列程序和方法。

广义的成本会计不但包括成本核算,而且包括成本预测、成本决策、成本预算、成本控制和成本工作业绩考核与评价等方面的内容。本书主要以介绍狭义的成本会计内容为主,至于广义的成本会计的内容,在管理会计学、成本管理等课程中都有相关论述。

成本会计的对象是指成本会计反映和监督的内容。明确成本会计的对象，对于确定成本会计的任务，研究和运用成本会计的方法，更好地发挥成本会计在经济管理中的作用，有着重要的意义。

从理论上讲，成本所包括的内容，也就是成本会计应该反映和监督的内容。但为了更为详细、具体地了解成本会计的对象，还必须结合企业的具体生产经营过程和现行会计制度的有关规定来加以说明。下面以工业企业为例，说明成本会计应反映和监督的内容。

工业企业的基本生产经营活动是生产和销售工业产品。在产品的直接生产过程中，即从原材料投入生产到产成品制成的过程中，一方面制造出产品来，另一方面要发生各种各样的生产耗费。这一过程中的生产耗费，概括地说，包括劳动资料与劳动对象等物化劳动耗费和活劳动耗费两大部分。其中房屋、机器设备等作为固定资产的劳动资料，在生产过程中长期发挥作用，直至报废而不改变其实物形态，但其价值则随着固定资产的磨损，通过计提折旧的方式，逐渐地、部分地转移到所制造的产品中去，构成产品生产成本的一部分；原材料等劳动对象，在生产过程中或者被消耗掉，或者改变其实物形态，其价值也随之一次全部地转移到新产品中去，也构成产品生产成本的一部分；生产过程是劳动者借助于劳动工具对劳动对象进行加工，制造产品的过程，通过劳动者对劳动对象的加工，才能改变原有劳动对象的使用价值，并且创造出新的价值来，其中劳动者为自己劳动所创造的那部分价值，则以职工薪酬的形式支付给劳动者，用于个人消费，因此，这部分职工薪酬也构成产品生产成本的一部分。具体来说，在产品的制造过程中发生的各种生产耗费，主要包括原料及主要材料、辅助材料、燃料及动力等的支出，生产单位（如分厂、车间）固定资产的折旧，直接生产人员及生产单位管理人员的职工薪酬以及其他一些货币支出等，所有这些支出，构成了企业在产品制造过程中的全部生产费用，而为生产一定种类、一定数量产品而发生的各种生产费用支出的总和，就构成了产品的生产成本。上述产品制造过程中各种生产费用的支出和产品生产成本的形成，是成本会计应反映和监督的主要内容。

在产品的销售过程中，企业为销售产品会发生各种各样的费用支出。例如，应由企业负担的运输费、装卸费、包装费、保险费、展览费、差旅费、广告费，以及专设销售机构的人员职工薪酬和其他经费等。所有这些为销售本企业产品而发生的费用，构成了企业的销售费用。销售费用也是企业在生产经营过程中所发生的一项重要费用，它的支出和归集过程，也应该成为成本会计所反映和监督的内容。

企业的行政管理部门为组织和管理生产经营活动，也会发生各种各样的费用。例如，企业行政管理部门人员的职工薪酬、固定资产折旧、工会经费、业务招待费、坏账损失等，这些费用可统称为管理费用。企业的管理费用，也是企业在生产经营过程中所发生的一项重要费用，其支出和归集过程，也应该成为成本会计所反映和监督的内容。

此外，企业为筹集生产经营所需资金等也会发生一些费用。例如，利息净支出、汇兑净损失、金融机构的手续费等。这些费用可统称为财务费用。财务费用也是企业在生产经营过程中发生的费用，它的支出和归集过程同样应该属于成本会计反映和监督的内容。

上述的销售费用、管理费用和财务费用，与产品生产没有直接联系，而是按发生的期间归集，直接计入当期损益。因此，它们构成了企业的期间费用。

综上所述，按照企业会计准则的有关规定，可以把工业企业成本会计的对象概括为：企业生产经营过程中发生的生产经营业务成本和期间费用。

成本会计不仅应该按照现行制度的有关规定，为企业正确确定利润和进行成本管理提供可靠的生产经营业务成本和期间费用信息，而且应该从企业内部经营管理的需要出发，提供多方面的成本信息。

## 四、成本会计的性质

成本计算具有两重性，它既是财务会计的一个重要组成部分，又是管理会计的一个重要组成部分。

存货计价和收益确定是财务会计中的两个重要问题，这两个问题都与成本计算有着密切的联系。因为正确计算产品成本是正确划分本期已销产品成本和期末未销售产品成本的基础，其中本期已销产品成本应列入损益表，使之与本期实现的销售收入相配合，据以确定本期的净收益；而期末未销产品成本则列入资产负债表，作为流动资产的一个组成部分转入下期。所以，产品成本计算是否正确，直接关系到存货计价和收益确定是否正确，最终表现为据以编制的财务报表能否如实反映企业的财务状况和经营成果。从这个意义上来说，如何正确地组织成本计算，正确而及时地提供产品成本信息，是财务会计需要着重研究的一个问题。

再从管理会计的角度看，成本计算是为企业正确地进行最优决策、有效经营和严格进行成本控制服务的。在经营决策和日常控制的各个环节，都必须对成本问题进行认真地分析研究。经营决策最优方案的选择，通常要以各有关方案对成本的影响如何，作为评价的重要依据。离开了通过一定方法进行成本计算所取得的成本信息，经营决策中所用的各种形式的成本也就成为无源之水、无本之木了。从这里可以看到，各种形式的成本信息在经营决策中的正确运用要以详细了解成本在生产中的形成及其具体计算为其基本前提。而且，从管理会计来看，成本计算不能停留在为计算而计算，要着重于把成本计算和成本控制很好地结合起来。成本计算一般是以产品为对象，通过计算而确定产品成本。而实现成本的控制，关键不在于事后确定产品的实际成本，而在于围绕各个责任中心加强事前的计划和生产过程中的控制。这项工作,可以通过责任会计的有关方法来完成。实践证明,以部门成本为基础进行成本计算,有助于把事前的计划、日常的控制和最终产品成本的确定有机地结合起来,这对于全面提高成本管理水平将有较大的帮助。而实现这几个方面的结合,具体了解和掌握产品成本计算的方法原理又是其中很重要的一环。

可见,成本计算具有双重性,它既是财务会计的一个重要组成部分,又是管理会计的一个重要组成部分。

## 第二节　成本会计的职能和任务

### 一、成本会计的基本职能

成本会计的职能,是指成本会计作为一种管理经济的活动,在生产经营过程中所能发挥的作用。由于现代成本会计与管理紧密结合,所以,它实际上包括了成本管理的各个环节。现代成本会计的主要职能有:成本预测、成本决策、成本计划或预算、成本控制、成本核算、成本分析和成本考核。

(一)成本预测

成本预测是指运用一定的科学方法,对未来成本水平及其变化趋势做出科学的估计。通过成本预测,掌握未来的成本水平及其变动趋势,有助于减少决策的盲目性,使经营管理者易于选择最优方案,做出正确决策。主要是对企业成本发展方向及其可能达到的水平做出推测判断。

(二)成本决策

成本决策是指用决策理论,根据成本预测及有关成本资料,运用定性与定量的方法,抉择最佳成本方案的过程。成本决策可分为宏观成本决策和微观成本决策。它贯穿于整个生产经营过程,涉及面广,因此,在每个环节都应选择最优的成本决策方案,才能达到总体的最优。

(三)成本计划或预算

在成本决策的基础上,编制有关的成本计划或预算。企业按照预算期的特殊生产和经营情况所编制的预定成本,它属于一种预计或未来成本。确定预算成本应以企业预算期内的销售和生产预算等为基础,编制产品生产和经营的直接材料预算、直接人工预算、制造费用预算和期间费用预算等。

(四)成本控制

成本控制,是企业根据一定时期预先建立的成本管理目标,由成本控制主体在其职权范围内,在生产耗费发生以前和成本控制过程中,对各种影响成本的因素和条件采取的一系列预防和调节措施,以保证成本管理目标实现的管理行为。

（五）成本核算

成本核算是指将企业在生产经营过程中发生的各种耗费按照一定的对象进行分配和归集,以计算总成本和单位成本。成本核算通常以会计核算为基础,以货币为计算单位。成本核算是成本管理的重要组成部分,对于企业的成本预测和企业的经营决策等存在直接影响。进行成本核算,首先审核生产经营管理费用,看其已否发生,是否应当发生,已发生的是否应当计入产品成本,实现对生产经营管理费用和产品成本直接的管理和控制。其次对已发生的费用按照用途进行分配和归集,计算各种产品的总成本和单位成本,为成本管理提供真实的成本资料。

（六）成本分析

成本分析,是利用成本核算及其他有关资料,分析成本水平与构成的变动情况,研究影响成本升降的各种因素及其变动原因,寻找降低成本的途径的分析方法。成本分析是成本管理的重要组成部分,其作用是正确评价企业成本计划的执行结果,揭示成本升降变动的原因,为编制成本计划和制定经营决策提供重要依据。

（七）成本考核

成本考核是指定期考查审核成本目标实现情况和成本计划指标的完成结果,全面评价成本管理工作的成绩。成本考核的作用是,评价各责任中心特别是成本中心业绩,促使各责任中心对所控制的成本承担责任,并借以控制和降低各种成本。

在成本会计的各个职能中,成本核算是最基本的职能,没有成本核算就没有成本会计。成本会计的各个职能是相互联系、互为条件的,并贯穿于企业生产经营活动的全过程,在全过程中发挥作用。

### 二、成本会计的任务

成本会计的任务是成本会计职能的具体化,也是人们期望成本会计应达到的目的和对成本会计的要求。成本会计的任务具体说主要有以下几个方面:

（一）及时、正确地进行成本核算,为企业经营管理提供有用的信息

按照国家有关法规、制度的要求和企业经营管理的需要,及时、正确地进行成本核算,提供真实、有用的成本信息,是成本会计的基本任务。这是因为成本核算所提供的信息,不仅是企业正确地进行存货计价、正确地确定利润和制订产品价格的依据,同时也是企业进行成本管理的基本依据。在成本管理中,对各项费用的监督与控制主要是在成本核算过程中,利用有关核算资料来进行的,成本预测、决策、计划、控制、考核、分析等也是以成本核算所提供的成本信息为基本依据的。

（二）进行成本预测决策,编制成本计划或预算,为企业进行成本管理提供基

本依据

在社会主义市场经济中,企业应在遵守国家的有关政策、法令和制度的前提下,按照市场经济规律的要求,正确地组织生产经营活动。为此,企业必须在经营管理中加强预见性和计划性。也就是说,面对市场,企业应在分析过去的基础上,科学地预测未来,周密地对自身的各项经济活动实行计划管理。就企业的成本管理工作来说,它是一项综合性很强、涉及面很广的管理工作,仅靠财会部门和成本会计工作是难以完成的。但成本会计作为一项综合性很强的价值管理工作,应充分发挥自己的特点,在成本的计划管理中发挥主导作用。为了使企业成本管理工作有计划地进行和对费用开支有效地进行控制,成本会计工作应在企业各有关方面的配合下,根据历史成本资料、市场调查情况以及其他有关方面(如生产、技术、财务等方面)的资料,采用科学的方法来预测成本水平及其发展趋势,拟订各种降低成本的方案,进而进行成本决策,选出最优方案,确定目标成本;然后再根据目标成本编制成本计划,制定成本费用的控制标准以及降低成本应采取的主要措施,以作为对成本实行计划管理、建立成本管理责任制、开展经济核算和控制费用支出的基础。

(三)严格审核和控制各项费用支出,努力节约开支,不断降低成本

企业作为自主经营、自负盈亏的商品生产者和经营者,应贯彻增产节约的原则,加强经济核算,不断提高企业经济效益。这是社会主义市场经济对企业的客观要求。在此方面成本会计担负着极为重要的任务。为此,成本会计必须以国家有关成本费用开支范围和开支标准,以企业的有关计划、预算、规定、定额等为依据,严格控制各项费用的开支,监督企业内部各单位严格按照计划、预算和规定办事,并积极探求节约开支、降低成本的途径和方法,以促进企业经济效益的不断提高。

(四)考核成本计划或预算的完成情况,开展成本分析

在企业的经营管理中,成本是一个极为重要的经济指标,它可以综合反映企业以及企业内部有关单位的工作业绩。因此,成本会计必须按照成本计划或预算的要求,进行成本考核,肯定成绩,找出差距,鼓励先进,鞭策落后。成本是综合性很强的指标,其计划的完成情况是诸多因素共同作用的结果。因此,在成本管理工作中,还必须认真、全面地开展成本分析工作。通过成本分析,揭示影响成本升降的各种因素及其影响程度,以便正确评价企业以及企业内部各有关单位在成本管理工作中的业绩,揭示企业成本管理工作中存在的问题,从而促进成本管理工作的改善,提高企业的经济效益。

综上所述,成本会计的任务包括:进行成本核算,提供真实、有用的核算资料,并进行成本的分析和考核,为经营管理提供有用的信息。鉴于此,本书的主要内容是:全面、系统地阐述成本核算的基本原理和各种成本计算方法(品种法、分批法、分步法和分类法等),以及成本报表的编制与分析。

## 第三节 成本会计工作组织

成本会计工作组织应包括成本会计工作应遵守的法规制度,机构的设置,人员的配备及其职责、权限,以及成本会计工作的组织形式等内容。由于成本会计工作只是整个企业会计工作的一个组成部分,因此,这里仅从成本会计作为一项重要的管理工作,如何才能更好地发挥其职能的角度出发,对成本会计工作组织应遵循的主要原则、成本会计机构和成本核算方式等问题做一些阐述。

### 一、成本会计工作组织的原则

一般来说,企业应根据本单位生产经营活动的特点、生产规模的大小和成本管理的要求等具体情况来组织成本会计工作。具体来说,必须遵循以下几项主要的原则。

(一)成本会计工作必须实现经济与技术相结合

成本是一项综合性的经济指标,它受多种因素的影响。其中:产品的设计、加工工艺等技术是否先进、在经济上是否合理,对产品成本的高低有着决定性的影响。因为产品成本的高低,在产品设计阶段基本已经确定;在生产过程中要想大幅度地降低产品成本是不现实的,除非重新改进产品设计。但是,在传统的成本会计工作中,会计部门多注重产品加工中的耗费,而对产品的设计、加工工艺、质量、性能等与产品成本之间的联系则考虑较少,甚至有的成本会计人员不懂基本的工艺技术问题;相反,工程技术人员考虑产品的技术方面的问题多,但对产品的成本则考虑较少。这种成本会计工作与技术工作的脱节,使得企业在降低产品成本方面受到很大限制,成本会计工作也往往仅限于事后算账,起提供核算成本资料的作用。因此,为了在提高产品质量的同时不断地降低成本,提高企业经济效益,在成本会计工作的组织上应贯彻经济与技术相结合的原则。不仅要求工程技术人员要懂得相关的成本知识,树立成本意识,而且成本会计人员也必须改变传统的知识结构,具备与正确进行成本预测、参与经营决策相适应的生产技术方面的知识。只有这样,才能在成本管理上实现经济与技术的结合,才能使成本会计工作真正发挥其应有的作用。

(二)成本会计工作必须与经济责任制相结合

实行成本管理上的经济责任制是降低成本的一条重要途径。由于成本会计工作是一项综合性的价值管理工作,涉及面宽、信息灵,因此,企业应摆脱传统上只注重成本会计事后核算作用的片面性,充分发挥成本会计的优势,将其与成本管理上的经济责任制有机地结合起来,这样可以使成本管理工作收到更好的效果。例如,在实行成本分级归口管理的情况下，应使成本会计工作处于中心地位，具体负责组织成本指标的制定、分解落实，日常的监督检查，成本信息的反馈、调节以及成本责任的考核、分析、奖惩等工作。又如，为了配合成本分级归口管理，不仅要搞好厂一级的成本会计工作，而且应该完善各车间的成本会计工作，使之能进行车间成本的核算和分析，并指导和监督班组的日常成本管理，从而使成本会计工作渗透到企业生产经营过程的各个环节，更好地发挥其在成本管理经济责任制中的作用。

（三）成本会计工作必须建立在广泛的群众基础之上

不断挖掘潜力，努力降低成本，是成本会计的根本性目标。各种耗费是在生产经营的各个环节中发生的，成本的高低取决于各科室、车间、班组和职工的工作质量。同时，各级、各部门的职工群众最熟悉生产经营情况，最了解哪里有浪费现象，哪里有节约的潜力。因此，要加强成本管理，实现降低成本的目标，就不能仅靠几个专业人员，而必须充分调动广大群众在成本管理上的积极性和创造性。为此，成本会计人员还必须做好成本管理方面的宣传工作，经常深入实际，了解生产经营过程中的具体情况，与广大职工群众建立起经常性的联系，吸收广大群众参加成本管理工作，增强广大职工群众的成本意识和参与意识，以便互通信息，掌握第一手资料，从而把成本会计工作建立在广泛的群众基础之上。

### 二、成本会计机构设置

企业的成本会计机构是指组织、领导并从事企业成本会计工作的职能部门或组织。由于成本会计是会计的一个分支，所以在实际工作中，成本会计机构一般设在企业会计机构内部，是企业会计机构的一个组成部分。例如，一个企业里如果设置会计处，其中从事成本会计工作的人员可组成成本会计科或成本科；如果企业规模较小，可在企业会计机构内部设置成本会计组或配备专职的成本会计人员，负责本企业的成本会计工作。企业车间、部门一般可根据成本管理的要求设置成本会计机构，或者配备专职或兼职的成本员，负责本车间（部门）的成本会计工作。

成本会计机构的设置，应遵循会计机构设置的一般原则：一是要与企业的规模和管理体制相适应；二是要符合精简、高效的原则；三是机构内部的分工要明确、具体；四是成本会计机构内部各岗位之间，以及成本会计与其他会计岗位之间的分工，应遵守内部牵制原则。

### 三、成本核算方式

成本核算方式是指企业组织成本核算的形式，具体可分为以下两种：一是集中核算，二是分散（级）核算。企业应根据自身规模的大小和管理体制的要求选用。

（一）集中核算方式

集中核算方式是把企业成本会计的主要工作都集中在厂部成本会计机构进

行。在这种方式下,各种成本会计凭证的审核、整理,各种费用的归集和分配,生产费用核算和产品成本计算等,都集中由厂部成本会计机构来完成。各车间(部门)的成本员只填制原始凭证和原始记录,并对其进行初步审核和整理后报送厂部成本会计机构,为其进行成本核算提供原始资料。在这种情况下,各车间(部门)一般只配备专职或兼职的成本员,不单设成本会计机构。

采用集中核算方式时,由于各车间(部门)的有关成本、费用的原始资料都集中在厂部成本会计机构,因此便于了解全厂各车间(部门)的成本、费用信息,掌握全厂生产经营活动情况,有利于监督和控制全厂的成本费用。同时,还可减少成本会计人员和工作层次,节约管理费用。但是,在这种核算方式下,不便于开展责任成本核算,不利于调动广大职工群众参加成本管理的积极性。

(二)分散核算方式

分散核算方式,也称分级核算方式或非集中核算方式,是指把成本会计的主要工作放给各车间(部门)的成本会计机构或成本员分别进行。在这种核算方式下的主要原始凭证和原始记录的审核、整理,生产费用的归集和分配,成本的计算等,都由各车间(部门)的成本会计机构或成本会计人员来完成。厂部会计机构只根据各车间(部门)上报的成本计算资料进行全厂成本的汇总核算,以及生产费用的总分类核算和少数费用的明细核算。

与集中核算的优缺点相反,采用分散核算方式有利于开展和加强责任成本核算,有利于调动各车间(部门)及职工群众参加成本管理和降低产品成本的积极性。但是,由于许多成本、费用的原始资料都分散在各车间(部门),厂部成本会计机构不便于了解各车间(部门)的成本费用信息,难以掌握全厂生产经营活动情况的第一手资料,很难及时、有效地进行监督和控制。同时,也必然要增加成本会计人员和工作层次,势必要增加管理费用。

做好成本会计工作,除设置必要的成本会计机构,采用适应的成本核算方式以外,还要配备、培养足够的政治素质好、业务水平高的成本会计人员,并建立健全各项成本会计制度,特别是要加强成本管理的责任制,深入开展全面成本核算工作。

## 本章小结

1. 在会计学中,成本是指为了实现一定的经济目的而付出的、可以用货币计量的代价(或价值牺牲)。会计学中成本的定义,是从管理学的角度出发的,目的是加强企业成本管理,提高企业经济效益。

2. 成本会计先后经历了早期成本会计、近代成本会计、现代成本会计和战略成本会计四个阶段。

3. 成本会计的对象是指成本会计反映和监督的内容。工业企业成本会计的对象为:企业生产经营过程中发生的生产经营业务成本和期间费用。

4. 成本计算具有两重性,它既是财务会计的一个重要组成部分,也是管理会计的一个重要组成部分。

5. 成本会计的职能,是指成本会计作为一种管理经济的活动,在生产经营过程中所能发挥的作用。成本会计的主要职能有:成本预测、成本决策、成本计划或预算、成本控制、成本核算、成本分析和成本考核。

6. 成本会计的任务包括:进行成本核算,提供真实、有用的核算资料,并进行成本的分析和考核,为经营管理提供有用的信息。

7. 成本会计工作的组织应包括成本会计工作应遵守的法规制度,机构的设置,人员的配备及其职责、权限,以及成本会计工作的组织形式等内容。成本核算方式是指企业组织成本核算的形式,具体可分为集中核算和分散(级)核算。

## 本章综合复习题

### 一、思考题

1. 会计学与政治经济学对成本所下的定义,其研究的角度与目的有何不同?

2. 成本会计有哪些主要职能?

3. 什么是成本会计对象? 工业企业的成本会计对象是什么?

4. 为什么说成本计算既是财务会计的一个重要组成部分,也是管理会计的一个重要组成部分?

5. 什么是集中核算? 什么是分散核算? 二者各有何优缺点?

### 二、选择题

1. 下列各项中可以列入产品成本的开支是(　　)。

A. 购置和建造固定资产的支出

B. 购置和建造无形资产的支出

C. 生产过程中发生的废品损失和停工损失

D. 企业行政管理部门发生的各项费用

2. 实际工作中的成本开支范围与理论成本包括的内容(　　)。

A. 是有一定差别的　　B. 是完全一致的

C. 是完全不同的　　D. 是可以相互替代的

3. 成本核算方式主要有(　　)。

A. 集中核算方式　　B. 分散核算方式
C. 科目汇总表核算方式　　D. 汇总记账凭证核算方式

4. 生产过程中发生的各种耗费包括(　　)。

A. 劳动对象方面的耗费　　B. 劳动手段方面的耗费
C. 活劳动方面的耗费　　D. 对外投资的支出

5. 制造业企业成本会计的对象是(　　)。

A. 期间费用　　B. 产品成本
C. 制造费用　　D. 营业外支出

**三、业务题**

某企业在本会计期间内发生的部分经济业务内容如下:

(1)为制造产品消耗材料费用 250 000 元,消耗的全部材料均为前期储备材料;

(2)为制造产品支付工资费用 150 000 元;

(3)生产设备和生产用房屋计提折旧费 80 000 元,行政管理部门办公设备和办公用房屋计提折旧费用 30 000 元;

(4)生产过程中发生废品损失 5 000 元;

(5)购买新的生产设备支付银行存款 500 000 元;

(6)维修生产用厂房支付现金 3 000 元;

(7)对外投资支付现金 20 000 元;

(8)向投资者分配利润 30 000 元;

(9)以现金支付办公费用 4 000 元;

(10)以银行存款支付广告费用 50 000 元;

(11)因违反税法有关规定被处罚,支付现金 6 000 元;

(12)支付财产保险费 8 000 元,其中生产车间保险费 5 000 元,行政管理部门保险费 3 000 元;

(13)支付本期银行短期借款利息 600 元;

(14)支付生产车间水电费 1 000 元;

(15)向长期合作单位捐赠现金 40 000 元。

该企业将上述各项支出,按照其用途分别计入当期生产的甲、乙两种产品成本中。

要求:对该企业的上述会计处理进行评述,并说明原因。

# 第二章　成本核算的原理

**学习目的：**

1. 熟练掌握产品成本核算的一般原则、要求和计算程序；
2. 熟悉有关成本费用账户的结构、用途和使用方法。

## 第一节　企业成本核算的目的和原则

### 一、企业成本核算的内容

产品的生产和经营管理的过程，同时也是生产经营管理的耗费过程。企业在进行产品的生产和经营管理过程中，要发生各种各样的耗费。这些耗费用货币额表现，就是企业的生产经营管理费用。

企业的生产经营管理成本包括：(1)用于产品生产的成本，称为生产成本；(2)用于产品销售的费用，称为销售费用；(3)用于组织和管理生产经营活动的费用，称为管理费用；(4)用于筹集生产经营资金的费用，称为财务费用。

企业的成本核算，包括产品生产成本的核算和期间费用的核算。

### 二、企业成本核算的目的

企业成本核算的目的，可以概括为以下四个方面：

(一)改善决策

成本核算可以向管理当局提供许多信息，帮助他们对企业生产技术和经营管理做出更好的决策，如定价、自制和外购的选择、项目评价等。

(二)有利于计划、控制和业绩评价

成本核算要为分析和考核产品成本计划的执行情况提供数据，通过预算成本和实际成本的比较，分析差异，才能达到控制的目的。

(三)确定资产和收益

编制财务会计报告要使用存货成本和已销产品成本信息，这些成本信息是股东、债权人和税务当局所需要的，它们必须按照会计准则和会计制度等法律法规的要求来报告。

(四)确定应补偿的金额

有些产品的销售价格是以成本为定价的基础，为了确定价格就要计算成本。

不同的目的需要不同的成本信息。企业的成本核算是成本会计和生产经营管理的重要组成部分。做好成本核算工作，对于降低成本、费用，增加企业利润，提高企业生产技术和经营管理水平，以及正确处理企业与国家和其他投资者之间的分配关系，都有十分重要的意义。

## 三、成本核算的原则

为了提供管理上需要的资料，成本核算必须讲究质量，使提供的信息符合规定，达到正确和及时的要求。要提高成本核算的质量，必须符合成本核算的原则。成本核算必须遵守的原则主要有：

(一)合法性原则

合法性原则是指计入成本的费用都必须符合法律、法规、制度等的规定。不合规定的费用就不能计入成本。例如，凡属于增加固定资产而发生的各项资本支出，按规定应作为固定资产增加的，不能直接计入成本。又如管理费用、财务费用应作为期间费用处理，也不计入成本。

(二)可靠性原则

可靠性原则包括真实性和可核实性。真实性就是所提供的成本信息与客观的经济事项相一致，不应掺假，或人为地提高、降低成本。可核实性即成本核算资料按一定原则由不同的会计人员加以计算，都能得出相同的结果。真实性和可核实性是为了保证成本核算信息的质量正确可靠。

(三)相关性原则

相关性原则包括两个方面，即成本信息的有用性和及时性。成本信息是帮助信息使用者解决与成本有关的问题，并为未来决策提供有用信息。例如，将成本信息反馈，能为成本的升降找出原因，及时进行控制，以达到降低成本的目的。又如成本信息能帮助决策人预测未来，从而做出最佳的抉择。所以有用性就是要求把成本核算的质量提高，是成本管理中重要的一环。如果有利于改善管理，对降低成本关系甚至大的项目或环节，成本工作就应该细致一点。如果成本核算工作量大，而所提供的资料对改善经营管理无多大意义者，就可以适当简化一些。及时性也是相关性的一个重要因素，因为及时把信息反馈，可及时改进工作或为预测决策服务，过时信息往往成为徒劳无用的资料。

(四)分期核算的原则

企业的生产活动是川流不息的，企业为了取得一定期间内所生产产品的成本，必须将企业的生产活动按一定阶段(如月、季、年)划分为各个时期,分别计算各期产品的成本。成本核算的分期,必须与会计年度的分月、分季、分年相一致,这样可以便于利润的计算。

必须指出,成本核算的分期,与产品的成本计算期不能混为一谈。不论生产情况如何,成本核算工作,包括费用的归集和分配,都必须按月进行。至于完工产品成本计算,它与生产类型有关,可以是定期的,也可能是不定期的。

(五)配比的原则

为了确定某一会计期间的产品销售利润,除需确定本期营业收入外,还应确定应由本期成本负担的费用,将费用和相应的收入相配比。这对企业成本计算来说,就是为实现本期收入而发生应由本期成本负担的费用,不论是否已经支付,都要计入本期成本,凡不是为实现本期收入所发生不应由本期成本负担的费用(即已计入以前各期的成本,或应由以后各期成本负担的费用),虽然在本期支付,也不应计入本期成本,以便正确提供各期的成本信息。

(六)按实际成本计价的原则

成本核算按实际成本计价,包括两方面的内容,一是对生产所耗用的原材料、燃料、动力和折旧等费用,都要按实际成本计价;二是完工产品成本要按实际成本计价。

原材料、燃料、动力按实际成本计价,是指材料、燃料、动力要按其实际耗用数量和实际单位成本计算,折旧要按固定资产原始价值和规定使用年限计算。必须指出,这里所谓原材料的实际单位成本,不一定就是某次采购的实际成本,而是由已经入账的各个实际成本历史地形成的账面实际成本,不管是采用先进先出法、加权平均法、移动平均法等计算的实际单位成本都可以。原材料、燃料的明细账,也可按计划成本计价,但是在计入产品成本时,仍需将计划成本调整为实际成本。

至于产品按实际成本计价,同样是指产品完工转出时,账面上已归集的属于该产品的实际成本随之转出,不能多转或少转。它并不排斥"库存商品"账户按计划成本(或定额成本、标准成本)计价,实际成本与计划成本(或定额成本、标准成本)之间的差异,另设账户登记。

(七)可比性原则

可比性原则,是指成本核算所采用的方法前后各期必须一致,以便各期的成本资料有统一的口径,前后连贯,互相可比。否则,就容易弄虚作假,任意调节各期成本的高低,影响成本的正确性。

成本核算所采用的方法要求前后一致,体现在各个方面,如耗用材料实际成本的计算方法、折旧的计提方法、辅助生产费用和制造费用的分配方法、在产品的计价方法等等。

坚持可比性原则,并不是说对成本核算中所采用的方法就不能作必要的变动。

如果变更成本核算方法是为了适应客观环境变化的需要，是为了取得并提供更加准确、更加有用的信息，那变动是必要的，是可以的。不过，在进行这种变动时，必须在成本报表中将由于方法变动对成本水平的影响充分表示出来。

（八）重要性原则

重要性原则，是指对于成本有重大影响的项目，应作为重点，力求精确，而对于那些不太重要的琐碎项目，就可以从简处理，不必要求过严。例如，对于产品直接耗用的原材料应该直接计入有关产品成本，而对于那些虽是直接耗用，但数额不大的材料，可以作为消耗材料计入制造费用。

重要性原则，也是对上述有关原则的补充。例如，按照权责发生制原则，凡属于本期成本负担的费用，虽未支付亦应作为应付费用计入本期成本，但如果数额较小，就不一定要这样做，可以在实际支付时计入支付月份的成本。

以上是一些主要的成本核算原则，它们大多是国际上通用的会计准则，也符合我国会计准则的要求，用以指导我国的成本核算工作。

## 第二节　成本的分类

在企业生产经营过程中发生的各种耗费，既有物化劳动耗费，又有活劳动耗费，还有其他支出。生产经营耗费的性质和用途的多样性决定了成本的多样性。为了加强成本的核算与管理，必须对企业的各种成本进行合理的分类。

### 一、产品成本按其经济用途分类

为了具体地反映计入产品成本各种用途，把产品成本进一步划分为若干个项目，即产品成本项目。

根据生产特点和管理要求，我国制造业企业一般设立以下四个成本项目：

（一）直接材料

直接材料是指企业在生产产品过程中所消耗的，直接用于产品生产，构成产品实体的原料及主要材料、外购半成品（外购件）、修理用备件（备品配件）、包装物、有助于产品形成的辅助材料以及其他直接材料。

（二）燃料和动力

燃料和动力是指企业在生产产品过程中所消耗的，直接用于产品生产的外购和自制的燃料和动力费。

（三）直接人工

直接人工是指企业在生产产品过程中，直接从事产品生产的职工薪酬。

（四）制造费用

制造费用是指企业在生产产品过程而发生的各项间接费用。直接用于产品生产,但不便于直接计入产品成本,因而没有专设成本项目的费用(例如机器设备折旧费用),以及间接用于产品生产的各项费用(例如机物料消耗、车间厂房折旧费用等),包括车间管理人员薪酬、折旧费、修理费、办公费、水电费、机物料消耗、劳动保护费、季节性和修理期间的停工损失等,但不包括企业行政管理部门为组织和管理生产经营活动而发生的管理费用。

为了使产品成本项目能够反映企业的生产特点,满足成本管理的要求,企业可以根据自己的特点和管理的要求,对上述成本项目进行适当的调整。如果直接用于产品生产或提供劳务的外购半成品成本比重大,可以将“外购半成品”单独列为一个成本项目;如果产品成本中燃料和动力费所占比重小,可以将其并入“制造费用”成本项目中。又如,在生产过程中可能发生废品,如果废品损失在产品成本中的比重比较大,需要作为一项重点进行核算和管理,也可以增设“废品损失”成本项目。

## 二、产品成本按其计入成本对象的方式分类

成本对象是指需要对成本进行单独测定的一项活动。成本对象可以是一件产品、一项服务、一项设计、一个客户或一个作业等。

成本对象,可以分为中间成本对象和最终成本对象。最终成本对象是指累计的成本不能再进一步分配的成本归集点。最终成本计算对象通常是一件产品或一项服务,是企业的最终产出物。中间成本对象是指累计的成本还应进一步分配的成本归集点,有时也称成本中心。成本中心是企业中与成本相关联的某个可识别部门,它们是将共同耗用的成本按某个分配基础进一步分配给成本对象之前的一个成本归集点,例如机械加工车间、维修车间、地区销售部等。设置多少个中间成本对象,取决于企业生产的特点和管理的要求。

产品成本按其计入成本对象的方式分为直接计入成本和间接计入成本。这种分类的目的是为了经济合理地把成本归属为不同的成本对象。

(一)直接计入成本

直接计入成本是直接计入各品种、批次、生产步骤、类别等成本对象的成本。一种成本是否属于直接计入成本,取决于它与成本对象是否存在直接关系,并且是否便于直接计入。因此,直接计入成本也可以说是与成本对象直接相关的成本中可以用经济合理的方式追溯到成本对象的那部分成本。例如,大部分构成产品实体的原材料成本。由于直接计入成本可以直接归属于某一特定成本对象,故也称之为可追溯成本。

(二)间接计入成本

间接计入成本是指与某一特定成本对象没有直接联系,不能用一种经济合理

的方式追溯到该成本对象,如厂房的折旧。由于间接计入成本的发生与许多成本对象都有联系,必须选择适当的分配标准在各成本对象之间进行分配。

**三、成本按其与业务量的关系分类**

成本按照其与业务量之间的依存关系(或成本性态)可以分为固定成本、变动成本和混合成本三大类。

(一)变动成本

变动成本是指在一定相关范围内,其总额随业务量成正比例变动的成本。但就单位变动成本而言是固定的,如直接材料、直接人工中的计件工资、外部加工费等。

(二)固定成本

固定成本是指在一定条件下,成本总额不受业务量变动影响,一定期间的总额能保持相当稳定的成本。例如,固定资产直线法计提的折旧、取暖费、财产保险费、职工培训费、广告费等。但就单位固定成本而言,则是随着业务量的增减变化而反方向变动。

必须指出,变动成本和固定成本与业务量的关系是有一定范围的,即相关范围,超过一定范围,变动成本和固定成本同业务量的关系可能发生改变。

(三)混合成本

混合成本是指其发生总额虽然受业务量变化的影响,但其变动幅度并不同于业务量的变动保持严格的比例关系。混合成本是介于固定成本和变动成本之间、既随业务量变动又不成正比例的那部分成本。对于混合成本,为了便于管理上的应用,应采用适当的方法进行分解,将其分解为变动成本和固定成本两部分。所有,按照成本的性态,从根本上说,成本只有变动成本和固定成本两大类。

## 第三节　企业成本核算的要求

为了充分发挥成本核算的作用,在成本核算工作中,应该贯彻实现以下各项要求。

**一、核算要与管理相结合,根据管理的要求进行核算**

企业管理的主要目的就是降低成本费用,提高经济效益。因此,成本核算与管理相结合,就是要根据企业管理的要求组织成本核算,核算要服务于管理,服从于管理。具体应做到:

(一)成本费用的事前审核与监督

成本核算不应局限于对生产费用的事后核算和监督,而应根据管理的要求,根据国家有关的法规和制度,以及企业的成本计划和相应的消耗定额,对企业的各项费用进行事前的审核和控制。对于不合法、不合理、不利于提高经济效益的超支要制止,当时已经无法制止的,要追究责任,采取措施,防止以后再发生。

(二)成本的事中核算与监督

要对生产成本的发生情况进行日常的核算和监督,及时纠正其脱离计划或定额的偏差,确保成本目标的实现。

(三)成本计算的准确与及时

正确及时地进行成本核算,为企业的经营管理和经营决策提供必要的成本信息。为此,企业应本着分清主次,区别对待,细而有用,简而有理的原则选用既简便又合理的成本计算方法,正确计算产品成本。计算产品成本,要防止为算而算,搞烦琐哲学,脱离成本管理和生产经营管理实际需要的做法,成本核算的成本与所取得的效益相比较,必须是合算的。但也要防止片面追求简化,以致不能为管理提供所需数据的做法。

## 二、正确划分各种费用界限

为了正确计算产品成本,必须正确划分以下几个方面的费用界限:

(一)正确划分计入产品成本与不计入产品成本的费用界限

企业在生产经营过程中,发生各种各样的耗费,其中只有一部分计入产品成本。

首先,非生产经营活动的耗费不能计入产品成本,只有生产经营活动的耗费才可能计入产品成本。筹资活动和投资活动不属于生产经营活动,它们的耗费不能计入产品成本,而是属于筹资成本和投资成本。

其次,生产经营活动的成本分为正常的成本和非正常的成本,只有正常的生产经营活动成本才可能计入产品成本,非正常的经营活动成本不计入产品成本。非正常的经营活动成本包括灾害损失、盗窃损失等非常损失;滞纳金、违约金、罚款、损害赔偿等赔偿支出;交易性金融资产跌价损失、坏账损失、存货跌价损失、长期股权投资减值损失、持有至到期投资减值损失、固定资产减值损失等不能预期的原因引起的资产减值损失;以及债务重组损失等。

再次,正常的生产经营活动成本又分为产品成本和期间成本。正常的生产成本计入产品成本,其他正常的生产经营成本列为期间成本。

实际工作中,应该防止混淆生产成本和期间的界限,将产品的某些成本计入期间费用,期末转入当月损益,或者将某些期间费用计入产品成本,借以调节各月产品成本和各月损益的错误做法。

(二)正确划分各个月份费用的界限

应计入生产经营成本的费用,还应在各月之间进行划分,以便分月计算产品成本。

为了正确划分各会计期的费用界限，企业不能提前结账，将本月费用作为下月费用处理；也不能延后结账，将下月费用作为本月费用处理。

为了按月分析和考核产品成本和期间费用，正确计算各月损益，还应将应计入生产成本的费用在各个月份之间进行划分。应由本月产品负担的费用，应全部计入本月产品成本；不应由本月负担的生产费用，不应计入本月的产品成本。为此，本月发生的成本费用都应在本月入账，不应将其一部分延到下月入账，也不应在月末以前提前结账，将本月成本、费用的一部分作为下月成本、费用处理。

（三）正确划分不同成本对象的费用界限

对于应计入本月产品成本的费用还应在各种产品之间进行划分：凡是能分清应由某种产品负担的直接成本，应直接计入该产品成本；各种产品共同发生、不易分清应由哪种产品负担的间接费用，则应采用合理的方法分配计入有关产品的成本，并保持一贯性。

既要防止不区分成本对象，随意分配费用界限的做法；又要特别注意防止在盈利产品与亏损产品、可比产品与不可比产品之间任意增减生产成本，以盈补亏、掩盖超支，虚报产品成本降低业绩的错误做法。

（四）正确划分完工产品与在产品的费用界限

月末计算产品成本时，如果某产品已经全部完工，则计入该产品的全部生产成本之和，就是该产品的完工产品成本。如果这种产品全部尚未完工，则计入该产品的生产成本之和，就是该产品的月末在产品成本。如果某种产品既有完工产品又有在产品，已计入该产品的生产成本还应在完工产品和在产品之间进行分配，以便分别确定完工产品成本和在产品成本。应该防止通过改变分配方法或在产品的计价标准任意调节完工产品成本的错误做法。

**三、正确确定财产物资的计价和价值结转的方法**

企业拥有的财产物资，绝大部分是生产资料，它们的价值是要随着生产经营过程中的耗用，转移到产品成本和期间费用中去的。因此，这些财产物资的计价和价值结转的方法，也会影响成本和费用。如固定资产折旧方法、折旧率的种类和高低；材料价值（成本）的组成内容、材料按实际成本进行核算时发出材料单位成本的计算方法、材料按计划成本进行核算时材料成本差异率的种类（个别差异率、分类差异率还是综合差异率，本月差异率还是上月差异率）、采用分类差异率时材料类距的大小、固定资产与周转材料的划分标准、周转材料的摊销方法、摊销期限的长短和摊销率的高低等。为了正确计算成本和费用，对于这些财产物资的计价和价值结转的方法都应既较合理又较简便。要防止任意改变财产物资计价和价值结转的方法（例如不按规定的方法和期限计算和调整材料成本差异），借以人为调节成本和费用的错误做法。

## 四、做好各项基础工作

各项生产费用的数据是否真实、正确影响着成本计算的正确性和企业盈亏的真实性。为了保证企业生产费用数据的真实、可靠，正确计算产品成本和期间费用必须做好以下各项基础工作：

（一）制定和修订各项定额

定额是企业在正常生产条件下（指设备条件和技术条件等）对生产的数量、质量，以及人力、物力和财力等方面所规定的应达到的数量标准。定额是编制成本计划、分析和考核成本水平的依据，也是审核和控制成本的标准。应该根据企业当前设备条件和技术水平，充分考虑职工的积极因素，制定和修订先进而又可行的原材料、燃料、动力和工时等项消耗定额，并据以审核各项耗费是否合理，是否节约，借以控制耗费，降低成本、费用。制定和修订产量、质量定额，是搞好生产管理、成本管理和成本核算的前提。企业的定额主要有产量定额、材料消耗定额、动力消耗定额、设备利用定额、劳动（工时）定额、各项费用定额等。

（二）材料物资的计量、收发、领退和盘点

为了进行成本管理和成本核算，还必须对材料物资收发、领退和结存进行计量，建立和健全材料物资的计量、收发、领退和盘点制度。材料物资的收发、领退，在产品、半成品的内部转移和产成品的入库等，均应填制相应的凭证，经过一定的审批手续，并经过计量、验收或交接，防止任意领发和转移。库存的材料、半成品和产成品，以及车间的在产品和半成品，均应按照规定进行盘点、清查，防止丢失、积压、损坏、变质和被贪污盗窃。这些工作也是进行生产管理、物资管理和资金管理所必需的。

（三）原始记录

只有计量没有记录，核算就没有书面的凭证依据。为了进行成本的核算和管理，对于生产经营过程中工时和动力的耗费，在产品和半成品的内部转移，以及产品质量的检验结果等，均应做出真实的记录。原始记录对于劳动工资、设备动力、生产技术等方面的管理，以及有关的计划统计工作也有重要意义。应该制定既符合各方面管理需要，又符合成本核算要求，既科学易行、又讲求实效的原始记录制度，并且组织有关职工认真做好各种原始记录的登记、传递、审核和保管工作，以便正确、及时地为成本核算和其他有关方面提供所需原始资料。

（四）厂内计划价格的制定和修订

在计划管理基础较好的企业中，为了分清企业内部各单位的经济责任，便于分析和考核内部各单位成本计划的完成情况，还应对材料、半成品和厂内各车间相互提供的劳务（如修理、运输等）制定厂内计划价格，作为内部结算和考核的依据。

厂内计划价格应该尽可能接近实际并相对稳定，年度内一般不作变动。在制定了厂内计划价格的企业中，对于材料领用、半成品转移以及各车间、部门之间相互提供劳务，都应先按计划价格结算，月末再采用一定的方法计算和调整价格差异，据以计算实际的成本、费用。按计划价格进行企业内部的往来结算，还可以简化、加速成本和费用的核算工作。

### 五、适应生产特点和管理要求，采用适当的成本计算方法

产品成本或劳务成本是在生产或提供劳务过程中形成的，企业生产组织和工艺过程不同的产品，应该采用不同的成本计算方法。计算产品成本或劳务成本是为了加强成本管理，管理的不同要求，也影响着成本计算方法。因此，为了正确计算产品成本或劳务成本，企业应根据其生产特点和管理要求，采用适当的成本计算方法。这一问题后面再来详细讲述。

## 第四节　成本计算的程序与账户设置

### 一、成本计算的程序

产品成本计算的程序是指将生产过程中发生的各项费用，对其原始凭证进行审核，按照成本计算对象进行归集和分配，计算出期末完工产品成本和在产品成本的过程。

（一）成本计算的具体程序

1. 对企业所发生的成本进行审核，确定哪些成本应该计入生产经营成本，同时将其区分为正常的生产经营成本和非正常的生产经营成本，并在此基础上将正常的生产经营成本区分为产品成本和期间费用，即将生产经营成本分配、归集为产品成本和期间费用。

2. 将应计入产品成本的各项成本，区分为应当计入本月的产品成本与应由其他月份负担的产品成本。

3. 将本月应计入产品成本的生产成本，区分为直接计入成本和间接计入成本，将直接计入成本直接计入成本计算对象，将间接计入成本计入有关的成本中心。

4. 将各成本中心的本月成本，依据成本分配基础向下一个成本中心分配，直至最终的成本计算对象。

5. 既有完工产品又有在产品的，将成本在完工产品和期末在产品之间进行分配，并计算出完工产品总成本和单位成本。

6. 将完工产品成本结转至“库存商品”科目。

7. 结转期间费用至本期损益。

产品成本计算的基本步骤见图 2－1 所示。

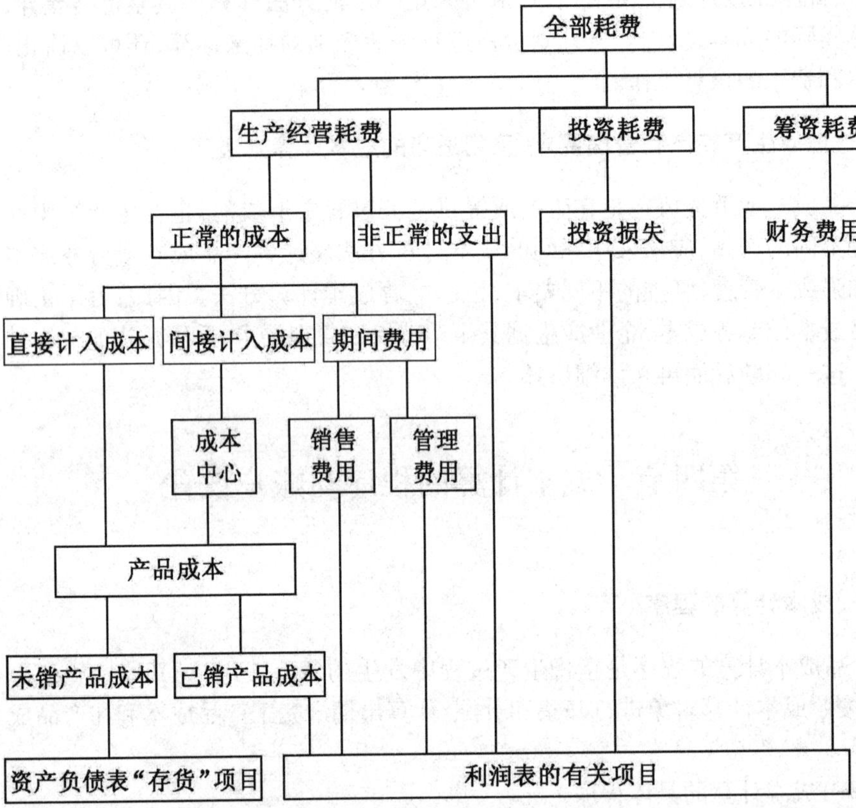


（二）成本的归集与分配

1. 成本的归集

成本归集是指对生产过程中所发生的各种成本数据，按照成本对象，如各种产品、作业、各个车间部门所进行的收集、分类或汇总。

2. 成本的分配

成本分配是指将归集的间接计入成本分配给成本对象的过程，也叫间接计入成本的分摊。

成本分配标准的选择直接影响成本信息的准确性，所以，为了合理地选择分配标准，要遵循以下原则：

(1) 因果原则，是指资源的使用导致成本发生，两者有因果关系，因此应当按使用资源的数量在成本对象间分摊成本。按此原则要确定各对象使用资源的数量，例如耗用的材料、工时等，按使用资源的数量比例分摊间接计入成本。

(2)受益原则,是指“谁受益,谁负担;多受益,多负担;何时受益,何时负担”的原则分配间接成本。按此原则,企业应该确定间接成本的受益者,例如,企业各生产车间的水费,假设各车间没有独立的水表,这样需要按照按各车间的生产工时或机器工时分摊。

各项成本的归集和分配过程,实际上就是成本计算的过程。

## 二、成本计算的账户设置

企业进行产品成本的总分类核算,应设立“生产成本”总账科目。为了分别核算基本生产成本和辅助生产成本,还应在该总账科目下分别设立“基本生产成本”和“辅助生产成本”两个二级科目。为了减少二级科目简化会计分录,也可以将“生产成本”总账科目分为“基本生产成本”和“辅助生产成本”两个总账科目。本教材按分设“基本生产成本”和“辅助生产成本”两个总账科目进行讲述。

(一)“基本生产成本”总账科目及其明细账的设立

基本生产是指为完成企业主要生产目的而进行的商品产品生产。“基本生产成本”总账科目是为了归集进行基本生产所发生的各种生产费用和计算基本生产产品成本而设立的。基本生产所发生的各项费用,计入该科目的借方;完工入库的产品成本,计入该科目的贷方;该科目的余额,就是基本生产在产品的成本,也就是基本生产在产品占用的资金。该科目应按产品品种等成本计算对象分设基本生产成本明细账,该账也称产品成本明细账或产品成本计算单。账中应按成本项目分设专栏或专行,登记各该产品、各该成本项目的月初在产品成本、本月发生的成本、本月完工产品成本和月末在产品成本。其格式举例如表 2－1 所示。

表 2－1

第一车间　　　　基本生产成本明细账　　　　名称:A 产品

| 摘　要 | 直接材料 | 直接人工 | 制造费用 | 合　计 |
|---|---|---|---|---|
| 月初费用 | 900 | 460 | 310 | 1 670 |
| 本月发生 | 13 200 | 8 800 | 5 280 | 27 280 |
| 合　　计 | 14 100 | 9 260 | 5 590 | 28 950 |
| 完工产品成本 | 13 200 | 8 800 | 5 280 | 27 280 |
| 单位成本 | 132 | 88 | 52.8 | 272.8 |
| 月末在产品成本 | 900 | 460 | 310 | 1 670 |

基本生产成本明细账虽然没有标明借方、贷方和余额,但其基本结构不外乎这三个部分。其中月初(即上月末)在产品费用,为月初借方余额,系上月末所记;本月生产费用为本月借方发生额,根据本月各种费用分配表登记,本月完工产品成本为贷方发生额,月末在产品费用为月末借方余额;后两项费用根据完工产品与月末

在产品费用的分配方法分配登记。为了简化格式,上列基本生产成本明细账删去了登记生产耗费数量(如公斤、工时数等)的行次或栏次,对于本月生产费用也没有根据有关凭证(如材料费用分配表、燃料及动力费用分配表等),分行登记。如果将产品的计划(或定额)单位成本和单位成本差异也在账中进行登记,还便于考核和分析产品成本计划(或定额)的执行情况。上列格式是按成本项目分设专栏的格式。采用这种格式,各月成本计算工作可以在账中连续进行,不必逐月转抄在产品费用。

在实际工作中,产品成本明细账还有一种按成本项目分设专行的格式,以上列B产品成本为例列举如表2-2所示:

表2-2　　　　名称:B产品

第一车间　　基本生产成本明细账　　产量:100件

| 成本项目 | 月初在产品费用 | 本月发生费用 | 生产费用合计 | 完工产品成本 | | 月末在产品成本 |
|---|---|---|---|---|---|---|
| | | | | 总成本 | 单位成本 | |
| 直接材料 | 6 080 | 15 435 | 21 515 | 15 435 | 154.35 | 6 080 |
| 直接人工 | 1 245 | 2 800 | 4 045 | 2 800 | 28 | 1 245 |
| 制造费用 | 2 715 | 5 925 | 8 640 | 5 925 | 59.25 | 2 715 |
| 合计 | 10 040 | 24 160 | 34 200 | 24 160 | 241.6 | 10 040 |

采用上列基本生产成本明细账格式,月末需要将在产品费用转入下月账页,因而这种格式一般只宜在生产周期较短、月末很少有在产品的情况下采用。

在产品种类较多的企业中,为了按照成本项目(或既按车间又按成本项目)汇总反映全部产品的总成本,并便于核对账目,还可设立"基本生产成本"科目的二级账。这种二级账的格式举例如表2-3所示:

表2-3

第一车间　　基本生产成本二级账

| 摘　要 | 直接材料 | 直接人工 | 制造费用 | 合　计 |
|---|---|---|---|---|
| 月初费用 | 1 040 | 320 | 540 | 1 900 |
| 本月发生 | 5 160 | 2 160 | 2 500 | 9 820 |
| 合　计 | 6 200 | 2 480 | 3 040 | 11 720 |
| 完工产品成本 | 4 360 | 1 980 | 2 440 | 8 780 |
| 月末在产品成本 | 1 840 | 500 | 600 | 2 940 |

在设有基本生产成本的二级账的情况下,对于"基本生产成本"总账科目的基本生产成本二级账和基本生产成本的明细账,都要按照平行登记的原则进行登记。

这样，基本生产成本二级账就可以作为基本生产成本总账科目和基本生产成本的明细账之间核对的中介。在按车间和成本项目设置基本生产成本二级账的情况下，该账还可以配合车间经济核算，为分析考核各车间产品总成本提供资料。

（二）"辅助生产成本"总账科目及其明细账的设立

辅助生产是指为基本生产服务而进行的产品生产和劳务供应，例如工具、模具、修理用备件等产品的生产和修理、运输等劳务的供应。辅助生产提供的产品和劳务，有时也对外销售，但这不是主要的目的。辅助生产所发生的各项费用，计入"辅助生产成本"总账科目的借方；完工入库产品的成本或分配转出的劳务费用，计入该科目的贷方；该科目的余额，就是辅助生产在产品的成本，也就是辅助生产在产品占用的资金。该科目应按辅助生产车间和生产的产品、劳务分设辅助生产成本明细账，账中按辅助生产的成本项目分设专栏或专行进行登记。

（三）"劳务成本"总账科目及其明细账的设立

"劳务成本"科目核算企业对外提供劳务活动而发生的各项费用。发生的各项费用，计入该科目的借方；劳务完工转出的成本，计入该科目的贷方；该科目的余额，就是尚未完工劳务的成本，也就是尚未完工劳务占用的资金。该科目应按劳务品种等成本计算的对象分设劳务成本明细账，该账也称劳务成本明细账或劳务成本计算单。账中应按成本项目分设专栏或专行，登记各该劳务、各该成本项目的月初在产品成本、本月发生的成本、本月完工劳务成本和月末尚未完工劳务的成本。要注意区分"辅助生产成本"和该科目的不同。

（四）"制造费用"总账科目及其明细账的设立

"制造费用"科目核算企业为了生产产品和提供劳务而发生的各项间接费用。该科目应按不同的车间、部门设置明细账，账内按制造费用的内容设专栏，进行明细核算。发生的各项间接费用计入本科目及所属明细账的借方；月末将制造费用分配到有关的成本计算对象时，计入本科目及所属明细账的贷方。本科目月末一般无余额。

为了归集和结转销售费用、管理费用和财务费用，应该分别设立"销售费用"、"管理费用"和"财务费用"总账科目。企业如果单独核算废品损失和停工损失，还可以增设"废品损失"和"停工损失"总账科目。这些总账科目的结构和明细账的设立，将在以后逐一述及。

此外，为了将销售费用、管理费用和财务费用直接计入当月损益，还涉及"本年利润"科目。为了登记非生产经营管理费用，计算在建工程成本等，还涉及"在建工程"和"固定资产"等科目。

## 本章小结

1. 企业成本核算的内容是企业的生产成本和期间费用。生产成本是指用于产品生产的费用,期间费用包括销售费用、管理费用和财务费用。

2. 成本的分类。制造业企业按照经济内容,一般设立以下四个成本项目:直接材料、燃料及动力、直接人工和制造费用;成本按照计入成本对象的方式分为直接计入成本和间接计入成本;产品成本按照其与业务量之间的依存关系(或成本性态)可以分为固定成本、变动成本和混合成本三大类。

3. 正确地计算产品成本,必须正确划分四个方面的费用界限:生产成本与期间费用的界限;各个月份的费用界限;正确划分不同成本对象的费用界限;正确划分完工产品与在产品的费用界限。

4. 为了保证企业生产费用数据的真实、可靠,正确计算产品成本和期间费用必须做好各项基础工作,包括:制定和修订各项定额;材料物资的计量、收发、领退和盘点;原始记录;厂内计划价格的制定和修订。

5. 成本核算的基本程序:对企业的各项要素费用进行审核,应计入生产成本还是期间费用;将计入本月成本的生产成本在各成本对象之间进行分配和归集,并按成本项目分别反映,算出按成本项目反映的各种产品的成本;对于既有完工产品又有在产品的产品,将月初在产品生产费用与本月生产费用之和,在本月完工产品与月末在产品之间进行分配和归集,计算该种完工产品和月末在产品的成本;将完工产品成本结转至"库存商品"科目;结转期间费用至本期损益。

6. 计算产品成本,应设置"生产成本"、"劳务成本"、"制造费用"等会计科目。为了分别核算基本生产成本和辅助生产成本,还应在"生产成本"总账科目下,分别设立"基本生产成本"和"辅助生产成本"两个二级科目。为了减少二级科目,简化会计分录,也可以将"生产成本"总账科目分为"基本生产成本"和"辅助生产成本"两个总账科目。

## 本章综合复习题

### 一、思考题

1. 试述成本核算的意义。

2. 成本核算必须遵循哪些原则?

3. 进行成本核算必须划分哪些费用的界限?为什么要划清这些费用的界限?

4. 企业应建立和健全哪些成本核算的基础工作？

5. 什么是成本项目？制造业企业一般有哪些成本项目？

6. 生产费用计入产品成本有哪些步骤？

## 二、选择题

1. 产品成本按其经济用途分类，一般可以分为以下项目（　　）。

A. 外购材料　　B. 工资

C. 制造费用　　D. 其他支出

2. 下列各选项中属于产品成本项目的是（　　）。

A. 直接材料　　B. 外购材料

C. 外购动力　　D. 折旧费用

3. 属于成本会计基础工作的是（　　）。

A. 建立、健全定额管理制度　　B. 制定内部结算价格和结算制度

C. 建立和健全原始记录　　D. 加强计量管理制度

4. 成本核算的基本要求是（　　）。

A. 做好各项基础工作　　B. 正确划分各种费用的界限

C. 采用适当的成本计算方法　　D. 管算结合，算为管用

5. 成本会计的职能机构包括（　　）。

A. 生产部门　　B. 销售部门

C. 成本核算科　　D. 行政管理部门

## 三、业务题

某小型生产企业，由于考虑成本效益原则，所以在成本核算工作中存在一些不足。比如材料消耗是根据实际领料数量进行核算，没有考核标准，因此各月之间成本波动较大，而且领用材料计量不够准确，对于不能点数的材料采用目测的方法估算。鉴于存在的问题，企业经理决定进行整改。

要求：如果请你为经理出谋划策，请问你有哪些建议？

# 第三章　要素费用的核算

**学习目的：**

1. 明确要素费用分配的基本程序和原则；

2. 了解发出材料的总成本并分配材料费用；

3. 掌握按计时工资制和计件工资制计算工资，并选择适当的标准分配工资费用；

4. 掌握计算并按用途分配固定资产折旧费用、周转材料摊销费用。

## 第一节　要素费用核算概述

### 一、要素费用的构成

为了正确计算产品成本，必须对企业发生的各项生产费用进行归集和分配，这些生产费用可分为外购材料、外购燃料、外购动力、职工薪酬、固定资产折旧费用和其他费用，这些费用会计上称之为要素费用。要素费用的具体内容如下：

(一) 外购材料

外购材料是指企业为进行生产而耗用的一切由企业外购的原料及主要材料、半成品、辅助材料、包装物、修理用备件、低值易耗品等。

(二) 外购燃料

外购燃料是指是指企业为进行生产而耗用的由企业外部购进的各种燃料，包括固体燃料、液体燃料、气体燃料。外购燃料与外购材料从性质上如果相同，可归为一类。

(三) 外购动力

外购动力是指是指企业为进行生产而耗用的由企业外部购进的动力。

(四) 职工薪酬

职工薪酬是指企业应计入生产费用的职工工资和福利费用等。

(五)折旧费

折旧费是指企业按照一定方法计算的固定资产折旧费用。

（六）其他费用

其他费用是指不属于上述各项费用的支出，如差旅费、租赁费、设计制图费等。

**二、要素费用核算的一般程序**

要素费用的核算，就是对企业在生产经营管理过程中发生的各项要素费用进行审核、控制并加以归集，然后按谁受益、谁负担的原则在有关产品和部门之间进行分配的过程。

要素费用虽然种类较多、作用不同，但其核算的基本程序大致相同，一般可概括如下：

（一）对各项要素费用进行审核、控制，归集计算本期各要素费用的发生额

会计人员首先应对当月发生的要素费用进行审核，确定其费用应不应该开支，对不符合规定的开支要严加控制，防止乱挤和少计成本；对应该开支的费用也应尽量节约。根据经过审核的原始凭证，分别归集计算各要素费用的本期发生额。

（二）将各项要素费用分别按用途在有关受益产品、部门之间进行分配

对于直接用于产品生产并专设成本项目的各要素费用，如：产品生产耗用的材料费用、生产工人工资费用等，如属某种产品的直接费用则应直接计入受益产品"基本生产成本"总账及所属明细账的相应成本项目；如属几种产品共同耗用的间接费用，则应采用一定的分配方法在各受益产品之间进行分配后，再计入产品成本总账及相应明细账的有关成本项目。

对于虽用于产品生产但没有专门设立成本项目的费用（如生产用机器设备的折旧费、修理费等）以及车间为组织管理产品生产而发生的各要素费用（如车间管理人员工资费用等），应分配计入制造费用。

对于各辅助生产车间耗用的要素费用，则应分配计入辅助生产成本。

对于企业管理部门用于组织和管理生产经营活动、销售部门用于产品销售、财务部门用于筹集生产经营资金而发生的各项要素费用，则应按用途分别计入管理费用、销售费用和财务费用。

实际工作中，各项要素费用的分配，都需编制相应的费用分配表，表中应列示费用的分配去向及金额，根据费用分配表，编制会计分录，并据以登记各种成本、费用总账及明细账。

## 第二节　材料费用的核算

不论外购材料还是自制材料，其材料费用的核算方法一样。进行材料费用的

核算,应首先归集、计算本期发出材料的成本,即进行材料发出的核算;然后根据发出材料的具体用途在各受益部门、产品之间分配材料费用,将其计入有关产品成本和经营管理费用,是材料费用核算的主要内容。

## 一、材料费用的归集

材料费用的归集就是按材料品种和规格计算确定本期耗用的材料总成本,进行材料发出的核算。正确计量各种材料的发出数量及发出材料的单位成本是保证材料费用归集顺利进行的基础。

本期各种材料的发出数量应根据各部门的领料单、领料登记表等发料凭证和退料单等退料凭证进行汇总计算。会计部门应该对发料凭证所列材料的种类、数量和用途等进行审核,检查所领材料的种类、用途是否符合规定,只有经过审核、签章的发料凭证才能据以发料,并据以计算本期发出材料的成本,归集材料费用。

实际工作中,材料的日常收发有按实际成本计价和按计划成本计价两种核算方式,因此,各期发出材料成本的归集计算也分如下两种情况。

(一)按实际成本计价材料发出的核算

在材料日常收发核算按实际成本计价时,发出材料的成本与收入材料成本一样,都应按材料的实际成本计价,其实际成本即为材料的采购成本或自制完工入库材料的生产成本。如果同一种材料因为采购地点、采购数量、生产批次不同等原因造成的实际单位成本不一致,此时,发出材料的实际单位成本可按先进先出法、一次加权平均法、移动加权平均法、个别计价法等方法加以确定,然后根据各种材料的发出数量计算本期发出材料的总成本。

发出材料的总成本 = 发出材料数量 × 发出材料的单位成本

在材料日常收发按实际成本计价方式下,应设置"原材料"账户对材料的收入、发出进行核算:账户的借方登记验收入库材料的实际成本,贷方登记发出材料的实际成本;期末的借方余额,表示库存材料的实际总成本。该账户应按材料品种、规格设立明细账以对材料进行明细核算,明细账的格式一般采用数量金额式,以随时反映库存材料的收入、发出和结存的数量及金额。

实际工作中,为了减化核算手续,对于材料的日常收发可不必逐笔登记"原材料"总账,而于月末(或定期),根据收、发料凭证分别汇总编制"收料凭证汇总表"和"发料凭证汇总表",据以登记原材料总账,并根据"发料凭证汇总表"汇总计算当期的材料费用。

某企业4月份编制的"发料凭证汇总表"格式见表3-1:

表 3－1　　发料凭证汇总表

20××年4月

| 领料部门 | 用　途 | 应借科目 | 金额(元) |
|---|---|---|---|
| 基本生产车间 | 产品生产 | 基本生产成本 | 30 000 |
| 基本生产车间 | 机物料消耗 | 制造费用 | 3 000 |
| 厂部管理部门 | 一般性消耗 | 管理费用 | 2 800 |
| 销售部门 | 产品包装 | 销售费用 | 10 000 |
| 基建工程部门 | 固定资产建设 | 在建工程 | 5 000 |
| 合　　计 | | | 50 800 |

根据发料凭证汇总表,编制会计分录如下:

借:基本生产成本　　30 000

　制造费用　　3 000

　管理费用　　2 800

　销售费用　　10 000

　在建工程　　5 000

　贷:原材料　　50 800

(二)计划成本计价材料发出的核算

1. 账户设置

在材料日常收发按计划成本计价时,材料的收入、发出及结存都按材料的计划单位成本计价,在此方法下,除应设置“原材料”账户按计划成本反映库存材料的增减变动及结存情况外,还应设置“材料采购”和“材料成本差异”账户,用以反映材料采购的实际成本、计划成本、实际成本与计划成本的差异,以及库存材料、发出材料应承担的成本差异。

“材料采购”账户:借方登记购入材料的实际采购成本;贷方登记验收入库材料的计划成本。已验收入库材料的实际成本大于计划成本的差额,为材料采购成本的超支差异,应从该账户的贷方转入“材料成本差异”账户的借方;已验收入库材料的实际成本小于计划成本的差额,为材料采购成本的节约差异,应从该账户的借方转入“材料成本差异”账户的贷方。期末余额在借方,表示已付款但尚未收到或尚未验收入库材料的实际采购成本。

“材料成本差异”账户:借方登记材料成本的超支差异,贷方登记材料成本的节约差异;发出材料应负担的材料成本差异从该账户的贷方转出(节约额用红字登记);期末借方余额为库存材料实际成本大于计划成本的超支额,贷方余额为库存材料实际成本小于计划成本的节约额。

按计划成本反映的“原材料”账户的借方余额，加上“材料成本差异”账户的借方余额或减去其贷方余额，即为库存材料的实际成本。

2. 发出材料实际成本的计算

材料日常收发核算按计划成本计价时，月末，为了正确归集本期材料费用，需将发出材料的计划成本调整为实际成本。具体计算公式如下：

$$\text{发出材料的实际成本} = \text{发出材料的计划成本} + \text{发出材料应分摊的成本差异}$$

$$\text{发出材料应分摊的成本差异} = \text{发出材料的计划成本} \times \text{材料成本差异率}$$

$$\text{材料成本差异率} = \frac{\text{月初结存材料成本差异} + \text{本月收入材料成本差异}}{\text{月初结存材料计划成本} + \text{本月收入材料计划成本}}$$

上列各计算公式中的材料成本差异，如为超支差异，则用正数表示；如为节约差异，则用负数表示。

[例3－1] 某企业材料按计划成本核算，5月初，“原材料”账户借方余额40 000元，“材料成本差异”账户有贷方余额200元；本月收入材料：实际成本101 600元，计划成本100 000元。则本月材料成本差异率计算如下：

$$\text{材料成本差异率} = \frac{-200 + (101\ 600 - 100\ 000)}{40\ 000 + 100\ 000} = 1\%$$

本企业5月份发出材料汇总如下：基本生产车间领用30 000元，其中用于产品制造27 000元，车间一般耗用3 000元；机修车间领用10 000元；厂部管理部门领用5 000元；销售部门领用15 000元。则月末企业编制的“发料凭证汇总表”如表3－2所示：

表3－2 发料凭证汇总表

20××年5月

| 领料部门 | 用　途 | 应借科目 | 金额（元） | |
|---|---|---|---|---|
| | | | 原材料 | 材料成本差异 |
| 基本生产车间 | 产品生产 | 基本生产成本 | 27 000 | 270 |
| | 车间一般耗用 | 制造费用 | 3 000 | 30 |
| 机修车间 | 机物料消耗 | 辅助生产成本——机修车间 | 10 000 | 100 |
| 厂部管理部门 | 一般性消耗 | 管理费用 | 5 000 | 50 |
| 销售部门 | 包装产品 | 销售费用 | 15 000 | 150 |
| 合　计 | | | 60 000 | 600 |

根据发料凭证汇总表，编制有关会计分录如下：

(1)结转材料计划成本会计分录:

| | | |
|---|---|---|
| 借:基本生产成本 | 27 000 | |
| 　制造费用 | 3 000 | |
| 　辅助生产成本——机修车间 | 10 000 | |
| 　管理费用 | 5 000 | |
| 　销售费用 | 15 000 | |
| 　贷:原材料 | | 60 000 |

(2)结转材料成本差异会计分录:

| | | |
|---|---|---|
| 借:基本生产成本 | 270 | |
| 　制造费用 | 30 | |
| 　辅助生产成本——机修车间 | 100 | |
| 　管理费用 | 50 | |
| 　销售费用 | 150 | |
| 　贷:材料成本差异 | | 600 |

本月发出材料应负担的成本差异,其材料成本差异率也可按下列公式计算:

材料成本差异率 = 月初结存材料的成本差异 ÷ 月初结存材料的计划成本

但材料成本差异率的计算方法一经确定,不得随意变更,如果确需变更,应在会计报表附注中加以说明。

## 二、材料费用的分配

企业生产经营过程中耗用的所有材料,不论是自制材料,还是外购材料,都应根据审核无误的领、退料凭证,按材料的具体用途进行分配:产品生产直接耗用的材料,计入产品生产成本;辅助生产车间耗用的材料,计入辅助生产成本;生产车间一般消耗的材料,计入制造费用;管理部门消耗的材料,计入管理费用;专设销售机构消耗的材料,计入销售费用。

其中,企业产品生产直接耗用的材料,应在生产成本明细账中设“直接材料”项目进行归集:凡是一种产品单独耗用的材料,则直接计入该产品的成本明细账;凡是几种产品共同耗用的材料,则应选择既合理又简便的方法在有关受益产品之间进行分配,计入有关产品成本明细账。

几种产品共同耗用的材料费用,其分配方法主要有以下几种。

(一)按材料消耗定额标准分配

材料消耗定额管理基础较好的企业,可采用此类标准分配材料费用,具体又分为如下两种方法。

1. 材料定额消耗量比例分配法

计算公式如下:

$$\text{某种产品材料定额消耗量}=\text{该种产品实际产量}\times\text{单位产品该材料消耗定额}$$

$$\text{材料消耗量分配率}=\frac{\text{该材料实际消耗总量}}{\text{各种产品该材料定额耗量之和}}$$

$$\text{某产品应分配的材料数量}=\text{该产品材料定额消耗量}\times\text{材料消耗量分配率}$$

$$\text{某产品应分配的该材料费用}=\text{该产品分配的材料数量}\times\text{该材料单价}$$

[例 3－2] 本月 A、B 两种产品领用甲材料 4 950 公斤,材料单价 15 元。本月投产 A 产品 170 件,B 产品 210 件;材料消耗定额分别为:A 产品 20 公斤/件,B 产品 10 公斤/件。按材料消耗量比例法分配材料费用计算如下:

A 产品材料定额耗用量＝170×20＝3 400(公斤)

B 产品材料定额耗用量＝210×10＝2 100(公斤)

材料消耗量分配率＝4 950÷(3 400＋2 100)＝0.9

A 产品分配的材料数量＝3 400×0.9＝3 060(公斤)

B 产品分配的材料数量＝2 100×0.9＝1 890(公斤)

A 产品分配的材料费用＝30 60×15＝49 500(元)

B 产品分配的材料费用＝1 890×15＝28 350(元)

按此方法分配材料费用,可以同时考核产品各种材料消耗定额的执行情况,有利于进行材料消耗的数量管理,但这种方法只适用于各种产品共同耗用材料种类较少的情况。否则,按材料种类分别进行材料费用的分配,分配工作量过大。

2. 材料定额费用比例分配法

计算公式如下:

$$\text{材料费用分配率}=\frac{\text{各种材料实际费用总额}}{\text{各种产品材料定额费用之和}}$$

$$\text{某产品分配的材料费用}=\text{该种产品所耗各种材料定额费用合计}\times\text{材料费用分配率}$$

[例 3－3] 某车间生产甲、乙两种产品,共同耗用 A、B 两种材料总额 38 280 元,耗用量无法按产品划分。本月有关资料如表 3－3 所示:

表 3－3　　材料定额资料表

| 产品名称 | 实际产量(件) | 材料名称 | 单位产品材料消耗定额 | 材料计划价格 |
|---|---|---|---|---|
| 甲 | 500 | A | 10 公斤 | 3 元 |
| | | B | 5 公斤 | 2 元 |
| 乙 | 400 | A | 7 公斤 | 3 元 |
| | | B | 8 公斤 | 2 元 |

根据上列资料,按材料定额费用比例法分配材料费用计算如下:

甲产品材料定额费用 = 500 × (10 × 3 + 5 × 2) = 20 000(元)

乙产品材料定额费用 = 400 × (7 × 3 + 8 × 2) = 14 800(元)

材料费用分配率 = 38 280 ÷ (20 000 + 14 800) = 1.1

甲产品应分配的材料费用 = 20 000 × 1.1 = 22 000(元)

乙产品应分配的材料费用 = 14 800 × 1.1 = 16 280(元)

在各种产品共同耗用原材料的种类较多的情况下,采用此法分配材料费用可简化分配计算工作,但不能同时考核材料消耗定额的执行情况。(注:消耗定额,是指单位产品可以消耗的数量限额;定额消耗量,是指一定产量下按照消耗定额计算的可以消耗的数量;费用定额和定额费用,是指消耗定额和定额消耗量的货币表现。)

(二)按生产成果标准分配

生产成果分配标准主要包括产品重量标准、产量标准等。当材料耗用量与产品重量、体积、产量有明显的正比例关系时,其共同费用的分配可采用该类标准。

企业同时生产不同品种或不同规格的产品,共同耗用一种或几种材料,可以从中选择某一产品作为标准产品,并将其他产品产量按一定标准换算为标准产量,以标准产量总额作为分配共同材料费用的标准。

[例 3 - 4] 某车间耗用材料 88 740 元,用于生产 A、B、C 三种规格的产品。材料耗用与产品重量成正比例关系,以 B 产品为标准产品,按产品重量为标准折算标准产量。则按标准产量比例法计算的分配结果如表 3 - 4 所示:

表 3 - 4 材料费用分配表

20××年×月

| 产品名称 | 实际产量(件)① | 产品重量(公斤/件) | 折算系数② | 标准产量③ = ① × ② | 分配率④ | 分配额⑤ = ③ × ④ |
|---|---|---|---|---|---|---|
| A | 2 500 | 20 | 20/25 = 0.8 | 2 000 | | 36 000 |
| B | 1 600 | 25 | 25/25 = 1 | 1 600 | | 28 800 |
| C | 950 | 35 | 35/25 = 1.4 | 1 330 | | 23 940 |
| 合计 | | | | 4 930 | 18 | 88 740 |

其中,材料费用分配率 = 88 740 ÷ 4 930 = 18(元/标准产量)

(三) 按所耗主要材料标准分配

如果共同材料消耗量与主要材料的消耗量密切相关,则共同耗用的材料费用可按各产品消耗的主要材料数量或费用进行分配。

[例 3 - 5] 某厂生产甲、乙两种产品,甲产品单独耗用材料 42 000 元,乙产品

单独耗用材料 21 000 元,两产品共同耗用辅助材料 12 600 元。按单独消耗的材料费用分配辅助材料费用如下:

辅助材料费用分配率 = 12 600 ÷ (42 000 + 21 000) = 0.2

甲产品分配辅助材料费用 = 42 000 × 0.2 = 8 400(元)

乙产品分配辅助材料费用 = 21 000 × 0.2 = 4 200(元)

### 三、材料费用分配表的编制

在实际工作中,材料费用在受益部门和产品之间的分配是通过编制"材料费用分配表"进行的,材料费用分配表应该按照领用材料的具体用途,根据归类后的领、退料凭证编制。M 企业的材料费用分配表如图表 3 - 5 所示:

表 3 - 5　材料费用分配表

20××年×月

| 应借科目 | | 成本费用项目 | 直接计入费用 | 分配计入费用 | | 费用合计 |
|---|---|---|---|---|---|---|
| 总账科目 | 明细科目 | | | 定额耗量 | 金额（分配率 0.5） | |
| 基本生产成本 | 甲产品 | 直接材料 | 85 000 | 42 500 | 21 250 | 106 250 |
| | 乙产品 | 直接材料 | 43 000 | 21 500 | 10 750 | 53 750 |
| | 小计 | | 128 000 | 64 000 | 32 000 | 160 000 |
| 制造费用 | 基本生产车间 | 材料费 | 2 310 | | | 2 310 |
| 辅助生产成本 | 机修车间 | 材料费 | 1 130 | | | 1 130 |
| | 运输车间 | 材料费 | 1 420 | | | 1 420 |
| | 小计 | | 2 550 | | | 2 550 |
| 销售费用 | | 包装费 | 404 | | | 404 |
| 管理费用 | | 修理费 | 714 | | | 714 |
| 合　计 | | | 133 978 | | 32 000 | 165 978 |

根据材料费用分配表,编制会计分录、登记有关成本费用账户。会计分录如下:

借:基本生产成本——甲产品　　106 250

　　　　　　　　——乙产品　　53 750

　　制造费用　　2 310

　　辅助生产成本——机修车间　　1 130

　　　　　　　　——运输车间　　1 420

| | | |
|---|---|---|
| 销售费用 | 404 | |
| 管理费用 | 714 | |
| 贷:原材料 | | 165 978 |

通过上述内容可以看出,材料费用的分配和材料发出核算之间有着一定的联系,因此,材料费用分配表和发料凭证汇总表的编制也可相互结合,其编制的方法有以下几种模式可供参考:

1. 首先由材料核算人员根据领、退料凭证编制发料凭证汇总表,登记有关的总账,进行材料发出的总分类核算;然后将与成本、费用有关的领退料单交给成本核算人员据以编制材料费用分配表,登记有关的成本、费用明细账,进行材料费用的明细核算。

2. 首先由成本核算人员根据领退料单编制材料费用分配表,进行材料费用的明细核算;然后将分配表或其中的一联交给材料核算人员,由材料核算人员根据材料费用分配表和其他方面的发料凭证,汇总编制发放凭证汇总表,进行材料发出的总分类核算。

3. 材料核算人员按照成本、费用核算的要求,根据领退料单的具体用途归类汇编发料凭证汇总表,代替材料费用分配表,进行材料发出的总分类核算;然后将发料凭证汇总表或其中的一联交成本核算人员,据以进行材料费用的明细核算。

4. 材料核算人员和成本核算人员,根据各自所持的领退料单的一联,分别编制发料凭证汇总表和材料费用分配表,在相互核对以后,由材料核算人员和成本核算人员同时分别进行材料发出的总分类核算和材料费用的明细核算。这种做法下核算的工作量较大,但可以发挥材料发出核算与材料费用分配核算相互核对的作用,提高核算的正确性。

企业应根据自身的业务特点和管理要求,制定合理的材料费用分配表的编制程序和方法,以加强成本核算工作的正确性。

## 四、燃料费用的归集和分配

燃料费用实际上也属于材料费用的范畴,因而其归集和分配的方法及程序同上述的材料费用,但对燃料费用占总成本比重较大的企业,应增设“燃料”账户对其购入和发出进行单独核算,并与动力费用一起专设“燃料及动力”成本项目进行生产费用的归集。

对单设“燃料及动力”成本项目的企业,直接用于产品生产且分产品单独领用的燃料费用,应根据领、退料凭证直接计入各该产品“基本生产成本”总账及明细账的“燃料及动力”项目;如不是分产品领用,则应采用适当的分配方法,分配计入各有关产品成本的这一成本项目。分配的标准一般有产品的产量、体积、所耗原材料的数量或费用及燃料的定额消耗量或定额费用等。直接用于辅助生产的燃料费用计入“辅助生产成本——××辅助车间”账户的借方,车间一般耗用、企业管理部门耗用、销售部门耗用的燃料费用,应分别计入“制造费用”、“管理费用"、“销售费用”等账户的借方。已领用的燃料总额,应计入“燃料”账户的贷方,如燃料的日常收发按计划成本计价,则月末需计算调整本月发出燃料应负担的成本差异。

[例3-6] 企业单设“燃料及动力”成本项目。本月甲、乙两种产品共耗用燃料费用12 980元,本月甲、乙两种产品耗用的原材料数量分别为300公斤、200公斤,按材料耗用量为标准分配燃料费用,计算结果如下:

燃料费用分配率=12 980÷(300+200)=25.96(元/公斤)

甲产品分配燃料费用=300×25.96=7 788(元)

乙产品分配燃料费用=200×25.96=5 192(元)

燃料费用的分配也需根据各部门的领料、退料凭证编制“燃料费用分配表”进行,M企业的燃料费用分配表格式如表3-6所示:

表3-6

燃料费用分配表

20××年×月

| 应借科目 | | 成本费用项目 | 直接计入费用 | 分配计入费用 | | 费用合计 |
|---|---|---|---|---|---|---|
| 总账科目 | 明细科目 | | | 定额耗量 | 金额(分配率1.1) | |
| 基本生产成本 | 甲产品 | 燃料及动力 | | 3 210 | 3 531 | 3 531 |
| | 乙产品 | 燃料及动力 | | 2 480 | 2 728 | 2 728 |
| | 小计 | | | 5 690 | 6 259 | 6 259 |
| 辅助生产成本 | 机修车间 | 燃料费 | 1 665 | | | 1 665 |
| | 运输车间 | 燃料费 | 1 988 | | | 1 988 |
| | 小计 | | 3 653 | | | 3 653 |
| 合计 | | | 3 653 | | 6 259 | 9 912 |

根据表3-6,应编制如下会计分录:

借:基本生产成本——甲产品　　3 531

　　　　　　　——乙产品　　2 728

　辅助生产成本——机修车间　　1 665

　　　　　　　——运输车间　　1 988

　贷:燃料　　9 912

根据上述会计分录,登记相应成本费用账户。

在耗用的燃料数量较小、不设“燃料及动力”成本项目的企业,可不设“燃料”总账科目,而将其并入原材料,在“原材料”账户中进行收发核算;用于基本生产的燃料费用则归集于“直接材料”成本项目。

## 第三节　人工费用的核算

根据考勤记录、产量记录和其他有关凭证计算当期职工薪酬总额，并根据用途在部门和产品之间分配职工薪酬，是人工费用核算的主要内容。职工薪酬是指企业为获得职工提供的服务而给予各种形式的报酬以及其他相关支出，包括工资及其他职工薪酬。

### 一、工资的计算

工资是根据职工劳动的数量和质量，以货币形式支付给劳动者的劳动报酬。各单位在一定时期内直接支付给全部职工的劳动报酬总额，称为工资总额。为了保证国家对工资进行统一的统计核算工作和会计核算工作，加强工资的管理，工资总额的组成内容是由国家统一规定的，包括六项内容：计时工资、计件工资、奖金、津贴和补贴、加班工资、特殊情况下支付的工资。

工资的计算就是根据企业的工资制度分别计算每一职工的应得工资额。它是工资费用归集和分配的基础，也是企业与职工之间进行工资结算的依据。

（一）计时工资的计算

计时工资是根据考勤记录和规定的工资标准计算每一职工应得的工资额。按具体的计算方法不同，计时工资的计算又分为日薪制和月薪制两种。

1. 月薪制

在月薪制下，不管各月日历日数多少，职工每月的全勤工资相同。每位职工当月应得工资额按下式计算：

月工资额 = 月标准工资 - 缺勤工资

缺勤工资 = 缺勤天数 × 日工资率

式中日工资率的计算通常有两种方法：(1)每月固定按30日计算，则日工资率 = 月标准工资/30。这种日工资率下，法定节假日应计付工资，但事假、病假等缺勤期间的节假日应按缺勤处理，扣发工资。(2)每月按年日历日数365天减去104个双休日和11个法定节假日，再除以12个月算出的月平均工作天数20.83天计算，日工资率 = 月标准工资/20.83。这种日工资率下，法定节假日不付工资，因而缺勤期间的节假日不扣工资。

[例3-7] 车工刘卫月标准工资4 200元，8月份出勤20天，病假2天，事假1天，缺勤期间无法定节假日，公休8天，其病假工资按80%计发。则月薪制下刘卫本月应得工资额计算如下：

(1)每月按30天计算：

日工资率 =4 200 ÷30 =140(元)

缺勤工资 =1 ×140 +2 ×140 ×(1 -80%) =196(元)

月应得工资额 =4 200 -196 =4 004(元)

(2)每月按20.83天计算：

日工资率 =4 200 ÷20.83 =201.62(元)

缺勤工资 =1 ×201.63 +2 ×201.63 ×(1 -80%) =282.28(元)

月工资额 =4 200 -282.28 =3917.72(元)

企业固定职工的计时工资一般按月薪制计算。

2. 日薪制

日薪制是根据职工每月实际出勤天数和日工资率计算其应得工资额的方法。在日薪制下，由于各月日历天数不同，各月全勤工资也不同。每位职工当月应得工资额可按下式计算：

月工资额 = 出勤天数 × 日工资率 + 非工作时间工资

其中，日工资率可按月标准工资/30天计算，也可按月标准工资/20.83天计算。但日工资率的计算方法不同，当月的出勤天数的计量方式也不同：如果日工资率按30天计算，则节假日应视为出勤，计发工资，缺勤期间的节假日视为缺勤不发工资；如果日工资率按20.83天计算，则节假日不视为出勤，缺勤期间的节假日也不扣工资。

[例3 -8] 日薪制下[例7]中刘卫本月应得工资额计算如下：

(1)按30天计算日工资率(日工资率140元)：

月工资额 =(20 +8) ×140 +2 ×140 ×80% =4144(元)

(2)按20.83天计算日工资率(日工资率201.63元)：

月工资额 =20 ×201.63 +2 ×201.63 ×80% =4355.21(元)

通过以上计算可以看出，不同的工资计算方法其计算结果不同，具体采用哪种方法，可由企业自行确定，但方法一旦确定，为保持会计资料的可比性，不得随意变动。

(二)计件工资的计算

计件工资是根据有关产量记录和规定的计件单价计算的工资额。按照结算对象不同，可分为个人计件工资和集体计件工资两种。

1. 个人计件工资的计算

个人计件工资的计算应根据产量记录中每一职工个人完成的产品产量分别按下列公式计算：

应付工资额 = 产品产量 × 计件单价

式中的产品产量包括合格品产量和不是由于工人本人过失造成的不合格品数

量(如料废产品数量)。对于后者,如未完成整个加工过程,则应按生产工人完成的定额工时计算计件工资。由于工人本人过失造成的不合格品,不应计付工资,有的还应由工人赔偿损失。

[例3-9] 职工王某本月加工完成A产品100件,均为合格产品。完成B产品200件,其中合格品190件,工废2件,料废8件,料废8件中完工后发现5件,其余3件是在加工过程中发现的,3件产品共完成定额工时60分钟。A产品的定额工时20分钟,B产品定额工时40分钟。标准小时工资率为15元/小时。则:

$$A产品计件单价=\frac{15\times20}{60}=5(元)$$

$$B产品计件单价=\frac{15\times40}{60}=10(元)$$

王某应得工资额 $=100\times5+(190+5+60/40)\times10=2\ 465$(元)

2. 集体计件工资的计算

按生产小组等集体计件工资的计算方法与上述相同。不同之处是:集体计件工资还要在集体内部各工人之间按照贡献大小进行分配。由于工人的级别或工资标准一般体现工人劳动的质量和技术水平,工作时间一般体现劳动数量,因而集体内部的工资大多按每人的工资标准和工作日数(或工时数)的乘积为比例进行分配。

[例3-10] 某生产小组由甲、乙、丙三人组成,完成某项工程获得集体计件工资18 000元。该三人的工资标准分别为15元/小时、20元/小时和25元/小时,出勤时间分别为140小时、150小时和156小时。三人计件工资分配计算如下:

分配率 $=18\ 000\div(15\times140+20\times150+25\times156)=2$

甲工人应得工资额: $140\times15\times2=4\ 200$(元)

乙工人应得工资额: $150\times20\times2=6\ 000$(元)

丙工人应得工资额: $156\times25\times2=7\ 800$(元)

合　　计　　　　　　18 000(元)

(三) 奖金的计算

奖金是指对职工的超额劳动在标准工资以外支付给职工的物质奖励性质的劳动报酬。奖金应根据国家的有关规定和企业内部的奖励标准进行计算。

(四)津贴和补贴的计算

津贴和补贴是指为了补偿职工特殊或额外的劳动消耗和其他特殊原因支付给职工的津贴,以及为了保证职工工资水平不受物价影响而支付给职工的物价补贴。津贴和补贴应按国家规定的种类和标准计算。

(五)加班工资的计算

加班工资应按日工资率乘以加班天数及国家规定的支付标准(系数)计算。其计算公式如下:

应付加班工资 = 加班天数 × 日工资率 × 规定的支付标准(系数)

在上式中,加班天数按照超过"制度工作日"(365 - 104 - 11)的天数计算;日工资率等于月标准工资除以平均每月的"制度计薪日",平均每月的"制度计薪日" = (365 - 104) ÷ 12 = 21.75;规定的支付标准(系数)是,在正常工作时间外加班应按标准工资的150%计算(系数为1.5);在双休日加班时,按标准工资的200%计算(系数为2);在节假日加班,按标准工资的300%计算(系数为3)。

[例3-11] 职工李某20××年春节长假七天都加班,劳动合同约定的其工资标准为每月3 262.5元,计算其春节期间的加班费。

法定节假日(即除夕、春节、初二)每天加班费 = 3262.5 ÷ 21.75 × 300% = 450(元)

双休日调休(即初三至初六)期间每天加班费 = 3262.5 ÷ 21.75 × 200% = 300(元)

春节期间总加班费 = 450 × 3 + 300 × 4 = 2550(元)

(六)特殊情况下支付的工资的计算

特殊情况下支付的工资是指根据国家法律法规和政策规定,职工因病、公伤、产假、婚假、事假、探亲假等原因按规定支付的工资。特殊情况下支付的工资应按国家规定的标准和考勤记录计算。

## 二、工资费用的分配

工资费用分配之前,会计部门应根据计算的每位职工的工资额,按照车间、部门分别编制工资结算单(单内按照职工类别、姓名列示每一职工的各种工资),用以汇总归集各车间、部门发生的工资费用,它既是企业与职工进行工资结算的凭证,也是工资费用分配的基础。

工资费用核算使用的会计科目为"应付职工薪酬"科目,该科目属于负债类科目,用来核算企业根据有关规定应付给职工的各种薪酬。本科目应当按照"工资"、"职工福利"、"社会保险费"、"住房公积金"、"工会经费"、"职工教育经费"、"解除职工劳动关系补偿"等应付职工薪酬项目进行明细核算。

工资费用的分配,应按用途在各受益对象之间分配:直接进行产品生产的生产工人的工资,计入"基本生产成本"总账及所属生产明细账的"直接人工"项目;辅助生产工人的工资计入辅助生产成本总账及明细账的"直接人工"项目;车间等管理人员的工资应计入"制造费用"总账及所属明细账的"工资费用"项目;企业各职能部门管理人员的工资、专设销售机构人员的工资、在建工程人员的工资则应分别计入"管理费用"、"销售费用"、"在建工程"总账及其所属明细账的"工资费用"项目。

其中,直接进行产品生产的生产工人工资,如采用计件工资,则属直接费用,应根据工资结算单直接计入受益产品生产成本;如采用计时工资,则应区别两种情况:为某一种产品生产单独发生的工资,直接计入该种产品生产成本;同时为几种产品生产共同发生的工资则应以车间为单位选用适当的分配标准在各受益产品之间进行分配。分配标准一般为产品的实际工时或定额工时。

有关计算公式如下:

$$\text{工资费用分配率}=\frac{\text{共同生产工人工资总额}}{\text{各种产品实际(或定额)工时之和}}$$

$$\begin{matrix}\text{某种产品应分}\\\text{配的工资费用}\end{matrix}=\begin{matrix}\text{该产品实际}\\\text{(或定额)工时}\end{matrix}\times\begin{matrix}\text{工资费用}\\\text{分配率}\end{matrix}$$

[例3-12] M企业某车间生产甲、乙两种产品,本月份甲产品耗用8 400个定额工时,乙产品耗用6 300个定额工时;本月甲、乙两种产品共同发生生产工人工资总额147 000元。按定额工时分配工资费用计算如下:

工资费用分配率=147 000÷(8 400+6 300)=10(元/工时)

甲产品分配工资费用=8 400×10=84 000(元)

乙产品分配工资费用=6 300×10 =63 000(元)

合　　计　　　　　　　　147 000(元)

工资费用的分配,应根据工资结算单和有关的生产工时等记录通过编制"工资费用分配表"进行。M企业的工资费用分配表见表3-7:

表3-7　　　　　　　　工资费用分配表

20××年×月

| 应借科目 | | 成本费用项目 | 直接计入费用 | 分配计入费用 | | 金额合计 |
|---|---|---|---|---|---|---|
| 总账科目 | 明细科目 | | | 生产工时 | 分配金额(分配率10) | |
| 基本生产成本 | 甲产品 | 直接人工 | 11 000 | 8 400 | 84 000 | 95 000 |
| | 乙产品 | 直接人工 | 9 500 | 6 300 | 63 000 | 72 500 |
| | 小计 | | 20 500 | 14 700 | 147 000 | 167 500 |
| 制造费用 | 基本生产车间 | 工资费用 | 13 640 | | | 13 640 |
| 辅助生产成本 | 机修车间 | 工资费用 | 12 540 | | | 12 540 |
| | 运输车间 | 工资费用 | 13 270 | | | 13 270 |
| 管理费用 | | 工资费用 | 15 200 | | | 15 200 |
| 销售费用 | | 工资费用 | 11 485 | | | 11 485 |
| 在建工程 | | 工资费用 | 12 320 | | | 12 320 |
| 合　计 | | | 98 955 | | 147 000 | 245 955 |

根据工资费用分配表,编制分配工资费用的会计分录如下:

| | | |
|---|---|---|
| 借:基本生产成本——甲产品 | 95 000 | |
| ——乙产品 | 72 500 | |
| 制造费用 | 13 640 | |
| 辅助生产成本——机修车间 | 12 540 | |
| ——运输车间 | 13 270 | |
| 管理费用 | 15 200 | |
| 销售费用 | 11 485 | |
| 在建工程 | 12 320 | |
| 贷:应付职工薪酬 | | 245 955 |

### 三、其他职工薪酬的计算及分配

除了工资外,职工薪酬还包括:(1)职工福利费;(2)医疗保险费、养老保险费、失业保险费、工伤保险费和生育保险费等社会保险费;(3)住房公积金;(4)工会经费和职工教育经费;(5)非货币性福利;(6)其他与获得职工提供的服务相关的支出。

以上职工薪酬,国家规定了计提基础和计提比例的,应当按照国家规定的标准计提。如企业为职工缴纳的医疗保险费、养老保险费、失业保险费、工伤保险费和生育保险费等社会保险费和住房公积金,以及工会经费和职工教育经费等。国家没有规定计提基础和计提比例的,企业应当根据历史经验数据和实际情况,合理预计当期应付职工薪酬。当期实际发生额大于预计金额的,应当补提应付职工薪酬;当期实际发生额小于预计金额的,应当冲回多提的应付职工薪酬。

以上职工薪酬,在职工为企业提供服务的会计期间,企业应根据职工提供服务的受益对象,将应确认的职工薪酬计入相关资产成本或当期损益。国家规定了计提基础和计提比例的,如按职工工资比例计提的,可根据工资费用的分配去向进行分配:按各种产品负担的生产工人工资总额计提的,应直接计入各相关产品的"基本生产成本"总账及所属明细账的"直接人工"成本项目;按辅助生产人员、车间基本管理人员、企业管理人员、销售人员等方面职工工资总额计提的,应分别计入"辅助生产成本——××辅助车间"、"制造费用"、"管理费用"、"销售费用"等总账及其相应的明细账。其他的应根据具体的计提基础的分配去向进行分配。

企业以其自产产品作为非货币性福利发放给职工的,按照该产品的公允价值,确认应付职工薪酬。将企业拥有的房屋等资产无偿提供给职工使用的,按该住房每期应计提的折旧确认应付职工薪酬。租赁住房等资产供职工无偿使用的,按每期应付的租金确认应付职工薪酬。以上职工薪酬根据受益对象,计入相关资产成本或当期损益。

企业计提职工薪酬时,按上述分配去向,借记"基本生产成本"、"制造费用"、

"辅助生产成本"、"管理费用"等账户,贷记"应付职工薪酬"账户。

## 第四节　其他要素费用的分配

### 一、外购动力费用的归集及分配

外购动力费用是指企业为从事生产经营活动从外部购买各种动力而付出的费用,如电力费、热力费、煤气费等。

外购动力费用的归集,就是确定本期外购动力费用的发生额。工作中一般以计量仪器仪表所显示的用量乘以供应单价来计算应支付给供应单位的款项,即为本期耗费的外购动力费用发生额。

外购动力费用的分配,应按用途进行。实际工作中,各车间、部门的动力使用情况一般都分别装有计量仪器,因此,应根据各部门、各产品计量仪器所显示的耗用的动力数量和单价按用途分配:凡是直接用于产品生产的动力费用,应该单独计入相关产品生产成本的"燃料及动力"成本项目(如企业未专设"燃料及动力"成本项目,则用于基本生产的动力费用计于制造费用);用于辅助生产的外购动力费用,计入各辅助生产成本明细账的"动力费"项目;基本生产车间一般耗用的外购动力费用,应计入制造费用明细账的"水电费"项目,企业管理部门以及专设销售机构一般耗用的外购动力费用,应计入"管理费用"、"销售费用"等明细账的相应费用项目。

对于没有按产品分别安装计量仪器的外购动力费用,一般应按产品的生产工时比例、机器工时比例、定额耗用量等分配标准在各产品之间进行分配后,再计入有关产品生产成本明细账。

[例3-13]基本生产车间甲、乙两种产品本月直接耗用外购动力费用33 600元,没有分产品安装仪表。设本车间按机器工时分配动力费用,本月各产品耗用机器工时分别为:A产品4 500小时,B产品2 220小时,则外购动力费用分配情况计算如下:

外购动力费用分配率 = 33 600 ÷ (4 500 + 2 220) = 5(元/小时)

A产品负担的外购动力费用 = 4 500 × 5 = 22 500(元)

B产品负担的外购动力费用 = 2 220 × 5 = 11 100(元)

月末,会计人员应根据本期动力费用发生额及有关仪表记录、工时记录等编制"外购动力费用分配表",并据以编制会计分录、登记成本、费用明细账及总账。外购动力费用分配表见表3-8:

表 3－8

## 外购动力费用分配表

20××年×月

| 应借科目 | | 成本费用项目 | 耗电量（度） | 直接计入(0.8元/度) | 分配计入费用 | | 金额合计 |
|---|---|---|---|---|---|---|---|
| 总账科目 | 明细科目 | | | | 生产工时 | 金额(5元/工时) | |
| 基本生产成本 | 甲产品 | 燃料及动力 | | | 4 500 | 22 500 | 22 500 |
| | 乙产品 | 燃料及动力 | | | 2 220 | 11 100 | 11 100 |
| | 小计 | | 42 000 | 33 600 | 6 720 | 33 600 | 33 600 |
| 制造费用 | | 水电费 | 3 500 | 2 800 | | | 2 800 |
| 辅助生产成本 | 机修车间 | 动力费 | 6 700 | 5 360 | | | 5 360 |
| | 运输车间 | 动力费 | 4 500 | 3 600 | | | 3 600 |
| 管理费用 | | 水电费 | 3 800 | 3 040 | | | 3 040 |
| 合计 | | | 60 500 | 48 400 | | | 48 400 |

据此编制会计分录如下：

借：基本生产成本——甲产品　　22 500
　　　　　　　　——乙产品　　11 100
　　制造费用　　2 800
　　辅助生产成本——机修车间　　5 360
　　　　　　　　——运输车间　　3 600
　　管理费用　　3 040
　　贷：应付账款（或银行存款）　　48 400

### 二、折旧费用的归集及分配

（一）折旧费用的归集计算

企业应当对所有固定资产计提折旧，但是按照《企业会计准则》规定，已提足折旧仍继续使用的固定资产和单独计价入账的土地除外。企业应当根据与固定资产有关的经济利益的预期实现方式，合理选择固定资产折旧方法。可选用的折旧方法包括年限平均法、工作量法、双倍余额递减法和年数总和法等。固定资产的使用寿命、预计净残值和折旧方法一经确定，不得随意变更。

企业至少应当于每年年度终了对固定资产的使用寿命、预计净残值和折旧方法进行复核。使用寿命预计数与原先估计数有差异的，应当调整固定资产使用寿命；预计净残值估计数与原先估计数有差异的，应当调整预计净残值；与固定资产有关的经济利益预期实现方式有重大改变的,应当改变固定资产折旧方法。

固定资产计提折旧的起止时间为:当月增加的固定资产,当月不提折旧,从下月开始计算折旧;当月减少的固定资产,当月仍计算折旧,从下月起停止计提折旧。各月月末,会计部门应根据上月折旧额、上月应计提折旧的固定资产的增减情况和固定资产的折旧率,分车间、部门归集计算当月折旧费用。

(二) 折旧费用的分配

折旧费用应按固定资产的具体使用单位进行分配:其中基本生产车间使用的固定资产,不论是直接用于产品生产,还是用于车间一般使用,为简化折旧费用的分配工作,其折旧费用可以全部计入本车间的"制造费用"总账及所属明细账的"折旧费"项目。辅助生产车间使用的固定资产折旧费用,计入"辅助生产成本"总账及其所属辅助生产成本明细账(在辅助生产车间不设"制造费用"账户时);企业管理部门、专设销售机构所用固定资产的折旧费用,则应分别计入"管理费用"、"销售费用"等总账及其明细账的"折旧费"项目。

为便于折旧费用的分配核算,实务中固定资产折旧的计算和费用的分配是通过编制固定资产折旧费用分配表进行的。某企业固定资产折旧费用分配表见表3-9:

表3-9　固定资产折旧费用分配表

20××年×月

| 应借科目 | 车间部门 | 上月份折旧额 | 上月增加固定资产计提折旧额 | 上月减少固定资产计提折旧额 | 本月折旧额 |
|---|---|---|---|---|---|
| 制造费用 | 基本生产车间 | 2 970 | 660 | 240 | 3 390 |
| 辅助生产成本 | 机修车间 | 1 210 | 150 | 80 | 1 280 |
| | 运输车间 | 930 | 120 | | 1 050 |
| 管理费用 | 行政管理部门 | 1 140 | 230 | 110 | 1 260 |
| 销售费用 | 专设销售机构 | 320 | | 50 | 270 |
| 合　计 | | 6 570 | 1 160 | 480 | 7 250 |

根据折旧费用分配表,应编制下列会计分录:

借:制造费用　　3 390

　辅助生产成本——机修车间　　1 280

　　　　　　　——运输车间　　1 050

　管理费用　　1 260

　销售费用　　270

　贷:累计折旧　　　　7 250

## 三、周转材料摊销费用的归集及分配

周转材料是指企业能够多次使用、逐渐转移其价值但仍保持原有形态不确认为固定资产的材料,包括包装物和低值易耗品等。

为了核算周转材料的收入、发出、摊销和结存情况,企业应设置"周转材料"账户,并按周转材料的种类、规格设立明细账,进行明细核算。周转材料的日常核算可按实际成本计价,也可按计划成本计价。当库存周转材料增加时,计入该账户的借方;领用时,计入账户的贷方;期末余额在借方,表示周转材料的实际成本或计划成本总额。

在周转材料日常核算按计划成本计价时,还需在"材料成本差异"账户下设立二级账户,单独核算周转材料的成本差异。

周转材料能多次参加生产周转而保持原有的实物形态,其价值转移随着生产经营过程的进行而逐步实现;同时它又具有品种多、数量大、单位价值低、易损耗、需要经常补充的特点。因此周转材料一经使用,对于其磨损的价值应采用不同于固定资产折旧的特定的方法加以摊销计量,分别计入受益期间相应的成本、费用:对于产品生产过程耗用的周转材料,由于其摊销额在产品成本中占的比重很小,且多为产品生产的间接费用,因此,没有专设成本项目进行归集,而是将其与车间一般耗用的周转材料摊销额一起计入本车间的制造费用;辅助生产部门、管理部门、销售部门等单位耗用的周转材料的摊销额,应按周转材料的使用单位进行分配,分别计入辅助生产费用、管理费用和销售费用中。

企业各期应负担的周转材料的摊销额,应根据所耗用的周转材料价值大小、使用期限长短等因素,分别采用一次转销法和五五摊销法等方法进行摊销计算。

(一)一次转销法

一次转销法就是将周转材料的价值一次全部计入领用月份成本费用的方法。领用时,按周转材料的使用单位,借记"制造费用"、"管理费用"等账户,贷记"周转材料"账户;月末,采用计划成本对周转材料进行日常核算的企业,还应计算并结转当月领用周转材料应分摊的成本差异,借记"制造费用"、"管理费用"等账户,贷记"材料成本差异"账户(实际成本小于计划成本的差异用红字登记);报废时,将收回的残料价值作为报废月份周转材料摊销额的减少,冲减有关成本费用,借记"原材料"等账户,贷记"制造费用"、"管理费用"等账户。

[例3-14] 企业基本生车间本月领用劳保用品一批,计划成本1 600元,本月周转材料成本差异率为1%;另外本车间本月报废以前月份领用的劳保用品一批,其入库残料作价10元。劳保用品采用一次转销法,有关会计分录如下:

(1)领用时,根据领用凭证:

借:制造费用　　　　　　　　　　1 600

贷:周转材料　　1 600

(2)月末,结转成本差异 $1\ 600 \times 1\% = 16$ 元:

借:制造费用　　16

贷:材料成本差异　　16

(3)残料入库时,根据材料入库凭证:

借:原材料　　10

贷:制造费用　　10

一次转销法一般适用于单位价值较低,使用期限较短或容易破损的周转材料的摊销,否则,会使领用月份的费用负担过高,从而影响成本计算的正确性。

(二)五五摊销法

五五摊销法就是在领用周转材料时,摊销其价值的一半,报废时再摊销其另一半价值的方法。

在采用五五摊销法时,企业应在"周转材料"总账账户下,增设"在库"、"在用"、"摊销"三个明细账户。"在库"和"在用"账户,分别按实际成本或计划成本反映企业库存或在用的周转材料的增减及结存情况。"摊销"账户,反映周转材料已摊销额,贷方登记按一定摊销方法计算的在用周转材料的摊销额,借方登记报废周转材料应注销的摊销额,期末有贷方余额,表示在用周转材料的摊销额。

"在用"账户的借方余额,减去"摊销"账户的贷方余额,是在用周转材料的摊余价值。所以"周转材料"总账账户期末借方余额反映了库存周转材料实际成本或计划成本和在用周转材料的摊余价值之和。

采用五五摊销法,领用周转材料时,借记"周转材料—在用"账户,贷记"周转材料—在库"账户;同时,按领用周转材料价值的50%进行摊销,借记"制造费用"、"管理费用"等账户,贷记" 周转材料—摊销"账户。报废周转材料时,按收回残料的价值借记"原材料"等账户,按报废周转材料价值的50%减去残料价值之后的余额,借记"制造费用"、"管理费用"等账户,按报废周转材料价值的50%,贷记"周转材料—摊销";同时,注销报废周转材料的价值及累计摊销额,借记"周转材料—摊销"账户,贷记"周转材料—在用"账户。周转材料如果按计划成本进行日常核算,在领用月份的月末,同样需要调整所领周转材料应负担的成本差异。

[例3－15]企业管理部门本月领用管理用具一批,计划成本1 000元,报废时收回残值50元的材料入库,该月周转材料的成本差异率为2%。按五五摊销法,有关会计分录如下:

(1)领用时,根据领用凭证:

借:周转材料—在用　　1 000

贷:周转材料—在库　　1 000

同时,摊销领用用具价值的50%,即 $1\ 000 \times 50\% = 500$(元):

借:管理费用　　　　　　　　　　　　500

　贷:周转材料—摊销　　　　　　　　　　500

(2)领用月份月末,调整所领用具应负担的成本差异,1000 ×2% =20(元):

借:管理费用　　　　　　　　　　　　20

　贷:材料成本差异　　　　　　　　　　20

(3)报废时,摊销其价值的另外50%,计入报废月份的费用金额:

1000 ×50% -50 =450(元)

借:原材料　　　　　　　　　　　　50

　管理费用　　　　　　　　　　　　450

　贷:周转材料—摊销　　　　　　　　　　500

同时,注销报废用具的价值及已提摊销额:

借:周转材料—摊销　　　　　　　　　1 000

　贷:周转材料—在用　　　　　　　　　　1 000

在周转材料耗用数量较多、金额较大的企业,为了合理分摊周转材料的摊销额,加强其实物管理,可采用五五摊销法对周转材料价值进行摊销,但要求对在用周转材料按车间、部门进行数量、金额明细核算,因此核算工作量较大。

周转材料的摊销额计入成本费用,应根据周转材料的具体用途通过编制"周转材料摊销费用分配表"进行,其格式见表3-11所示:

表3-10　　周转材料摊销费用分配表

20××年×月

| 应借科目 | | 摊销方法 | 领用额 | 报废额 | 残值 | 本月摊销额 |
|---|---|---|---|---|---|---|
| 制造费用 | 基本生产车间 | 五五摊销法 | 1 400 | | | 700 |
| 辅助生产成本 | 机修车间 | 五五摊销法 | | 800 | 100 | 300 |
| 管理费用 | | 五五摊销法 | 1 800 | | | 900 |
| 销售费用 | | 一次转销法 | 150 | | | 150 |
| 合　计 | | | 3 350 | 800 | 100 | 2 050 |

根据分配表,编制费用分配会计分录:

借:制造费用　　　　　　　　　　　　700

　辅助生产成本——机修车间　　　　　300

　管理费用　　　　　　　　　　　　900

　销售费用　　　　　　　　　　　　150

　贷:周转材料　　　　　　　　　　　　2 050

**四、其他费用的归集和分配**

除了前面所述的原材料、燃料、外购动力、人工费用、固定资产折旧费和周转材料摊销等费用以外，企业日常生产经营还会发生诸如保险费、邮电费、租赁费、印刷费、图书资料费、交通费、培训费、修理费、税金、利息、办公费等零星支出。这些费用种类较多，发生频繁，额度不大，没有设立专门的成本项目，应该在费用发生时，按照费用的发生部门、用途进行归集分配，分别借记“制造费用”、“辅助生产成本——××辅助车间”、“销售费用”、“管理费用”等账户，贷记“银行存款”、“现金”等账户。

某企业的“其他费用汇总分配表”如表3－11所示：

表3－11　　其他费用汇总分配表

20××年×月

| 应借科目 | | | 金额 |
|---|---|---|---|
| 总账科目 | 明细科目 | 项目 | |
| 制造费用 | 基本生产车间 | 办公费 | 630 |
| | | 修理费 | 720 |
| | | 其他费 | 700 |
| | | 小计 | 2 050 |
| 辅助生产成本 | 机修车间 | 办公费 | 268 |
| | | 其他费 | 350 |
| | | 小计 | 618 |
| | 运输车间 | 办公费 | 250 |
| | | 其他费 | 400 |
| | | 小计 | 650 |
| 管理费用 | | 办公费 | 2 000 |
| | | 其他费 | 1 350 |
| | | 小计 | 3 350 |
| 销售费用 | | 运输费 | 1 200 |
| | | 广告费 | 960 |
| | | 小计 | 2 160 |
| 合计 | | | 8 828 |

根据其他费用分配表，应编制如下会计分录：

借：制造费用　　2 050

　　辅助生产成本——机修车间　　618

　　　　　　　　——运输车间　　650

　　管理费用　　3 350

销售费用　　　　　　　　　　　　　　　　　2 160

贷:银行存款(或现金等)　　　　　　　　　　　　8 828

通过对材料费用、工资费用、外购动力费用等各种要素费用的分配,本期发生的各种要素费用已经按用途分别计入了“基本生产成本”、“辅助生产成本”、“制造费用”、“销售费用”、“管理费用”、“财务费用”和“在建工程”等总账及所属明细账中,并按成本项目进行了登记,从而划清了生产经营管理费用与非生产经营管理费用,以及生产成本与期间费用的界限。

## 本章小结

1. 要素费用的核算,就是对企业在生产经营管理过程中发生的各项要素费用进行审核、控制并加以归集,然后按谁受益、谁负担的原则在有关产品和部门之间进行分配的过程,是整个成本核算工作的第一步。

2. 材料费用核算的主要内容是:首先归集、计算本期发出材料的成本,即进行材料发出的核算,包括按实际成本计价和计划成本计价两种方法;然后根据发出材料的具体用途在各受益部门、产品之间分配材料费用,将其计入有关产品成本和经营管理费用,包括按材料消耗定额标准分配、按生产成果标准分配等方法。

3. 燃料费用占总成本比重较大的企业,应增设“燃料”账户对其购入和发出进行单独核算,并与动力费用一起专设“燃料及动力”成本项目进行生产费用的归集。

4. 计算当期职工薪酬总额,并根据用途在部门和产品之间分配职工薪酬,是人工费用核算的主要内容。职工薪酬是指企业为获得职工提供的服务而给予各种形式的报酬以及其他相关支出。企业应根据职工提供服务的受益对象,将应确认的职工薪酬计入相关资产成本或当期损益。

5. 外购动力费用是指企业为从事生产经营活动从外部购买各种动力而付出的费用,如电力费、热力费、煤气费等。直接用于产品生产的动力费用,应该单独计入相关产品生产成本的“燃料及动力”成本项目,如企业未专设“燃料及动力”成本项目,则用于基本生产的动力费用计入制造费用。

6. 折旧费用应按固定资产的具体使用单位进行分配,其中基本生产车间使用的固定资产,不论是直接用于产品生产,还是用于车间一般使用,为简化折旧费用的分配工作,其折旧费用可以全部计入本车间的“制造费用”总账及所属明细账的“折旧费”项目。

# 本章综合复习题

## 一、思考题

1. 材料费用的分配原则是什么？
2. 材料费用分配标准有哪些？如何进行材料费用分配？
3. 什么是定额耗用量比例法？在什么条件下采用？
4. 什么是定额费用比例法？在什么条件下采用？
5. 如何编制材料费用分配表？
6. 计时工资的计算方法有哪些？如何按用途分配工资费用？
7. 怎样计算和分配外购动力费用？

## 二、选择题

1. 在企业不设“燃料及动力”成本项目时，基本生产耗用的外购动力费用应计入（　）。

A. 管理费用　　B. 制造费用

C. 基本生产成本　　D. 应付账款

2. 直接用于产品生产，并构成该产品实体的原材料费用应当计入（　）。

A. 基本生产成本　　B. 制造费用

C. 管理费用　　D. 销售费用

3. 以下固定资产不需要计提折旧的是（　）。

A. 当月增加的设备　　B. 当月减少的设备

C. 超龄使用的设备　　D. 提前报废的设备

4. 材料费用的分配标准有（　）。

A. 材料定额消耗量　　B. 材料定额费用

C. 产品标准产量　　D. 产品定额工时

5. 企业的期间费用包括（　）。

A. 制造费用　　B. 财务费用

C. 管理费用　　D. 销售费用

6. 计入产品成本的各种材料费用，按其用途分配，应当计入（　）科目的借方。

A. 基本生产成本　　B. 管理费用

C. 制造费用　　D. 销售费用

7. 下列各项中，构成制造费用的是(　　)。

A. 所有的直接材料、直接人工和管理费用

B. 除了直接人工之外的所有制造成本

C. 除了直接材料和直接人工之外的所有制造成本

D. 所有的销售费用和管理费用

8. 下列不能计入产品成本的费用是(　　)。

A. 燃料和动力　　B. 车间、分厂管理人员工资及福利费

C. 生产工人工资及福利费　　D. 利息费用

9. 基本生产明细账应该按(　　)分设专栏或专行进行登记。

A. 产品名称　　B. 成本项目

C. 费用要素　　D. 费用项目

10. 在几种产品共同耗用几种材料的情况下，材料费用的分配可采用(　　)。

A. 定额耗用量比例分配法　　B. 产量比例分配法

C. 重量比例分配法　　D. 定额费用比例分配法

## 三、计算分析题

1. 某车间生产甲、乙两种产品，共耗原料 2 000 千克，单价 20 元。本月投产甲产品 300 件，乙产品 200 件。甲产品单位消耗定额 10 千克，乙产品单位消耗定额 25 千克。要求：采用材料定额耗用量的比例分配材料费用。

2. 某企业生产丙、丁两种产品领用 C、D 两种材料，实际成本共计 66 480 元。本月投产丙产品 200 件、丁产品 100 件，丙产品的消耗定额为：C 材料 5 千克，D 材料 8 千克。丁产品的材料消耗定额是：C 材料 7 千克，D 材料 9 千克。C、D 两种材料的计划单价分别是 12 元和 14 元。要求：采用产品材料定额成本的比例分配每种产品应负担的材料费用。

3. 职工张三 6 月份加工甲、乙两种产品，加工甲产品 300 件，乙产品 150 件。验收时发现甲产品有废品 30 件，其中料废 10 件，工废 20 件；乙产品全部合格。该职工的小时工资率为 5 元，甲产品的定额工时为 30 分钟，乙产品的定额工时为 2 小时。要求：根据上述资料，计算张三本月份的应付计件工资。

4. 某企业 2 月份耗电 600 000 千瓦时，每千瓦时电费的单价 1.40 元，该企业基本生产车间耗电 430 000 千瓦时，其中车间照明用电 80 000 千瓦时；企业行政管理部门耗用 170 000 千瓦时。企业基本生产车间生产 A、B 两种产品，A 产品生产工时 460 000 时，B 产品生产工时 140 000 小时。

要求：按所耗电度数分配电力费用，A、B 产品按生产工时分配电费，编制分配电力费用的会计分录。

5. 根据本月份工资结算凭证汇总的工资费用为：基本生产车间生产甲、乙两种

产品，计时工资共计 960 000 元，其中车间管理人员工资 36 000 元。甲产品完工 20 000件，乙产品完工 16 000 件。单件产品工时定额：甲产品 64 小时，乙产品 60 小时。

要求：按定额工时比例分配甲、乙两种产品生产工人工资，编制工资分配的会计分录。

6. 远达工厂 6 月份有关数据如下：

（1）购进材料 200 万元，其中：80% 被生产车间领用，5% 被厂部管理部分消耗。

（2）本月职工薪酬总额 95 万元，其中：生产工人薪酬 60 万元，生产车间主任及其他车间管理人员薪酬 5 万元，厂部管理人员薪酬 20 万元，销售人员薪酬 10 万元。

（3）厂部办公楼计提折旧 62 000 元，生产设备计提折旧 24 000 元。

（4）支付税收滞纳金 10 000 元。

要求：请计算该企业 10 月份的直接材料、直接人工、制造费用、管理费用、销售费用、生产费用和期间费用各是多少？

# 第四章　辅助生产费用的核算

**学习目的：**

1. 了解辅助生产费用归集、分配的基本流程；
2. 理解设置辅助生产费用核算的账户及费用分配程序；
3. 熟悉按直接分配法、交互分配法、代数分配法分配辅助生产费用；
4. 熟悉按计划分配法分配辅助生产费用，明确计划分配法的优缺点及应用条件。

## 第一节　辅助生产费用核算的意义

企业的生产按其生产性质可分为基本生产和辅助生产两类。辅助生产主要是为基本生产车间、企业管理部门和其他部门提供产品和劳务，如制造工具、模具等产品，提供电、水、风、汽、修理和运输等劳务。辅助生产，根据它所生产产品、提供劳务作业的品种，可分为两种类型：一类是只生产一种产品或只提供一种劳务的辅助生产，称为单产品辅助生产，如供电、供水、供风、供汽、运输等；另一类是生产多种产品，提供多种劳务、作业的辅助生产，称为多品种辅助生产，如机械修理、模具制造等。

辅助生产车间在产品生产和劳务供应过程中所耗费的各种生产费用，称为辅助生产费用。辅助生产车间生产的产品和劳务，被产品、管理部门耗用以及基本生产车间一般耗用后，辅助生产费用应当分配转入基本生产成本、管理费用、制造费用等。

辅助生产车间生产的产品和提供劳务的成本，最终由各受益产品和部门负担，因此，其费用的高低，对企业基本生产产品成本和各项期间费用有直接的影响，而且只有在辅助生产费用分配之后，才能计算基本生产产品成本。所以，正确、及时地组织辅助生产费用的归集和分配，对于加强成本管理，组织产品成本计算具有重要意义。

# 第二节　辅助生产费用的归集

辅助生产费用的归集，就是正确计算本期辅助生产车间为提供产品和劳务所发生的各种生产费用，如：材料费、人工费、固定资产折旧费等。

## 一、辅助生产费用核算的账户设置

为了总括归集反映辅助生产车间的各项生产费用，需要设置"辅助生产成本"账户。该账户应按车间以及产品和劳务设立明细账户，账内按照费用项目设立专栏。进行辅助生产而发生的一切费用，包括辅助生产车间直接发生的费用，也包括从其他辅助生产车间分配来的费用，都应当分别根据"材料费用分配表"、"人工费用分配表"、"固定资产折旧费用分配表"等有关凭证，计入该账户的借方；期末，将完工产品成本及分配出去的劳务费用从该账户的贷方转出。期末借方余额，表示辅助生产的在产品成本。

在辅助生产规模很大，特别是辅助生产车间同时进行多种产品生产的情况下，为了正确计算各种辅助生产产品成本，还应在"制造费用"账户中增设按辅助生产车间设置的辅助生产制造费用明细账，专门归集、分配各辅助生产车间发生的各项制造费用。但对于生产单一产品，特别是提供单一劳务的辅助生产车间，为了简化核算工作，一般不专设"制造费用"账户，辅助生产车间生产和管理所发生的一切费用全部直接归集于本车间的生产成本明细账。

辅助生产成本明细账的格式见表4－1：

表4－1　　辅助生产成本明细账

车间名称：运输车间　　20××年5月

| 月 | 日 | 摘要 | 材料 | 工资 | 折旧费 | 修理费 | 水电费 | 保险费 | 合计 | 转出 | 余额 |
|---|---|---|---|---|---|---|---|---|---|---|---|
| 5 | 31 | 分配材料费 | 1 420 | | | | | | 1 420 | | |
| | 31 | 分配动力费 | | | | | 105 | | 105 | | |
| | 31 | 分配工资费 | | 1 220 | | | | | 1 220 | | |
| | 31 | 分配折旧费 | | | 1 050 | | | | 1 050 | | |
| | 31 | 大修理费用 | | | | 750 | | | 750 | | |
| | 31 | 保险费 | | | | | | 720 | 720 | | |
| | 31 | 分配转出 | | | | | | | | 5 265 | 0 |
| | 31 | 本月合计 | 1 420 | 1 220 | 1 050 | 750 | 105 | 720 | 5 265 | 5 265 | 0 |

**二、辅助生产费用归集的内容**

辅助生产费用归集的内容有以下三个方面：

（一）各种要素费用

主要有各种原材料费用、燃料和动力、人工费用、折旧费、保险费等。各要素费用应根据前述要素费用分配表进行归集并登记辅助生产明细账。

（二）辅助生产车间相互提供的产品和劳务

在有多个辅助生产车间的企业，当各个辅助生产车间相互提供产品或劳务（如机修车间为运输车间提供机修，运输车间为机修车间提供运输）时，应采用适当的分配方法，在各辅助生产车间之间进行费用的交互分配，并根据辅助生产费用分配表登记相关的辅助生产明细账。

（三）制造费用的分配

在多品种辅助生产车间，如设"制造费用"明细账，期末需将本车间归集的制造费用，按一定方法分配计入本车间各有关辅助生产成本明细账。

## 第三节　辅助生产费用的分配

归集在辅助生产成本明细账的辅助生产费用，月末应根据辅助生产车间生产产品和提供劳务的数量，采用一定的方法分配给各个受益对象，从"辅助生产成本"的明细账中分别转入有关账户。

由于辅助生产车间所提供的产品和劳务的种类不同，其成本和费用转出分配的程序也不一样。

工具和模具车间生产的工具、模具和修理用备件等产品的成本，应在产品完工入库时，按其成本从"辅助生产成本"账户的贷方分别转入"周转材料""原材料"等存货账户的借方；在有关车间、部门领用时，再按其用途和使用单位，从"周转材料"、"原材料"等账户的贷方，转入"制造费用"、"管理费用"等账户的借方。此类辅助生产产品的成本计算方法与基本生产产品成本的计算方法相同，具体计算可采用品种法、分批法等，详见以后有关章节。

动力、机修和运输等车间生产和提供的电、汽、水、修理和运输等劳务所发生的费用，要按用途根据各受益单位耗用的劳务数量进行分配。分配时，借记"制造费用"或"管理费用"等账户，贷记"辅助生产成本"总账及其明细账。（在结算辅助生产明细账之前，如辅助生产车间单独设置"制造费用"账户，还应将各辅助生产车间的制造费用分配转入各辅助生产明细账，归集各项劳务的辅助生产成本。）本节主要介绍此种劳务费用的分配方法。

辅助生产费用的分配,应通过辅助生产费用分配表进行。分配辅助生产费用的方法很多,主要有直接分配法、交互分配法、代数分配法和计划分配法,企业应根据自身的特点选择适当的方法进行辅助生产费用的分配。

## 一、直接分配法

直接分配法,就是不考虑各辅助生产车间之间相互提供产品或劳务的情况,只将各辅助生产车间的费用直接分配给辅助生产车间以外的各受益单位。有关计算公式如下:

$$\text{辅助生产费用分配率}=\frac{\text{辅助生产费用总额}}{\text{对外提供劳务总额}}$$

$$\text{某部门应负担的费用}=\text{该部门受益数量}\times\text{辅助生产费用分配率}$$

[例 4-1] 某企业设有供电和供水两个辅助生产车间,待分配费用分别为30 000元、18 000 元,其受益对象及受益数量如表 4-2 所示:

表 4-2 辅助生产劳务供应统计表

20××年8月

| 劳务数量 / 受益部门 | 供电数量(度) | 供水数量(立方米) |
|---|---|---|
| 供电车间 | | 1 000 |
| 供水车间 | 10 000 | |
| 甲产品 | 15 000 | 1 000 |
| 乙产品 | 20 000 | 3 000 |
| 基本生产车间 | 5 000 | 600 |
| 管理部门 | 10 000 | 400 |
| 合　计 | 60 000 | 6 000 |

采用直接分配法计算的各辅助生产车间费用分配率如下:

供电车间费用分配率 = 30 000 ÷ (60 000 - 10 000) = 0.6(元/度)

供水车间费用分配率 = 18 000 ÷ (6 000 - 1 000) = 3.6(元/立方米)

辅助生产费用的分配结果如表 4-3 所示:

表4－3　　辅助生产费用分配表(直接分配法)

20××年8月

| 供应单位 | | | 供电车间 | | | 供热车间 | | | 费用合计 |
|---|---|---|---|---|---|---|---|---|---|
| | | | 数量 | 分配率 | 金额 | 数量 | 分配率 | 金额 | |
| 待分配费用 | | | | 0.6 | 30 000 | | 3.6 | 18 000 | 48 000 |
| 应借科目 | 基本生产成本 | 甲产品 | 15 000 | | 9 000 | 1 000 | | 3 600 | 12 600 |
| | | 乙产品 | 20 000 | | 12 000 | 3 000 | | 10 800 | 22 800 |
| | | 小计 | 35 000 | | 21 000 | 4 000 | | 14 400 | 35 400 |
| | 制造费用 | | 5 000 | | 3 000 | 600 | | 2 160 | 5 160 |
| | 管理费用 | | 10 000 | | 6 000 | 400 | | 1 440 | 7 440 |
| 分配金额合计 | | | | | 30 000 | | | 18 000 | 48 000 |

根据辅助生产费用分配表编制会计分录,登记有关成本总账及明细账。会计分录如下:

借:基本生产成本——甲产品　　12 600
　　　　　　　——乙产品　　22 800
　制造费用　　5 160
　管理费用　　7 440
　贷:辅助生产成本——供电车间　　30 000
　　　　　　　　——供水车间　　18 000

采用直接分配法,各辅助生产车间的费用只对辅助生产以外的受益对象进行分配,计算方法最简单。但由于各辅助生产车间归集的费用不全,如上例中供电车间归集的费用中不包括所耗水费,供水车间归集的费用中不包括所耗的电力费,因此分配的结果不够准确。此法一般只适宜在辅助生产内部相互提供劳务不多、辅助生产车间之间不进行费用的交互分配对辅助生产成本和企业产品成本影响不大的情况下采用。

**二、交互分配法**

交互分配法,是指辅助生产费用先在辅助生产车间之间相互分配,然后再对外分配的方法。其具体计算过程为:

1.辅助生产车间之间相互交互分配

$$\text{某辅助生产费用交互分配率} = \frac{\text{交互分配前费用}}{\text{该车间劳务总量}}$$

交互分配额＝交互受益量×该费用交互分配率

2.辅助生产费用对外分配

$$\text{某辅助费用对外分配率}=\frac{\text{对外分配费用}}{\text{该劳务对外供应量}}$$

$$\text{某辅助生产车间对外分配费用}=\text{交互分配前费用}+\text{交互分配转入费用}-\text{交互分配转出费用}$$

$$\text{某受益单位应负担费用}=\text{该受益单位某劳务耗用量}\times\text{该劳务费对外分配率}$$

[例4－2] 按[例4－1]资料,各辅助生产车间有关分配率计算如下:

(1)辅助生产费用交互分配率

供电车间费用交互分配率＝30 000÷60 000＝0.5(元/度)

供水车间费用交互分配率＝18 000÷6 000＝3(元/立方米)

(2)辅助生产费用对外分配率

$$\text{供电车间对外分配率}=\frac{30\ 000+1\ 000\times3-10\ 000\times0.5}{60\ 000-10\ 000}=0.56(\text{元/度})$$

$$\text{供水车间费用对外分配率}=\frac{18\ 000+10\ 000\times0.5-1\ 000\times3}{6\ 000-1\ 000}=4(\text{元/立方米})$$

根据劳务供应情况,按交互分配法分配该企业辅助生产费用结果如4－4所示:

表4－4　　辅助生产费用分配表(交互分配法)

20××年8月

| 供应单位 | | | | 交互分配 | | | 对外分配 | | |
|---|---|---|---|---|---|---|---|---|---|
| | | | | 供电 | 供水 | 合计 | 供电 | 供水 | 合计 |
| 待分配费用 | | | | 30 000 | 18 000 | 48 000 | 28 000 | 20 000 | 48 000 |
| 劳务供应量 | | | | 60 000 | 6 000 | | 50 000 | 5 000 | |
| 费用分配率 | | | | 0.5 | 3 | | 0.56 | 4 | |
| 应借科目 | 辅助生产成本 | 供电车间 | 数量 | | 1 000 | | | | |
| | | | 金额 | | 3 000 | 3 000 | | | |
| | | 供水车间 | 数量 | 10 000 | | | | | |
| | | | 金额 | 5 000 | | 5 000 | | | |
| | 分配金额小计 | | | 5 000 | 3 000 | 8 000 | | | |
| | 基本生产成本 | 甲产品 | 数量 | | | | 15 000 | 1 000 | |
| | | | 金额 | | | | 8 400 | 4 000 | 12 400 |
| | | 乙产品 | 数量 | | | | 20 000 | 3 000 | |
| | | | 金额 | | | | 11 200 | 12 000 | 23 200 |
| | 制造费用 | | 数量 | | | | 5 000 | 600 | |
| | | | 金额 | | | | 2 800 | 2 400 | 5 200 |
| | 管理费用 | | 数量 | | | | 10 000 | 400 | |
| | | | 金额 | | | | 5 600 | 1 600 | 7 200 |
| 分配金额小计 | | | | | | | 28 000 | 20 000 | 48 000 |

根据分配表,编制会计分录如下:

(1)交互分配会计分录:

借:辅助生产成本——供电车间　3 000

　　　　　　　——供水车间　5 000

　贷:辅助生产成本——供电车间　5 000

　　　　　　　　——供水车间　3 000

(2)对外分配会计分录:

借:基本生产成本——甲产品　12 400

　　　　　　　——乙产品　23 200

　制造费用　5 200

　管理费用　7 200

　贷:辅助生产成本——供电车间　28 000

　　　　　　　　——供水车间　20 000

在交互分配法下,由于辅助生产内部相互提供的劳务进行了交互分配,因而提高了分配结果的正确性,但由于各种辅助生产费用都要计算两个费用分配率,进行两次分配,因此增加了分配工作量。同时,由于辅助生产车间之间的交互分配率,是按交互分配以前的待分配费用计算的。因此,两个费用分配率都不是各辅助生产车间劳务的实际单位成本,分配结果会受到影响。

### 三、代数分配法

代数分配法,就是根据解联立方程的原理,先计算辅助生产产品和劳务的实际单位成本,然后再根据各受益单位耗用的劳务数量乘相应劳务单位成本,计算分配辅助生产费用的方法。

[例4-3] 根据[例4-1]资料,按代数分配法分配辅助生产费用计算如下:

设电费实际单位成本为 x,水费实际单位成本为 y,建立方程组如下:

$60\ 000x = 30\ 000 + 1\ 000y$

$6\ 000y = 18\ 000 + 10\ 000x$

解方程组,得:

$x = 0.566$

$y = 3.943$

根据上列计算结果,对辅助生产费用分配结果见表4-5:

表4-5　　　　辅助生产费用分配表(代数分配法)

20××年8月

| 供应单位 | | | 供电车间 | | | 供水车间 | | | 费用合计 |
|---|---|---|---|---|---|---|---|---|---|
| | | | 数量 | 分配率 | 金额 | 数量 | 分配率 | 金额 | |
| 待分配费用 | | | 60 000 | | 30 000 | 6 000 | | 18 000 | 48 000 |
| 劳务单位成本 | | | | 0.566 | | | 3.943 | | |
| 应借科目 | 辅助生产成本 | 供电车间 | | | | 1 000 | | 3 943 | 3 943 |
| | | 供水车间 | 10 000 | | 5 660 | | | | 5 660 |
| | 基本生产成本 | 甲产品 | 15 000 | | 8 490 | 1 000 | | 3 943 | 12 433 |
| | | 乙产品 | 20 000 | | 11 320 | 3 000 | | 11 829 | 23 149 |
| | 制造费用 | | 5 000 | | 2 830 | 600 | | 2 365.8 | 5 195.8 |
| | 管理费用 | | 10 000 | | 5 643 | 400 | | 1 579.2 | 7 222.2 |
| 分配金额合计 | | | | | 33 943 | | | 23 660 | 57 603 |

根据分配表,编制会计分录如下:

借:辅助生产成本——供电车间　　3 943

　　　　　　　　——供水车间　　5 660

　基本生产成本——甲产品　　12 433

　　　　　　　　——乙产品　　23 149

　制造费用　　5 195.8

　管理费用　　7 222.2

　贷:辅助生产成本——供电车间　　33 943

　　　　　　　　　——供水车间　　23 660

运用代数分配法分配辅助生产费用,分配结果最准确,但在辅助生产车间数量较多时,计算工作量太大。因此,此法一般适宜于已实现电算化核算的企业。

**四、计划成本分配法**

计划成本分配法,就是按照劳务的计划单位成本和各受益单位实际耗用的劳务数量,分配辅助生产费用的方法。

计划成本分配法分配辅助生产费用的计算步骤如下:

1. 计算各受益单位(包括辅助生产车间和辅助生产车间以外的所有受益单位)应负担的辅助生产费用

某受益单位应负担的费用 = 本部门耗用的劳务数量 × 该劳务的计划单位成本

2. 计算各辅助生产车间的实际成本总额

实际成本 = 该车间分配前的待分配费用 + 耗用的其他辅助生产劳务数量 × 该劳务的计划单位成本

上例中,各车间实际成本计算如下:

供电车间实际成本 = 30 000 + 1 000 × 4 = 34 000(元)

供水车间实际成本 = 18 000 + 10 000 × 0.5 = 23 000(元)

3. 计算成本差异

成本差异 = 本车间实际成本 − 本车间提供的劳务总数 × 本车间劳务的计划单位成本

供电车间成本差异 = 34 000 − 60 000 × 0.5 = 4 000(元)

供水车间成本差异 = 23 000 − 6 000 × 4 = −1 000(元)

4. 结转成本差异

实际工作中,为了简化辅助生产费用的分配工作,辅助生产车间的成本差异,一般不再在各受益单位之间进行分配,而是全部转入当期的管理费用。

[例 4 − 4] 设[例 4 − 1]中各项劳务的计划单位成本分别为每度电 0.5 元,每立方米水 4 元,则按计划分配法,各受益单位负担的费用见表 4 − 8:

表 4 − 6　　辅助生产费用分配表(计划分配法)

20 × × 年 8 月

| 供应单位 | | | 供电车间 | | | 供水车间 | | | 费用合计 |
|---|---|---|---|---|---|---|---|---|---|
| | | | 数量 | 分配率 | 金额 | 数量 | 分配率 | 金额 | |
| 待分配费用 | | | 60 000 | | 30 000 | 6 000 | | 18 000 | 48 000 |
| 计划单位成本 | | | | 0.5 | | | 4 | | |
| 应借科目 | 辅助生产成本 | 供水车间 | 1 000 | | 5 000 | | | | 5 000 |
| | | 供电车间 | | | | 1 000 | | 4 000 | 4 000 |
| | 基本生产成本 | 甲产品 | 15 000 | | 7 500 | 1 000 | | 4 000 | 11 500 |
| | | 乙产品 | 20 000 | | 10 000 | 3 000 | | 12 000 | 22 000 |
| | 制造费用 | | 5 000 | | 2 500 | 600 | | 2 400 | 4 900 |
| | 管理费用 | | 10 000 | | 5 000 | 400 | | 1 600 | 6 600 |
| 计划总成本 | | | 60 000 | 0.5 | 30 000 | 6 000 | 4 | 24 000 | 54 000 |
| 实际总成本 | | | | | 34 000 | | | 23 000 | 57 000 |
| 成本差异 | | | | | 4 000 | | | −1 000 | 3 000 |

根据表4－8,编制有关会计分录如下：

(1)分配辅助生产费用的会计分录

借:辅助生产成本——供电车间　　4 000
　　　　　　　　——供水车间　　5 000
　基本生产成本——甲产品　　11 500
　　　　　　　　——乙产品　　22 000
　制造费用　　4 900
　管理费用　　6 600
　贷:辅助生产成本——供电车间　　30 000
　　　　　　　　　——供水车间　　24 000

(2)结转成本差异的会计分录

借:管理费用　　3 000
　贷:辅助生产成本——供电车间　　4 000
　　　　　　　　　——供水车间　　1 000

采用计划成本分配法,不但可以简化费用分配工作,而且通过辅助生产成本差异的计算,还能反映和考核辅助生产成本计划的完成情况。由于辅助生产的成本差异全部转入管理费用,有关受益部门所负担的劳务费用都不包括辅助生产差异,因此便于分清企业内部各单位的经济责任。但是,采用这种分配方法,要求企业辅助生产劳务的计划单位成本制定的必须准确,否则,会影响成本计算的正确性。

通过辅助生产费用的归集和分配,应计入本月产品成本的生产费用,已经分别归集于“基本生产成本”和“制造费用” 账户的借方;其中计入“基本生产成本”账户借方的费用,已按成本项目分别归集于各基本生产成本明细账的本月发生额中。

## 本章小结

1. 企业的生产按其生产性质可分为基本生产和辅助生产两类。辅助生产主要是为基本生产车间、企业管理部门和其他部门提供产品和劳务,根据它所生产产品、提供劳务作业的品种,可分为两种类型:一类是单产品辅助生产,另一类是多品种辅助生产。

2. 辅助生产车间在产品生产和劳务供应过程中所耗费的各种生产费用,称为辅助生产费用。辅助生产车间生产的产品和劳务,被产品、部门耗用以及基本生产车间一般耗用后,辅助生产费用应当分配转入基本生产成本、制造费用、管理费用等。

3. 为了总括归集反映辅助生产车间的各项生产费用，需要设置“辅助生产成本”账户进行核算。在辅助生产规模很大，特别是辅助生产车间同时进行多种产品生产的情况下，还应在“制造费用”账户中增设按辅助生产车间设置的辅助生产制造费用明细账，但对于生产单一产品，特别是提供单一劳务的辅助生产车间，为了简化核算工作，一般不专设“制造费用”账户。

4. 辅助生产费用分配的直接分配法，只将各辅助生产车间的费用直接分配给辅助生产车间以外的各受益单位，因此分配的结果不够准确，一般只适宜在辅助生产内部相互提供劳务不多、辅助生产车间之间不进行费用的交互分配对辅助生产成本和企业产品成本影响不大的情况下采用。交互分配法下，辅助生产费用先在辅助生产车间之间相互分配，然后再对外分配，提高了分配结果的正确性，但增加了分配工作量。代数分配法下，通过解联立方程，先计算出辅助生产产品和劳务的实际单位成本，然后再根据各受益单位耗用的劳务数量计算分配辅助生产费用，分配结果最准确，但在辅助生产车间数量较多时，计算工作量太大。计划成本分配法，是按照劳务的计划单位成本和各受益单位实际耗用的劳务数量，分配辅助生产费用的方法，不但可以简化费用分配工作，而且通过辅助生产成本差异的计算，还能反映和考核辅助生产成本计划的完成情况。

## 本章综合复习题

### 一、思考题

1. 什么是辅助生产费用?

2. 辅助生产费用的分配有几种方法? 各种方法都分别有什么特点? 分别有哪些适用条件?

### 二、选择题

1. 辅助生产车间完工入库的修理用备件，应借记(　　)科目，贷记“辅助生产成本”科目。

A.“周转材料”　　B.“原材料”

C.“基本生产成本”　　D.“制造费用”

2. 辅助生产车间管理人员的工资，在不同的核算方法下，可能计入(　　)项目。

A. 管理费用　　B. 制造费用

C. 辅助生产成本　　D. 销售费用

3. 辅助生产费用交互分配法中的第一次交互分配是在(　　)之间进行分配。

A. 各受益单位　　B. 辅助生产车间以外的受益单位

C. 各受益的基本生产车间　　D. 各受益的辅助生产车间

4. 分配结转辅助生产费用时,可能借记的科目有(　　)

A. “辅助生产成本”　　B. “周转材料”

C. “管理费用”　　D. “在建工程”

5. 辅助生产费用的分配方法中,能分清内部经济责任、便于成本控制的方法是(　　)

A. 直接分配法　　B. 交互分配法

C. 计划成本分配法　　D. 代数分配法

6. 辅助生产费用的分配方法中,能够最为准确地反映各项劳务的实际成本的方法是(　　)

A. 交互分配法　　B. 实际分配法

C. 计划成本分配法　　D. 代数分配法

**三、计算分析题**

某企业下设机修和供水两个辅助生产车间,3 月份机修车间发生生产费用 20 000元,提供劳务数量 1 000 小时,其中供水车间耗用 300 小时;基本生产车间耗用 600 小时;企业行政管理部门耗用 100 小时。供水车间发生生产费用 4 000 元,提供劳务数量2 000吨水,其中机修车间耗用 800 吨;基本生产车间耗用 1 000 吨;企业行政管理部门耗用 200 吨。(辅助生产车间不设置“制造费用”账户)

要求:

1. 采用直接分配法分配辅助生产费用,并编制相应的会计分录。

2. 采用交互分配法分配辅助生产费用,并编制相应的会计分录。

3. 采用代数分配法分配辅助生产费用,并编制相应的会计分录。

4. 机修车间计划单位成本 22 元/小时;供水车间计划单位成本 5.5 元/吨;采用计划成本分配法分配辅助生产费用,并编制相应的会计分录。

# 第五章　制造费用的核算

**学习目的：**

1. 明确哪些支出应列为制造费用；
2. 选择适当的方法分配制造费用；
3. 利用实际分配率法、预定分配率法分配制造费用；
4. 比较实际分配率法和预定分配率法的运用条件及优缺点。

## 第一节　制造费用的归集

制造费用是指企业生产车间（部门）为生产产品和提供劳务而发生的各项间接费用，是产品制造成本的重要组成部分。

### 一、制造费用的分类及其构成

（一）制造费用的分类

制造费用的内容很多，按照用途的不同，可将其分为如下三种类型：

1. 直接用于产品生产，但管理上不要求或者核算中由于计算过于烦琐不便于单独核算，而没有专设成本项目的费用。如：车间生产用机器设备的折旧费、修理费、经营租赁费和保险费，生产用周转材料摊销费用等。

2. 间接用于产品生产的费用。如：车间生产用房屋及建筑物的折旧费、修理费、经营租赁费和保险费，车间生产用的水电费、取暖费、劳动保护费以及季节性停工损失等。

3. 车间（部门）为组织管理生产而发生的费用。包括车间（部门）管理人员的人工费，车间（部门）管理用房屋、设备的折旧费、修理费、经营租赁费、保险费，车间（部门）管理用的水电费、办公费、差旅费、取暖费等。

（二）制造费用的构成

制造费用的具体内容多而复杂，实务中，为简化核算工作，一般将性质相同的费用进行归类合并，设立如下费用项目进行归集：

1. 人工费用:指生产车间除基本生产工人以外的其他所有人员的人工费用。如管理人员、质量检验人员、勤杂人员等人员的人工费用。

2. 修理费:指车间使用的各种固定资产、周转材料的修理费用应计入当月生产费用的部分。

3. 办公费:指生产车间发生的各种办公费用。如:文具费、通讯费、会议费等。

4. 折旧费:包括车间生产、管理过程中所有固定资产的折旧费。

5. 水电费:指车间一般消耗水、电等而支付的费用。

6. 机物料消耗:指车间为使机器设备保持正常运行而消耗的各种物料费用。

7. 劳动保护费:指车间为保护工人劳动安全而发生的应计入当月生产费用的不构成固定资产的安全装置、卫生设备、工作服、工作鞋帽等费用。

8. 停工损失:指因季节性原因停工和机器设备修理期间停工而发生的应由本期产品成本负担的各项费用。

9. 租赁费:指车间从外部经营性租入各种固定资产而发生的应由本期产品成本负担的租金。

10. 保险费:指因车间财产投保而支付的应由本期产品成本负担的保险费。

11. 周转材料摊销:指车间生产、管理用周转材料的摊销费用。

12. 运输费:指车间负担的厂内运输部门和厂外运输单位提供运输劳务而发生的费用。

13. 其他:指不能列入以上各费用项目的各种制造费用。

在实际工作中,企业可根据制造费用的实际发生情况和管理要求,对上述费用项目进行合并、增设,但一经确定,不应随意变动。

## 二、制造费用的归集

制造费用应根据费用的发生地点以车间(部门)为单位进行归集。为总括反映各车间、部门制造费用的发生及分配情况,需设置“制造费用”账户进行核算。该账户应按车间(部门)设立明细账,账内按照费用项目设置专栏;费用发生时,记入本账户的借方;月末,按一定的方法在有关受益产品之间进行分配后,从本账户的贷方转入有关产品成本账户的借方;本账户除按照预定分配率分配制造费用的企业外,期末一般无余额。

对于生产单一产品或提供单一劳务的辅助生产车间,如果其制造费用金额较小,或不需要按照规定的成本项目计算产品成本,为了简化核算工作,可不设“制造费用”账户,而将本车间发生的制造费用直接计入辅助生产成本明细账及总账。

制造费用明细账的格式见表5－1:

表 5－1　　制造费用明细账

车间名称:第一车间　　20××年5月

| 月 | 日 | 摘　　要 | 工资 | 折旧费 | 劳保费 | 水电费 | 保险费 | 机物料消耗 | 其他费用 | 合计 |
|---|---|---|---|---|---|---|---|---|---|---|
| 5 | 31 | 分配材料费 | | | | | | 2 310 | | 2 310 |
| | 31 | 分配外购水电费 | | | | 700 | | | | 700 |
| | 31 | 分配工资费 | 4 169 | | | | | | | 4 169 |
| | 31 | 分配折旧费 | | 2 940 | | | | | | 2 940 |
| | 31 | 支付劳保费 | | | 1 450 | | | | | 1 450 |
| | 31 | 支付保险费 | | | | | 1 400 | | | 1 400 |
| | 31 | 货币资金支出 | | | | | | | 1 330 | 1 330 |
| | 31 | 分配辅助生产费用 | | | 5 650 | | | | | 5 650 |
| | 31 | 分配转出 | | | | | | | | |
| | 31 | 本月合计 | 4 169 | 2 940 | 7 100 | 700 | 1 400 | 2 310 | 1 330 | 19 929 |

制造费用明细账的内容应根据各要素费用分配表和辅助生产费用分配表等进行登记。

在实行预算管理的企业,月末可将归集在各“制造费用”账户中的本单位的制造费用发生额同预算额进行比较分析,以考核预算执行情况,加强成本费用控制。

## 第二节　制造费用的分配

### 一、制造费用的分配顺序

在辅助生产车间单独设立“制造费用”账户进行核算的情况下,应首先分配辅助生产车间的制造费用,在“辅助生产成本”账户的借方归集了全部辅助生产费用以后,再在各受益对象之间分配辅助生产费用。其中直接用以产品生产的辅助生产费用,应直接计入各相关产品生产成本账户;基本生产车间一般耗用的辅助生产费用,应归集于本车间的“制造费用”账户。在各基本生产车间的制造费用全部归集完毕之后,按一定的方法在本车间生产的产品之间分配基本生产车间的制造费用。

## 二、制造费用的分配

制造费用的分配方法很多,但总的可分为按实际分配率法分配和按预定分配率法分配两大类。

(一)实际分配率法

实际分配率法是根据当期实际发生的制造费用和确定的分配标准总量计算制造费用分配率,并据以分配制造费用的方法。其基本计算公式如下:

$$\text{制造费用分配率}=\frac{\text{制造费用总额}}{\text{各种产品分配标准总量}}$$

$$\begin{matrix}\text{某产品应负担的}\\\text{制造费用}\end{matrix}=\begin{matrix}\text{制造费用}\\\text{分配率}\end{matrix}\times\begin{matrix}\text{该产品的分配}\\\text{标准数量}\end{matrix}$$

公式中的分配标准通常有:生产工人工时、生产工人工资、机器工时、标准产量等多种,企业应根据各车间的具体情况选择相应的分配标准。根据分配标准的不同,实际分配率法又分为如下几种具体方法:

1. 生产工人工时比例法

生产工人工时比例法是以本车间各种产品所耗的生产工人工时(实际工时或定额工时)为标准分配制造费用的方法。

[例5-1] 某基本生产车间同时生产甲、乙两种产品,本月耗用的实际生产工人工时为:甲产品800小时,乙产品1 200小时,实际发生制造费用12 000元,则费用分配计算如下:

制造费用分配率=12 000÷(800+1 200)=6(元/小时)

甲产品负担的制造费用=800×6=4 800(元)

乙产品负担的制造费用=1 200×6=7 200(元)

按生产工人工时比例法分配制造费用,能将工人的劳动生产率与产品负担的制造费用密切联系在一起,便于提高职工的劳动效率。但是,如果车间生产的各种产品机械化程度差异较大,采用生产工人工时作为分配标准,会使机械化程度较低的产品负担过多的费用,从而使分配结果与实际情况产生差异,因为制造费用中包含着大量与机械使用有关的费用,如机械设备的折旧费、修理费、保险费和经营租赁费等,机械化程度越高的产品,越要负担较高的费用。所以,此法适用于各受益产品机械化程度大致相同的车间和分厂。

2. 生产工人工资比例法

生产工人工资比例法是以本车间各种产品耗用的生产工人工资额为标准分配制造费用的方法。

此法的优点是各产品所耗人工工资额资料容易取得,可直接从工资费用分配表中查找。但基于与生产工人工时比例法相同的原因,此法适用于各受益产品机械化程度大致相同的情况。同时,如果生产工人工资是按照生产工时比例分配计入各种产品成本,那么,按照生产工人工资比例分配制造费用,实际上也就是按照生产工时比例分配制造费用,两者分配结果相同。

3. 机器工时比例法

机器工时比例法是以本车间各种产品所耗用的机器设备的运行时间为标准分配制造费用的方法。

此种分配方法,将制造费用的分配与机器设备的使用情况联系在一起,如果制造费用中与机器设备有关的费用比重较大,且受益产品的机械化程度不同,则分配结果较为合理。因此,此法适用于机械化程度较高的情况。

4. 产品标准产量比例法

产品标准产量比例法是以本车间生产的各种产品按一定折算系数换算成的标准总产量为标准分配制造费用的方法。

[例5-2] 某基本生产车间本月实际发生制造费用25 300元,生产的A、B、C三种产品加工工艺基本相同,按标准产量比例法分配制造费用。取B产品为标准产品,按产品工时定额折算的标准产品及制造费用的分配结果见表5-2:

表5-2 制造费用分配表

20××年×月

| 产品名称 | 实际产量① | 工时定额② | 折算系数③ | 标准产量④=①×③ | 分配率⑤ | 分配金额⑥=④×⑤ |
|---|---|---|---|---|---|---|
| A | 800 | 10 | 10÷8=1.25 | 1 000 | 10 | 10 000 |
| B | 760 | 8 | 8÷8=1 | 760 | 10 | 7 600 |
| C | 880 | 7 | 7÷8=0.875 | 770 | 10 | 7 700 |
| 合计 | | | | 2 530 | 10 | 25 300 |

其中,制造费用分配率=25 300÷2 530=10

按产品标准产量比例法分配制造费用,标准产量折算系数一经确定,长期不变,可简化费用分配工作。此法一般适用于原材料消耗相同、生产工艺相近的系列产品、联产品及等级产品制造费用的分配。

(二)预定分配率法

预定分配率法是指根据企业预算年度确定的各车间制造费用预算额,先计算年度预定分配率，然后各月按预定分配率和当月的实际产量等有关资料计算分配制造费用的方法。

预定分配率法下，制造费用的分配可采用生产工人定额工时、生产工人定额工资、定额机器小时、产品标准产量等标准进行分配；当车间生产单一产品时，还可以直接以产量为标准进行分配。

假设以定额机器小时作为分配标准，有关计算公式如下：

$$年度预定分配率=\frac{车间年度制造费用预算总额}{本车间各种产品年度计划产量的定额机器工时总量}$$

$$\begin{matrix}某月某产品应\\分配的制造费用\end{matrix}=\begin{matrix}该月该产品实际产量\\的定额机器小时\end{matrix}\times\begin{matrix}年度预定\\分配率\end{matrix}$$

［例5－3］某基本生产车间全年制造费用预算额115 200元，年度各种产品的计划产量分别为：

A产品5 600件，B产品2 600件；单件产品的工时定额：A产品5小时，B产品4小时。则：

A产品年度计划产量定额工时＝5 600×5＝28 000（小时）

B产品年度计划产量定额工时＝2 600×4＝10 400（小时）

制造费用年度预定分配率＝115 200÷（28 000＋10 400）＝3

该车间1月份产品实际产量：A产品500件，B产品220件；本月实际发生制造费用10 500元。则1月份制造费用分配情况如下：

A产品分配的制造费用＝500×5×3＝7 500（元）

B产品分配的制造费用＝220×4×3＝2 640（元）

根据计算结果，当月分配制造费用的会计分录如下：

借：基本生产成本——A产品　　7 500

　　　　　　　　——B产品　　2 640

　贷：制造费用　　10 140

本车间1月份实际发生制造费用10 500元，比按本月实际产量和预定分配率分配转出的制造费用10 140元多360元。可见，采用预定分配率法分配制造费用，各月实际发生的制造费用与分配转出的制造费用可能不一致，因此，每月月末"制造费用"账户可能出现借方或贷方余额。"制造费用"账户的借方或贷方余额，平时一般不作处理，但年末如果仍然存在余额，除其中属于为下一年开工生产做准备的可留待下一年分配外，其余部分实际发生额大于分配额的差额，借记"基本生产成本"科目，贷记"制造费用"科目；实际发生额小于分配额的差额做相反的会计分录。

年末余额分配一般有两种方法：

其一，应当以本年实际产量为基数在各有关产品之间按一定标准进行分配；

其二,应以12月份实际产量为基数在各有关产品之间按一定标准进行分配。上述两种方法分配额度均应转入12月份的生产成本。

设上述基本生产车间年末“制造费用”账户出现借方余额1 895元,以第一种处理方法为例,本年度各种产品实际产量为:A产品5 500件,B产品2 600件,则按实际产量的定额工时分配差异计算如下:

A产品实际产量的定额工时 = 5 500 × 5 = 27 500(小时)

B产品实际产量的定额工时 = 2 600 × 4 = 10 400(小时)

制造费用差异分配率 = 1 895 ÷ (27 500 + 10 400) = 0.05(元/小时)

A产品分配的差异额 = 27 500 × 0.05 = 1 375(元)

B产品分配的差异额 = 10 400 × 0.05 = 520(元)

根据计算分配结果,调整会计分录如下:

借:基本生产成本——A产品　　1 375

　　　　　　　　——B产品　　520

　贷:制造费用　　1 895

以第二种处理方法为例,设12月份各种实际产量为:A产品550件,B产品200件,按12月份产量的定额工时分配差异计算如下:

A产品实际产量的定额工时 = 550 × 5 = 2 750(小时)

B产品实际产量的定额工时 = 200 × 4 = 800(小时)

制造费用差异分配率 = 1 895 ÷ (2 750 + 800) = 0.53(元/小时)

A产品分配的差异额 = 2 750 × 0.53 = 1 457.5(元)

B产品分配的差异额 = 800 × 0.53 = 437.5(元)

根据计算分配结果,调整会计分录如下:

借:基本生产成本——A产品　　1 457.5

　　　　　　　　——B产品　　437.5

　贷:制造费用　　1 895

采用预定分配率法分配制造费用,有利于控制和考核制造费用预算的执行情况,通过对各月制造费用差异的分析,可帮助车间管理人员及时寻找差异原因,采取相应措施,加强费用控制。但是,采用此种分配方法,要求企业有较高的预算管理体系,否则年度制造费用预算如果与实际发生情况差异太大,会影响费用的分配结果。

对于季节性生产企业,为避免因产量变化而引起的各月产品生产成本的大幅变动,可采用此种方法分配制造费用。

制造费用的分配,需要根据有关工时等记录编制“制造费用分配表”进行。制造费用分配表的一般格式见表5-3:

表 5-3　　制造费用分配表(第一生产车间)

20××年×月

| 应借科目 | | 生产工时 | 分配率 | 分配金额 |
|---|---|---|---|---|
| 基本生产成本 | 甲产品 | 800 | 6 | 4 800 |
| | 乙产品 | 1 200 | 6 | 7 200 |
| 合　计 | | 2 000 | 6 | 12 000 |

根据费用分配表,编制会计分录如下:

借:基本生产成本——甲产品　　4 800

　　　　　　　　——乙产品　　7 200

　贷:制造费用　　12 000

至此,在不单独核算废品损失和停工损失的企业,应计入本月产品成本的生产费用,已全部归集在“基本生产成本”账户的借方,并按成本项目分别列示在各产品生产成本明细账中,从而划清了各种产品的费用界限。

## 本章小结

1. 制造费用是指企业生产车间(部门)为生产产品和提供劳务而发生的各项间接费用,是产品制造成本的重要组成部分。

2. 制造费用的内容:第一,直接用于产品生产,但管理上不要求或者核算中由于计算过于繁琐不便于单独核算,而没有专设成本项目的费用;第二,间接用于产品生产的费用;第三,车间、分厂为组织管理生产而发生的费用。

3. 制造费用的实际分配率法:生产工人工时比例法、生产工人工资比例法、机器工时比例法、产品标准产量法。

4. 预定分配率法,亦称按年度计划分配率分配法,是指根据企业计划年度确定的各车间制造费用预算额,先计算年度预定分配率,然后各月按预定分配率和当月的实际产量等有关资料计算分配制造费用的方法。

5. 预定分配率法的适用条件:对于季节性生产企业,为避免因产量变化而引起的各月产品生产成本的大幅变动,可采用此种方法分配制造费用。

# 本章综合复习题

## 一、思考题

1. 制造费用的内容有哪些?
2. 说明制造费用的分配程序。
3. 制造费用分配的正确与否关键在于什么?
4. 制造费用的分配方法有哪些?各适用于什么条件?
5. 什么是预定分配率法?其分配标准有哪些?

## 二、选择题

1. 基本生产车间发生的管理费用,应计入(　　)项目。
A. 管理费用　　B. 期间费用
C. 制造费用　　D. 当期损益

2. 按预定分配率分配制造费用后,"制造费用"科目年末(　　)。
A. 无余额　　B. 有借方余额
C. 有贷方余额　　D. 有借方或贷方余额

3. 在机械化程度较高且各受益产品机械化程度不等的车间,制造费用的分配宜采用(　　)。
A. 机器工时比例法　　B. 预定分配率法
C. 生产工人工时比例法　　D. 生产工人工资比例法

4. 按预定分配率法分配制造费用后,"制造费用"科目月末:(　　)。
A. 有借方余额或贷方余额　　B. 无余额
C. 有借方余额　　D. 有贷方余额

5. 制造费用按预定分配率分配,下列说法正确的有(　　)。
A. 适应于季节性生产企业　　B. 利于控制制造费用预算的执行
C. "制造费用"科目月末可能有余额　　D. 企业要有较高的预算管理水平

6. 制造费用按预定分配率分配特别适用于(　　)
A. 各项消耗和费用定额较为准确的企业
B. 各项消耗和费用定额较为稳定的企业
C. 辅助生产较大的企业
D. 季节性的生产企业

7. 制造费用的分配方法有(　　)

A. 生产工人工时比例法　　　　B. 机器工时比例法

C. 按年度计划分配率法　　　　D. 直接分配法

**三、计算分析题**

1. 某企业基本生产车间生产甲、乙两种产品,20××年×月该车间实际发生制造费用24 000元。甲、乙产品生产工时分别为7 200小时、4 800小时。

要求：采用生产工时比例分配法分配制造费用。

2. 某企业某车间全年制造费用计划为55 000元;全年各种产品的计划产量为A产品2 600件,产品2 250件,单件产品的工时定额为:A产品5小时,B产品4小时,该车间5月份的实际产量为:A产品240件,B产品150件;该月实际制造费用为4 900元。

要求:采用预定分配率分配法分配制造费用,并做相关会计分录。

3. 某企业在同一车间同时生产甲、乙、丙三种产品,本月分别投产4 000件、5 000件和6 000件;分别投入生产工时10 000小时、8 000小时和5 000小时;共同发生直接材料86 000元、直接人工6 550元、制造费用101 200元。该三种产品按其定额材料成本计算的系数分别为1、0.75和0.5。

要求:按照适当的方法在甲、乙、丙三种产品之间分配当月料、工、费,并做出相关会计分录。

# 第六章　废品损失和停工损失的核算

**学习目的：**

1. 理解废品损失和停工损失归集的程序；
2. 掌握废品损失和停工损失分配计入各种产品成本的程序；
3. 熟练掌握废品损失归集和分配的账务处理。

## 第一节　废品损失的核算

### 一、废品损失核算的范围

（一）废品的概念

废品是指由于生产原因而造成的质量不符合规定的技术标准，不能按原定用途使用，或者需要加工修理后才能按原定用途使用的在产品、半成品和产成品。可能在生产过程中被发现，也可能入库后被发现。合格品入库后因保管等原因造成的毁损不属于废品。

（二）废品的分类

废品的种类不同，废品损失的核算方法也不一样。因此，要准确地核算废品损失，有必要对废品进行分类。

1. 废品按其产生的原因不同可分为料废和工废两种

料废是指由于原料不符合质量要求而造成的废品。料废是材料供应部门或前道车间（如铸造车间）责任造成的，应由材料供应部门或前道车间负责。

工废是指由于加工原因，如操作违反规程、看错或绘错图纸等造成的废品。工废是加工过程造成的，应由生产车间负责。因此，区分废品是属于料废，还是工废，有利于分清产生废品的责任，有利于企业贯彻经济责任制。

2. 废品按其能否和有否必要修复可分为可修复废品和不可修复废品两种

可修复废品是指技术上可以修复，而且所需修复费用在经济上是合算的废品，可修复废品一般经过修复，即可成为合格产品。

不可修复废品是指在技术上已不可能修复,或者虽然技术上可以修复,但所需修复费用在经济上是不合算的废品。所谓经济上是否合算,是指修复费用是否超过重新制造同一产品的支出。区分可修复废品和不可修复废品是进行废品损失核算的前提,因为可修复废品和不可修复废品造成损失的组成内容不同。

(三)废品损失核算的内容

废品损失是指由于产生废品而发生的损失。具体来说,废品损失是不可修复废品的生产成本和可修复废品的修复费用减去废品残值和责任人赔偿后的净损失。

这里要指出的是,废品损失一般只包括发生废品所造成的直接损失,至于因产生废品给企业带来的间接损失,如延误交货合同而发生的违约赔款,减少销售量而造成的利润减少损失,以及产生废品造成的企业荣誉损失等不计算在废品损失内。

## 二、废品损失的原始记录和账户设置

(一)原始记录

企业在产品质量检验过程中,一旦发现废品,不论是在产品生产过程中发现,还是在产成品、半成品入库后发现,产品质量检验人员应填制废品通知单。废品通知单内应填明名称、数量、废损部分、发生废品的原因、造成废品的责任、索赔金额、工时记录等。

由于不可修复废品和可修复废品情况不同,因此,在核算废品损失的凭证上有所不同。对于不可修复废品,废品应交废品仓库,交库时应填废品交库单,在单上应注明废品残料的价值。可修复废品必须送回车间继续加工予以修复,在返修过程中所领用的各种材料和所耗用的工时,应填领料单、工作通知单,并在单内注明"返修废品专用"标记。

废品通知单、废品交库单、领料单、工作通知单等,都是核算废品损失的原始记录。

(二)账户的设置

"废品损失"账户应分别车间设置,账内按不同成本对象设置专栏。该账户借方登记可修复废品的修复费用、不可修复废品的已耗成本,贷方登记废品残值、责任人赔偿款,以及转出的废品净损失,月末一般无余额。

废品损失明细分类账户应分别不同的基本生产车间设置,账内按不同的成本项目或计算对象开设专栏,其格式如表 6－1 和 6－2 所示:

表6-1

| 凭证号 | 摘要 | 直接材料 | 燃料及动力 | 直接工资 | 制造费用 | 合计 |
|---|---|---|---|---|---|---|
| 略 | 分配材料费用 | 612.00 | | | | 612.00 |
| | 分配外购动力费用 | | 562.50 | | | 562.50 |
| | 分配工资费用 | | | 1 650.00 | | 1 650.00 |
| | 分配辅助生产费用 | | 891.00 | | | 891.00 |
| | 分配制造费用 | | | | 6 300.00 | 6 300.00 |
| | 不可修复废品成本 | 606.00 | 12.60 | 26.25 | 162.75 | 807.60 |
| | 结转交库废料价值 | -118.20 | | | | -118.20 |
| | 合计 | 1 099.80 | 1 466.10 | 1 676.25 | 6 462.75 | 10 704.90 |
| | 转出废品净损失 | 1 099.80 | 1 466.10 | 1 676.25 | 6 462.75 | 10 704.90 |

表6-2

## 废品损失明细账

| 20××年 | | 摘　　要 | 产品名称及废品金额 | | | |
|---|---|---|---|---|---|---|
| 月 | 日 | | 甲产品 | 乙产品 | 丙产品 | …… |
| | | 可修复废品的修复费用 | | | | |
| | | 直接材料 | | | | |
| | | 直接人工 | | | | |
| | | 制造费用 | | | | |
| | | 小　计 | | | | |
| | | 不可修复废品的成本 | | | | |
| | | 直接材料 | | | | |
| | | 直接人工 | | | | |
| | | 制造费用 | | | | |
| | | 小　计 | | | | |
| | | 减:废品残值 | | | | |
| | | 责任人赔偿款 | | | | |
| | | 废品净损失 | | | | |

## 三、废品损失的归集与分配

由于不可修复废品损失和可修复废品损失的组成不一样,其废品损失的归集计算方法也不同。

(一)不可修复废品损失的归集和分配

不可修复废品的损失是该废品已耗成本,由于不可修复废品的成本是与合格产品成本捆在一起的,即不可修复废品的成本包括在合格产品成本之内,因此,计算不可修复废品损失就比较困难,一般需要采用一定的方法先确定不可修复废品的成本,并将其成本从合格产品成本中转出,确定了不可修复废品的已耗成本后,再减去不可修复废品的残值和应向责任人索赔的数额后,即可计算出不可修复废品损失。

不可修复废品的生产成本,可按废品所耗实际费用计算,也可按废品所耗定额费用计算。

1. 按废品所耗实际费用计算和分配废品损失

在采用按废品所耗实际费用计算的方法时,由于废品报废以前发生的各项费用是与合格产品一起计算的,因而要将废品报废以前与合格品计算在一起的各项费用,采用适当的分配方法,在合格品与废品之间进行分配,计算出废品的实际成本,从"基本生产成本"科目的贷方转入"废品损失"科目的借方。

[例6-1] 某工业企业某车间生产甲种产品100件,生产过程中发现其中1件为不可修复废品。该产品成本明细账所记合格品和废品共同发生的生产费用为:原材料费用25 000元,工资及福利费2 000元,制造费用5 000元,合计32 000元。原材料是在生产开始时一次投入的。实际生产工时为320小时,其中1件废品累计消耗20小时,废品回收的残料计价40元,应由过失人赔偿100元。

根据上述资料,应编制不可修复废品损失计算表,如表6-3所示:

表6-3　　不可修复废品损失计算表(按实际成本计算)

车间:X车间　　产品:甲　　20××年×月

| 项　目 | 数量 | 直接材料 | 生产工时 | 直接人工 | 制造费用 | 合　计 |
|---|---|---|---|---|---|---|
| 实际生产费用 | 100 | 25 000 | 320 | 2 000 | 5 000 | 32 000 |
| 费用分配率 | | 250 | | 6.25 | 15.62 | |
| 废品生产成本 | | 250 | 20 | 125 | 312.5 | 687.5 |
| 减:残料价值 | | 40 | | | | |
| 减:过失人赔偿 | | | | 100 | | |
| 废品损失 | | 210 | | 25 | 312.5 | 547.5 |

上表所列废品损失,若尚未扣除应收赔款,这种废品损失也称废品报废损失;扣除赔款以后的废品损失,也称废品净损失。根据上列不可修复废品损失(报废损失)计算表,应编制下列会计分录:

将废品生产成本从其所记的“基本生产成本”科目和所属明细账的贷方转出:

(1)借:废品损失——甲产品　　687.5

　　贷:基本生产成本——甲产品　　687.5

收回废品残料价值:

(2)借:原材料　　40

　　贷:废品损失——甲产品　　40

应收过失人赔款:

(3)借:其他应收款　　100

　　贷:废品损失——甲产品　　100

将废品净损失547.5(即687.5 - 40 - 100)元,分配计入同种产品的成本,记入甲产品成本明细账“废品损失”成本项目:

(4)借:基本生产成本——甲产品　　547.5

　　贷:废品损失——甲产品　　547.5

在上列四项会计分录中,第1项分录是从甲产品成本明细账的各成本项目中将属于废品的成本分项目转出,第4项分录是将其废品净损失转入该产品成本明细账中“废品损失”项目。这样,既可通过“废品损失”科目总括反映整个企业的废品损失,又可通过产品成本明细账“废品损失”项目具体反映各种产品的废品损失。

其账务处理程序可见图6-1:

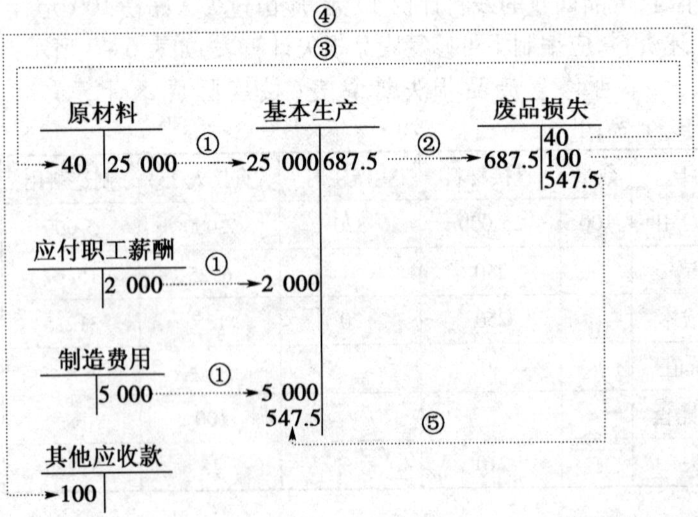

按废品的实际成本计算和分配废品损失，符合实际，但核算工作量较大。

2. 按废品所耗定额费用计算和分配废品损失

按废品的实际成本计算和分配废品损失，符合实际，但核算工作量较大。因此，在计算废品损失时，也可以在按废品所耗定额费用计算不可修复废品的成本时，废品的生产成本系按废品的数量和各项费用定额计算，而不考虑废品实际发生的生产费用是多少。

［例6－2］某企业生产甲产品，甲产品由A、B、C三种零件构成，有关定额及废品的资料如下：

（1）废品资料见表6－4：

表6－4　废品资料

20××年8月

| 零件名称 | 计量单位 | 料废 | | 工废 | | 致废分析 | 致废工序 |
|---|---|---|---|---|---|---|---|
| | | 数量 | 原因 | 数量 | 原因 | | |
| A | 件 | 10 | | 5 | | 不可修复 | 车工 |
| B | 件 | 4 | | | | 不可修复 | 钻工 |
| C | 件 | 8 | | | | 不可修复 | 磨工 |

（2）零部件消耗定额资料见表6－5：

表6－5　零部件消耗定额资料

20××年8月

| 零件名称 | 计量单位 | 原材料消耗定额 | | 工时消耗定额（小时） | | | | | | |
|---|---|---|---|---|---|---|---|---|---|---|
| | | 材料名称 | 消耗量（千克） | 锻 | 车 | 铣 | 钻 | 磨 | 插 | 小计 |
| A | 件 | 乙材料 | 20 | 2 | 1 | | | | 1 | 4 |
| B | 件 | 乙材料 | 10 | 1 | 2 | | 2 | 1 | 1 | 7 |
| C | 件 | 丁材料 | 15 | 1 | 1 | 1 | | 2 | 1 | 6 |

（3）按照上述资料编制的“废品定额消耗量计算表”见表6－6：

表6－6　废品定额消耗量计算表

20××年8月

| 零件名称 | 数量 | 原材料定额耗用量（千克） | | 工时定额耗用量（小时） |
|---|---|---|---|---|
| | | 乙材料 | 丁材料 | |
| A | 15 | 300 | | 45 |
| B | 4 | 40 | | 20 |
| C | 8 | | 120 | 40 |

(4)根据上述资料编制的“不可修复废品成本计算表”见表6－7：

表6－7　不可修复废品成本计算表

20××年8月

| 项目 | 直接材料 | | 燃料及动力 | 直接工资 | 制造费用 | 合　计 |
| --- | --- | --- | --- | --- | --- | --- |
| | 乙材料 | 丁材料 | | | | |
| 计划单价 | 0.90 | 2.50 | 0.12 | 0.25 | 1.55 | |
| 定额耗用量 | 340 | 120 | | 105 | | |
| 定额成本 | 306 | 300 | 12.60 | 26.25 | 162.75 | 807.60 |

根据上述计算结果,应将不可修复废品的生产成本转入“废品损失明细账”中,做如下会计分录:

借:废品损失——甲产品　　807.6

　贷:基本生产成本——甲产品　　807.6

如果不可修复废品报废后有一定的残值,在残值入库时,可按计划成本入账。本例入库的不可修复废品残值按照废品交库数量和计划单价计算的,据此编制的“不可修复废品残值计算表”见表6－8:

表6－8　不可修复废品残值计算表

20××年8月

| 产品名称 | 零件名称 | 交库数量 | 计划单价 | 合　计 |
| --- | --- | --- | --- | --- |
| 甲产品 | A | 240 | 0.24 | 57.60 |
| 甲产品 | B | 35 | 0.24 | 8.40 |
| 甲产品 | C | 90 | 0.58 | 52.20 |
| 合　计 | | | | 118.20 |

(二)可修复废品损失的归集和分配

可修复废品损失,指可修复废品在返修过程中发生的各种修复费用。返修以前发生的各项生产费用,在产品成本明细账中不必转出,因为它不是废品损失。返修发生的各种费用,应根据前述各种费用分配表,记入“废品损失”科目的借方。其回收的残料价值和应收的赔款,应从“废品损失”科目的贷方,转入“原材料”和“其他应收款”科目的借方。废品修复费用减去残值和应收赔款后的废品净损失,也应从“废品损失”科目的贷方转入“基本生产成本”科目的借方,在所属有关的产品成本明细账中,记入“废品损失”成本项目。

在不单独核算废品损失的企业中,不设立“废品损失”科目和成本项目,只在回收废品残料时,借记“原材料”科目,贷记“基本生产成本”科目,并从所属有关产品成本明细账的“原材料”成本项目中扣除残料价值。“基本生产成本”科目和所属有关产品成本明细账归集的完工产品总成本,除以扣除废品数量以后的合格品数量,就是合格产品的单位成本。这样核算很简便,但由于合格产品的各成本项目中都包括不可修复废品的生产成本和可修复废品的修复费用,没有对废品损失进行单独的反映,因而会对废品损失的分析和控制产生不利的影响。

以上所述废品损失均指基本生产的废品损失。辅助生产的规模一般不大,为了简化核算工作,都不单独核算废品损失。

## 第二节 停工损失的核算

在管理上要求单独反映和控制停工损失的企业中,在进行成本、费用的核算时,还应进行停工损失的核算。

停工损失是指车间或车间内某个班组在停工期间发生的各项费用,包括停工期间发生的原材料费用、人工费用和制造费用等。应由过失单位或保险公司负担的赔款,应从停工损失中扣除。只有超过一定范围和时间的停工(如全车间停工一个工作日以上)才核算停工损失。

发生停工的原因很多,例如电力中断、原材料不足、机器设备发生故障、发生非常灾害,以及计划减产等。

### 、停工损失归集的核算

为了单独核算停工损失,在会计科目中应增设“停工损失”科目;在成本项目中应增设“停工损失”项目。

“停工损失”科目是为了归集和分配停工损失而设立的。该科目应按车间设立明细账,账内按成本项目分设专栏或专行,进行明细核算。停工期间发生、应该计入停工损失的各种费用,都应在该科目的借方归集:借记“停工损失”科目,贷记“原材料”、“应付职工薪酬”和“制造费用”等科目。因此,在单独核算停工损失的企业中,在编制各种费用分配表时,应该将属于停工损失的费用,加填借记“停工损失”科目的行次。而在制造费用的费用项目中,则可不再设立“季节性和修理期间停工损失”费用项目。

停工损失应分车间按停工单和本月的工资单和制造费用分配单计算。

[例6-3]某生产车间本月停工100小时,该车间生产工人工资分配率为每小时34元,制造费用分配率为每小时5.2元,则该车间本月停工损失可计算如下:

生产工人工资　　　　$34 \times 100 = 3400$(元)

计提的职工福利费　　3400×14% =476(元)

制造费用　　5.2×100 =520(元)

停工损失合计　　4 396(元)

有的企业为了简化停工损失核算的手续,对于时间比较短的停工,往往只计算停工期间应支付的工资和应计提的福利费用,而不全面计算因停工而遭受的一切损失。

**二、停工损失分配的核算**

在"停工损失"科目借方归集的停工损失中,应取得赔偿的损失,以及应计入营业外支出的损失,应从该科目的贷方分别转入"其他应收款"和"营业外支出"科目的借方;应计入产品成本的损失,则应从该科目的贷方,转入"基本生产成本"科目的借方。

对于应计入产品成本的停工损失,如果停工的车间只生产一种产品,应直接记入该种产品成本明细账的"停工损失"成本项目;如果停工的车间生产多种产品,则应采用适当的分配方法(一般采用分配制造费用的方法),分配记入该车间各种产品成本明细账的停工损失成本项目。通过上述归集和分配,"停工损失"科目应无月末余额。

在不单独核算停工损失的企业中,不设立"停工损失"科目和成本项目。停工期间发生的属于停工损失的各种费用,直接记入"制造费用"或"营业外支出"等科目,分散反映。这样核算很简便,但对于停工损失的分析和控制会产生一定的不利影响。

以上所述停工损失,均指基本生产的停工损失。辅助生产由于规模一般不大,为了简化核算工作,都不单独核算停工损失。

至此,在单独核算废品损失和停工损失的企业中,也已将应计入本月产品成本的生产费用全部归集在"基本生产成本"科目的借方,并在各产品成本明细账的本月发生额中按"直接材料"、"直接人工"、"制造费用"、"废品损失"和"停工损失"等成本项目分别反映。

## 本章小结

1. 废品是指由于生产原因而造成的质量不符合规定的技术标准,不能按原定用途使用,或者需要加工修理后才能按原定用途使用的在产品、半成品和产成品。废品按其产生的原因不同可分为料废和工废两种;废品按其能否和有否必要修复可分为可修复废品和不可修复废品。

2. 废品损失是指由于产生废品而发生的损失。具体来说,废品损失是不可修复废品的生产成本和可修复废品的修复费用减去废品残值和责任人赔偿后的净损失。废品损失的核算主要是通过设置“废品损失”账户进行归集和分配。该账户借方登记可修复废品的修复费用、不可修复废品的已耗成本,贷方登记废品残值、责任人赔偿款,以及转出的废品净损失,月末一般无余额。

3. 停工损失是指车间或车间内某个班组在停工期间发生的各项费用,包括停工期间发生的原材料费用、人工费用和制造费用等。应由过失单位或保险公司负担的赔款,应从停工损失中扣除。停工损失通过“停工损失”账户进行归集和结转,月末一般无余额。该账户应按车间设立明细账进行明细核算。

# 本章综合复习题

## 一、思考题

1. 什么是可修复废品?什么是不可修复废品?什么是工废?什么是料废?区分工废和料废有什么意义?

2. 可修复废品损失和不可修复废品损失各包括哪些内容?它们在归集方法上有什么不同?

3. 说明废品损失计入基本生产成本的程序。

## 二、选择题

1. 生产过程中或入库后发现的各种产品的废品损失不包括(　　)。

A. 修复废品人员工资　　B. 修复废品领用材料

C. 不可修复废品的报废损失　　D. 实行“三包损失”

2. 在实际工作中,工业企业的产品成本包括(　　)。

A. 废品损失　　B. 产品销售费用

C. 筹集资金费用　　D. 行政管理费用

3. (　　)属于废品损失组成部分。

A. 可修复废品的修复费用

B. 产品入库后由于保管不善而损坏变质的损失

C. 合格降价出售的损失

D. 实行包退、包修、包换“三包”企业的三包损失

4. 下列项目中,应计入产品成本的停工损失的是(　　)。

A. 由于暴雨造成的停工损失　　B. 由于地震造成的停工损失

C. 固定资产修理期间的停工损失　D. 由保险公司赔偿的停工损失

5. 由于自然灾害造成的非正常停工损失,应计入(　　)。

A. 营业外收入　B. 营业外支出

C. 管理费用　D. 制造费用

6. 废品损失应当包括(　　)。

A. 不可修复废品的报废损失　B. 可修复废品的修复费用

C. 不合格品的降价损失　D. 产品保管不善的损坏变质损失

**三、计算分析题**

某企业生产车间本月在B产品的生产过程中发现不可修复废品10件,按所耗定额费用计算不可修复废品的生产成本。单件产品原材料费用定额500元,废品的定额工时150小时,每小时的定额费用为:燃料和动力费用15元,工资和福利费18元,制造费用12元。不可修复的残料作价800元,过失人赔偿200元。另外,修复了5件废品,修复过程中共发生直接材料500元,直接人工350元,制造费用265元。废品净损失由当月同种产品成本负担。

要求:计算本月废品净损失,并编制相应的会计分录。

# 第七章　生产费用在完工产品与在产品之间分配的核算

**学习目的：**

1. 理解在产品的概念及数量的核算方法；
2. 掌握在产品按所耗原材料费用分配法；
3. 熟练掌握约当产量比例法；
4. 掌握在产品按定额成本计价法；
5. 掌握定额比例法。

## 第一节　在产品数量的核算

### 一、在产品的含义

在产品是指没有完成全部生产过程、不能作为商品销售的产品。包括正在车间加工中的在产品、需要继续加工的半成品、等待验收入库的产品、正在返修和等待返修的废品等。对外销售的自制半成品属于商品产品，不可修复废品也不属于在产品。以上在产品是从广义的或者就整个企业来说的，而从狭义的或者只就某一车间或某一生产步骤来说，在产品只包括本车间或本生产步骤正在加工中的那部分在产品，完工的半成品不包括在内。

### 二、在产品数量的核算

在产品数量的核算，主要包括在产品收发结存的日常核算和在产品清查的核算。

(一)在产品收发结存的日常核算

在产品数量的核算，应同时具备账面核算资料和实际盘点资料，做好在产品收发结存的日常核算工作和在产品的清查工作，既可以从账面上随时掌握在产品的动态,又可以查清在产品的实际结存数量。一般情况下,应该根据在产品实际盘存数量计算在产品成本,但由于在产品品种多、数量大,每月都要组织实地盘点确有困难的,也可以根据在产品业务核算资料的期末结存量来计算在产品成本。车间在产品收发结存的日常核算,通常是通过“在产品收发结存账”(即在产品台账)进行的,该账户分别车间并按照产品品种和在产品的名称(零部件名称)设置,提供车间各种在产品收发结存动态的业务核算资料。根据领料凭证、在产品内部转移凭证、产品检验凭证和产品交库凭证,及时登记在产品收发结存账,最后由车间核算人员审核汇总。在产品收发结存账详见表 7 – 1:

表 7 – 1　　在产品收发结存账

车间名称:第一车间

零部件名称:001　　20××年 3 月　　单位:件

| 日期 | 摘要 | 收入 | | 转出 | | | 结存 | |
|---|---|---|---|---|---|---|---|---|
| | | 凭证号 | 数量 | 凭证号 | 合格品 | 废品 | 合格品 | 废品 |
| 1 | 期初结存 | | | | | | 3 000 | |
| 10 | 入库 | 转字第 28 号 | 5 000 | | | | 8 000 | |
| 16 | 领用 | | | 转字第 58 号 | 6 000 | | 2 000 | |
| 28 | 领用 | | | 转字第 86 号 | 1 200 | | 800 | |
| 31 | 期末结存 | | | | | | 800 | |

(二)在产品清查的核算

在产品应该定期或不定期地进行清查,达到账实相符,保证在产品的安全完整。清查结束后,根据实际盘点数和账面资料编制在产品盘存表,列明在产品的账面数、实有数、盘盈或盘亏数,以及盈亏的原因和处理意见等,对于报废和毁损的在产品还要登记残值。成本核算人员应对在产品盘存表进行认真审核,并报有关部门审批,同时对在产品盘盈、盘亏进行账务处理。

在产品发生盘盈时,按计划成本或定额成本计入“基本生产成本”账户的借方,“待处理财产损溢”账户的贷方;按照规定核销时,则计入“待处理财产损溢”账户的借方,“制造费用”账户的贷方,冲减制造费用。

在产品发生盘亏和毁损时,计入“待处理财产损溢”账户的借方,“基本生产成本”账户的贷方,冲减在产品的账面价值。毁损在产品的残值,计入“原材料”、“银行存款”等账户的借方,“待处理财产损溢”账户的贷方,冲减其损失。按规定核销时,应根据不同情况分别将损失从“待处理财产损溢”账户的贷方转入有关账户的借方:其中准予计入产品成本的损失,转入“制造费用”账户的借方;由于自然灾害造成的非常损失并收到或应收到保险公司的保险赔款部分,计入“银行存款”账户或“其他应收款”账户的借方，其余损失计入“营业外支出”账户的借方；应由过失单位或过失人员赔偿的计入“其他应收款”账户的借方，要求赔偿。为了正确归集和分配制造费用，在产品盘盈、盘亏的账务处理，应该在制造费用结账之前进行。

［例7－1］某工业企业基本生产车间在产品清查结果如下：甲产品的在产品盘盈10件，单位定额成本200元；乙产品的在产品盘亏25件，单位定额成本60元，其中应由过失人赔款300元；丙产品的在产品毁损400件，单位定额成本50元，其中自然灾害损失5 000元，残料入库价值1 000元，其余损失计入产品成本。以上事项均已批准转账。

1. 在产品盘盈的核算

（1）盘盈时：

借：基本生产成本——甲产品　　2 000
　　贷：待处理财产损溢　　2 000

（2）批准后：

借：待处理财产损溢　　2 000
　　贷：制造费用　　2 000

2. 在产品盘亏的核算

（1）盘亏时：

借：待处理财产损溢　　1 500
　　贷：基本生产成本——乙产品　　1 500

（2）批准后：

借：其他应收款　　300
　　制造费用　　1 200
　　贷：待处理财产损溢　　1 500

3. 在产品毁损的核算

（1）毁损转账：

借：待处理财产损溢　　20 000
　　贷：基本生产成本——丙产品　　20 000

（2）残料入库：

借：原材料　　1 000
　　贷：待处理财产损溢　　1 000

（3）批准后转账：

借：营业外支出　　5 000
　　制造费用　　14 000
　　贷：待处理财产损溢　　19 000

库存半成品、辅助生产车间在产品数量和清查的核算，与基本生产基本相同。

只是它们清查的结果分别在“自制半成品”和“辅助生产成本”账户中核算。

## 第二节　生产费用在完工产品和在产品之间分配的方法

月初在产品费用、本月生产费用、本月完工产品费用和月末在产品费用四者之间的关系，可用下面的公式表示：

月初在产品费用 + 本月生产费用 = 本月完工产品费用 + 月末在产品费用

等式前两项是已知数，后两项是未知数。前两项费用之和，在完工产品与月末在产品之间采用一定的分配方法进行分配。完工产品和月末在产品分配费用的方法一般有两类：一类是先确定月末在产品费用，然后再计算完工产品费用；另一类是将月初在产品费用加上本月生产费用，采用一定的标准进行分配，同时计算出完工产品费用和月末在产品费用。无论采取哪一类分配方法，都必须正确组织在产品的数量核算，取得在产品收、发和结存的数量资料，这是正确计算完工产品成本所必需的。

完工产品和月末在产品之间分配费用，是成本计算工作中一个重要而复杂的问题。在产品品种结构复杂、零部件种类和加工工序较多的情况下更是如此。企业应该根据在产品数量的多少、各月在产品数量变化的大小、各项费用比重的大小，以及定额管理基础的好坏等具体条件，选择既合理又较简便的分配方法。下面介绍几种常用的分配方法。

### 一、不计算在产品成本法

不计算在产品成本法是指虽然月末有未完工的在产品，但月末在产品数量很少，价值很低，且各月份在产品数量比较稳定，从而可对月末在产品成本忽略不计的一种分配方法，即某种产品本月归集的全部生产费用，就是该种完工产品成本。如果各月月末在产品数量很少，是否计算在产品成本对于完工产品成本的影响很小，管理上不要求计算在产品成本，为了简化核算工作，可以不计算在产品成本。不计算在产品成本法主要适用于虽然企业既有本月完工产品，又有月末在产品，但每月月末在产品数量很少、金额很小情况，例如自来水、采掘企业等。

### 二、按年初数固定计算在产品成本法

按年初数固定计算在产品成本法是指各月末可以不必具体计算月末在产品成本的实际数额，而固定以年初在产品成本来计价。采用该种方法，某种产品本月发生的生产费用就是本月完工产品的成本。年终时，根据实际盘点的在产品数量，重新调整计算确定在产品成本，以免在产品成本与实际出入过大，影响成本计算的正

确性。

这种方法适用于在产品数量较小，或者在产品数量虽大、但各月之间在产品数量变动不大，月初、月末在产品成本的差额不大，是否计算在产品成本的差额，对完工产品成本的影响不大，为了简化核算工作，同时又反映在产品占用的资金，各月在产品成本可以按年初数固定计算。例如，炼铁厂、化工厂或其他有固定容器装置的在产品，数量都较稳定，可以采用这种方法。

### 三、在产品按所耗原材料费用计价法

在产品按所耗原材料费用计价法又称在产品只计算材料成本法，是指月末在产品只计算耗用的原材料费用，不计算所耗用的职工薪酬、制造费用等加工费用，产品的加工费用全部计入完工产品成本。某种产品的全部生产费用，减月末在产品原材料费用，就是完工产品的成本。这种方法适用于各月月末在产品数量较大，各月末在产品数量变化也较大，同时原材料费用在成本中所占比重较大的产品。例如，造纸、酿酒等行业的产品，原材料费用占产品成本比重一般比较大。

[例 7-2] 某企业生产甲产品，该产品原材料费用在产品成本中所占比重较大，在产品只计算原材料费用。甲产品月初在产品原材料（即月初在产品费用）为 20 000 元；本月发生原材料费用 60 000 元，职工薪酬等加工费用共计 5 600 元；完工产品 8 000 件，月末在产品 2 000 件。该种产品的原材料费用在生产开始时一次投入，原材料费用按完工产品和在产品的数量比例分配。分配计算如下：

$$原材料费用分配率=\frac{20\ 000+60\ 000}{8\ 000+2\ 000}=8$$

完工产品原材料费用 $=8\ 000\times8=64\ 000$（元）

月末在产品原材料费用（月末在产品费用）$=2\ 000\times8=16\ 000$（元）

完工产品费用 $=64\ 000+5\ 600=69\ 600$（元）

### 四、约当产量比例法

约当产量比例法是指将月末在产品数量按照完工程度折算为相当于完工产品的产量，即约当产量，然后按照完工产品产量与在产品约当产量的比例分配计算完工产品费用和月末在产品费用的方法。这种分配方法，在产品既要计算原材料费用，又要计算工资等其他费用。这种方法适用于月末在产品数量较大，各月末在产品数量变化也较大，产品成本中原材料费用和工资及福利费等加工费用比重相差不多的产品。

在分配原材料费用时，在产品约当产量应当按照投料程度计算：如果原材料在生产开始时一次投足，则投料程度为 100%；如果随加工程度陆续投料，则投料程度等于加工程度。约当产量的计算公式是：

在产品约当产量 = 在产品数量 × 投料程度

在分配加工费时，由于单件完工产品与不同完工程度的在产品所发生的加工费用不相等，因而完工产品与月末在产品的各项加工费用，应按约当产量比例分配计算，而不能直接按它们的数量比例分配计算。其计算公式如下：

在产品约当产量 = 在产品数量 × 加工程度（完工率）

$$某项费用分配率 = \frac{月初在产品成本 + 本月发生生产费用}{产成品产量 + 月末在产品约当产量}$$

完工产品应负担的该项费用 = 完工产品数量 × 费用分配率

在产品应负担的该项费用 = 在产品约当产量 × 费用分配率

或　　　　　　　　　　　= 费用总额 − 完工产品费用

［例 7－3］某企业生产乙产品，本月完工 600 件，月末在产品 100 件，在产品完工程度 50%；月初在产品和本月原材料费用共计 70 000 元，直接人工等加工费为 65 000 元。原材料是生产开始时一次投入，原材料费用按照完工产品和月末在产品数量比例分配，直接人工等加工费用按照完工产品数量和月末在产品约当产量的比例分配。分配计算如下：

1. 原材料费用分配

$$原材料费用分配率 = \frac{70\ 000}{600 + 100} = 100$$

完工产品原材料费用 = 600 × 100 = 60 000（元）

在产品原材料费用 = 100 × 100 = 10 000（元）

2. 计算分配加工费的月末在产品约当产量

月末在产品约当产量 = 100 × 50% = 50（件）

3. 直接人工等加工费用分配

$$直接人工等加工费分配率 = \frac{65\ 000}{600 + 50} = 100$$

完工产品直接人工 = 600 × 100 = 60 000（元）

在产品直接人工 = 50 × 100 = 5 000（元）

4. 计算产品成本

完工产品成本 = 60 000 + 60 000 = 120 000（元）

在产品成本 = 10 000 + 5 000 = 15 000（元）

采用约当产量法分配费用时，必须要解决一个中心问题：即在产品的完工程度的测定。在产品完工程度的测定有两种方法：

①平均计算。即一律按 50% 作为各工序在产品的完工程度。若各工序在产品数量和单位产品在各工序的加工量相差不多的情况下，前后工序加工程度可互相抵补，全部在产品完工程度可按照 50% 确定。

②各工序分别测定完工率。若各工序在产品数量及加工程度相差悬殊，在产品完工程度应按各工序分别测算。可按各工序的累计工时定额占完工产品工时定额的比率计算。计算公式为：

$$某工序在产品完工率=\frac{前面各工序工时定额之和+本工序工时定额\times 50\%}{产成品工时定额量}$$

其中，各工序结存的在产品在本工序的平均加工程度按50%计算。

［例7－4］某企业甲产品需要经过三道工序加工制成，其单位工时定额为10小时。第一道工序工时定额为2小时，第二道工序工时定额3小时，第三道工序工时定额5小时。各道工序在产品完工程度均按50%计算。假定甲产品本月完工1240件，第一工序在产品200件，第二工序在产品400件，第三工序在产品800件。试计算在产品的约当产量。

1. 在产品完工程度的计算

$$第一工序完工程度=\frac{2\times 50\%}{10}\times 100\%=10\%$$

$$第二工序完工程度=\frac{2+3\times 50\%}{10}\times 100\%=35\%$$

$$第三工序完工程度=\frac{2+3+5\times 50\%}{10}\times 100\%=75\%$$

2. 计算月末在产品的约当产量

第一工序：$200\times 10\%=20$（件）

第二工序：$400\times 35\%=140$（件）

第三工序：$800\times 75\%=600$（件）

在产品约当产量合计$=20+140+600=760$（件）

如果原材料不是在生产开始时一次投料，而是随着生产进度陆续投料，这时，除加工费用外，原材料费用也应该采用约当产量比例法分配。在产品的完工率（或投料率），应按每一工序的原材料消耗定额分别计算。具体计算又分为下列两种情况：

第一种情况：原材料随加工进度陆续投入，各工序的原材料消耗定额及其完工率，以及原材料费用分配计算如下：

［例7－5］某种产品需经两道工序制成，原材料消耗定额为50千克，其中：第一道工序原材料消耗定额为30千克，第二道工序原材料消耗定额为20千克。月末在产品数量：第一道工序为2 000件，第二道工序为3 000件。完工产品为7 000件，月初在产品和本月发生的原材料费用共计22 400元。计算过程和结果详见表7－2：

表 7－2

单位:件

| 工序 | 原材料消耗定额 | 完工率(投料率) | 在产品约当产量 | 完工产品 | 合计 |
|---|---|---|---|---|---|
| 1 | 30 | 30×50%÷50＝30% | 2 000×30%＝600 | | |
| 2 | 20 | (30＋20×50%)÷50＝80% | 3 000×80%＝2 400 | | |
| 合计 | 50 | | 3 000 | 7 000 | 10 000 |

原材料费用分配率＝22 400÷(3 000＋7 000)＝2.24

完工产品应负担的原材料费用＝7 000×2.24＝15 680(元)

月末在产品应负担的原材料费用＝3 000×2.24＝6 720(元)

第二种情况:原材料随加工进度分工序投入,但每一道工序则是在开始时一次投入,其每道工序在产品完工率,以及原材料费用分配计算如下。仍用前例的资料,其计算过程和结果详见表 7－3。

上述原材料是在每道工序一开始就投入,在同一工序中各件在产品原材料的消耗定额,就是该工序的消耗定额,不应再按 50% 折算,最后一道工序在产品的消耗定额,为该种完工产品的消耗定额,完工率为 100%。

表 7－3

| 工序 | 原材料消耗定额 | 完工率(投料率) | 在产品约当产量 | 完工产品 | 合计 |
|---|---|---|---|---|---|
| 1 | 30 | 30÷50＝60% | 2 000×60%＝1 200 | | |
| 2 | 20 | (30＋20)÷50＝100% | 3 000×100%＝3 000 | | |
| 合计 | 50 | | 4 200 | 7 000 | 11 200 |

原材料费用分配率＝22 400÷(7 000＋4 200)＝2

完工产品原材料费用:7 000×2＝14 000(元)

月末在产品原材料费用:4 200×2＝8 400(元)

### 五、在产品按完工产品成本计算法

在产品按完工产品成本计算法是指将在产品视同已经完工的产品,按照月末在产品数量与本月完工产品数量的比例来分配生产费用,以确定月末在产品成本和本月完工产品成本的方法。这种分配方法适用于月末在产品已经接近完工,或者产品已经加工完毕,但尚未验收或包装入库的产品。为了简化核算工作,将月末在产品视同完工产品分配费用。

[例7-6]某产品月初在产品费用和本月发生费用合计数为:原材料费用27 000元,职工薪酬6 300元,制造费用18 000元。完工产品800件,月末在产品100件,该产品已接近完工,采用月末在产品成本按完工产品成本计算。其计算分配结果见表7-4:

表7-4

| 成本项目 | 生产费用合　计 | 分配率 | 完工产品 | | 月末在产品 | |
|---|---|---|---|---|---|---|
| | | | 数量 | 费用 | 数量 | 费用 |
| ① | ② | ③=②÷(④+⑥) | ④ | ⑤=④×③ | ⑥ | ⑦=⑥×③ |
| 直接材料 | 27 000 | 30 | 800 | 24 000 | 100 | 3 000 |
| 直接人工 | 6 300 | 7 | 800 | 5 600 | 100 | 700 |
| 制造费用 | 18 000 | 20 | 800 | 16 000 | 100 | 2 000 |
| 合计 | 51 300 | | | 45 600 | | 5 700 |

## 六、在产品按定额成本计价法

在产品按定额成本计价法是指按照预先制定的定额成本计算月末在产品成本,即月末在产品成本按其数量和单位定额成本计算。某种产品全部生产费用(月初在产品费用加本月生产费用),减月末在产品的定额成本,其余额作为完工产品成本,也就是说,每月生产费用脱离定额的差异,全部计入当月完工产品成本。采用这种方法,应根据各种在产品有关定额资料,以及在产品月末结存数量,计算各种月末在产品的定额成本。这种方法适用于定额管理基础比较好,各项消耗定额或费用定额比较准确、稳定,而且各月在产品数量变动不大的产品。

采用这种方法,应根据各种在产品有关定额资料,以及在产品月末结存数量,计算各种月末在产品的定额成本。

[例7-7]某企业某月份生产丙产品,本月完工产品产量1 000件,期末在产品数量200件。期初在产品成本为5 200元,本期发生费用60 400元,共计65 600元,其中:直接材料成本48 000元,直接人工成本5 600元,制造费用12 000元。原材料在生产开始时一次投入,月末在产品完成定额工时500小时。丙产品定额资料:单件产品材料费用定额20元,每小时直接人工2元,每小时制造费用3元。则丙产品本月完工产品与在产品成本分配计算入下表7-5:

表 7－5　　产品成本计算单

产品:丙产品　　20××年×月　　单位:元

| 摘　要 | 直接材料 | 直接人工 | 制造费用 | 合　计 |
|---|---|---|---|---|
| 生产费用合计 | 48 000 | 5 600 | 12 000 | 65 600 |
| 月末在产品成本 | 200×20＝4 000 | 500×2＝1 000 | 500×3＝1 500 | 6 500 |
| 完工产品成本 | 44 000 | 4 600 | 10 500 | 59 100 |
| 完工产品单位成本 | 44 | 4.6 | 10.5 | 59.1 |

采用这种方法，月末在产品定额成本与实际成本之间的差异（脱离定额差异），全部由完工产品成本负担不尽合理。因此，只有在符合上述适用条件下采用这种方法，才能既正确又简便地解决完工产品与在产品之间分配费用的问题，否则会影响产品成本计算的正确性。

## 七、定额比例法

定额比例法是指产品的生产费用按照完工产品和月末在产品的定额消耗量或定额费用的比例，分配计算完工产品成本和月末在产品成本的方法。其中，原材料费用按照原材料定额消耗量或原材料定额费用比例分配；职工薪酬、制造费用等各项加工费，可以按定额工时的比例分配，也可以按定额费用比例分配。

这种分配方法适用于定额管理基础较好，各项消耗定额或费用定额比较准确、稳定，各月末在产品数量变动较大的产品。因为月初和月末在产品费用之间脱离定额的差异，也要在完工产品与月末在产品之间按比例分配，从而提高了产品成本计算的正确性。

定额比例法的计算公式如下：

$$原材料费用分配率=\frac{月初在产品实际原材料费用+本月实际原材料费用}{完工产品定额原材料费用+月末在产品定额原材料费用}$$

完工产品实际原材料费用＝完工产品定额原材料费用×原材料费用分配率

月末在产品实际原材料费用＝月末在产品定额原材料费用×原材料费用分配率

或＝月初在产品实际原材料费用＋本月实际原材料费用－完工产品原材料费用

$$工资（费用）分配率=\frac{月初在产品实际工资（费用）+本月实际工资（费用）}{完工产品定额工时+月末在产品定额工时}$$

完工产品实际工资（费用）＝完工产品定额工时×工资（费用）分配率

月末在产品实际工资（费用）＝月末在产品定额工时×工资（费用）分配率

或 =月初在产品实际工资(费用)+本月实际工资(费用)-完工产品实际工资(费用)

[例7-8]某产品月初在产品费用为:原材料10 000元;职工薪酬6 000元;制造费用4 000元。本月发生的生产费用为:原材料80 000元;职工薪酬44 000元;制造费用30 000元。完工产品9 000件,原材料定额费用85 000元;定额工时9 000小时。月末在产品1 000件,原材料定额费用15 000元;定额工时1 000小时。原材料费用按原材料定额费用比例分配,其他费用按定额工时比例分配。各项费用分配计算结果见表7-6:

表7-6

| 成本项目 | 月初在产品费用 | 本月生产费用 | 生产费用合计 | 费用分配率 | 完工产品成本 | | 月末在产品成本 | |
|---|---|---|---|---|---|---|---|---|
| | | | | | 定额 | 实际成本 | 定额 | 实际成本 |
| ① | ② | ③ | ④=②+③ | ⑤=④÷(⑥+⑧) | ⑥ | ⑦=⑥×⑤ | ⑧ | ⑨=⑧×⑤ |
| 直接材料 | 10 000 | 80 000 | 90 000 | 0.9 | 85 000 | 76 500 | 15 000 | 13 500 |
| 直接人工 | 6 000 | 44 000 | 50 000 | 5 | 9 000 | 45 000 | 1 000 | 5 000 |
| 制造费用 | 4 000 | 30 000 | 34 000 | 3.4 | 9 000 | 30 600 | 1 000 | 3 400 |
| 合计 | 20 000 | 154 000 | 174 000 | | | 152 100 | | 21 900 |

按照上列公式计算分配费用,必须取得完工产品和月末在产品的定额消耗量或定额费用资料。完工产品和月末在产品的原材料、工时定额消耗量,是根据完工产品和月末在产品的实际数量乘以单件原材料、工时消耗定额计算求得。完工产品和月末在产品的定额费用,是根据完工产品和月末在产品的原材料、工时定额消耗量,乘以原材料计划单价或单位小时计划工资、费用计算求得。采用这种方法,如果在产品的种类和生产工序繁多,那么核算工作量繁重。因此,月末在产品定额消耗量及其分配率也可以采用简化的方法——倒挤法计算。其计算公式为:

月末在产品定额消耗量 = 月初在产品定额消耗量 + 本月投入的定额消耗量 - 本月完工产品定额消耗量

上列公式中月初在产品定额消耗量,根据上月成本计算资料取得,本月投入的定额消耗量,其中原材料定额消耗量根据领料凭证所列原材料定额消耗量等数据计算求得;本月投入的定额工时,根据有关工时定额的原始记录计算求得。按照上列倒挤法计算月末在产品的定额数据,虽然可以简化计算工作,但在发生在产品盘盈、盘亏的情况下,计算求得的成本资料,就不能如实反映产品成本的水平。为了提高成本计算的正确性,必须每隔一定时期对在产品进行一次实地盘点,根据在产品的实存数计算一次定额消耗量。

通过以上所述生产费用在各种产品之间,以及在同种产品的完工产品与月末在产品之间归集和分配以后,就可以计算出各种产品的总成本和单位成本。

## 第三节　完工产品成本的结转

工业企业生产产品发生的各项生产费用,在各种产品之间进行了分配,在此基础上又在同种产品的完工产品和月末在产品之间进行了分配,计算出各种完工产品的成本,据以反映和监督各种产品的成本计划完成情况。

根据产成品成本明细账和产成品成本汇总表的资料,将完工产品成本从"基本生产成本"账户的贷方,转入有关账户的借方:其中完工入库产品的成本,应转入"库存商品"账户的借方;完工自制材料、自制半成品、工具、模具等的成本,应分别转入"原材料"、"自制半成品"、"周转材料"账户的借方。"基本生产成本"账户的借方余额,就是基本生产月末在产品的成本,也就是占用在基本生产过程中的生产资金。根据表7-6的资料,结转完工入库产品的成本时,需要编制的会计分录如下:

借:库存商品　　　　　　　　　　　　152 100

　　贷:基本生产成本　　　　　　　　　　　　152 100

## 本章小结

1. 在产品是指没有完成全部生产过程、不能作为商品销售的产品。包括正在车间加工中的在产品、需要继续加工的半成品、等待验收入库的产品、正在返修和等待返修的废品等。对外销售的自制半成品属于商品产品,不可修复废品也不属于在产品。以上在产品是从广义的或者就整个企业来说的。从狭义的或者只就某一车间或某一生产步骤来说,在产品只包括本车间或本生产步骤正在加工中的那部分在产品,完工的半成品不包括在内。

2. 在产品数量的核算,主要包括在产品收发结存的日常核算和在产品清查的核算。

3. 完工产品和月末在产品之间分配费用,常用的分配方法包括:

(1)不计算在产品成本法。适用于各月月末在产品数量很少,是否计算在产品成本对于完工产品成本的影响很小,管理上不要求计算在产品成本的产品。

(2)按年初数固定计算在产品成本法。适用于在产品数量较小,或者在产品数量虽大、但各月之间在产品数量变动不大,月初、月末在产品成本的差额不大,是否计算在产品成本的差额,对完工产品成本的影响不大的产品。

(3)在产品按所耗原材料费用计价法。适用于各月月末在产品数量较大,各月末在产品数量变化也较大,同时原材料费用在成本中所占比重较大的产品。

(4)约当产量比例法。适用于月末在产品数量较大,各月末在产品数量变化也较大,产品成本中原材料费用和职工薪酬等加工费用金额都较大的产品。

(5)在产品按完工产品成本计算法。适用于月末在产品已经接近完工,或者产品已经加工完毕,但尚未验收或包装入库的产品。

(6)在产品按定额成本计价法。适用于定额管理基础比较好,各项消耗定额或费用定额比较准确、稳定,而且各月在产品数量变动不大的产品。

(7)定额比例法。适用于定额管理基础较好,各项消耗定额或费用定额比较准确、稳定,各月末在产品数量变动较大的产品。

4. 根据产成品成本明细账和产成品成本汇总表的资料,将完工产品成本从"基本生产成本"账户的贷方,转入有关账户的借方。"基本生产成本"账户的借方余额,就是月末在产品的成本。

## 本章综合复习题

### 一、思考题

1. 如何核算在产品的数量?

2. 生产费用在完工产品和期末在产品之间分配的方法有哪几种?各在何种情况下应用?

3. 如何利用约当产量法在完工产品和期末在产品之间分配生产费用?

4. 月末在产品按定额成本计价法与定额比例法有何区别?

5. 如何结转完工产品的成本?

### 二、选择题

1. 下列方法中不属于完工产品与月末在产品之间分配费用的方法是(　　)。

A. 约当产量比例法　　B. 不计算在产品成本法

C. 年度计划分配率分配法　　D. 定额比例法

2. A 产品单位工时定额 20 小时,经过四道工序制成。第一道工序工时定额为 2 小时,第二道工序工时定额为 4 小时,第三道工序工时定额为 8 小时,第四道工序工时定额为 6 小时,则第三道工序的完工率为(　　)。

A. 10%　　B. 30%

C. 50%　　D. 70%

3. 在产品采用定额成本计价法计算时,其实际成本与定额成本之间的差异应计入(　　)。

A. 在产品成本　　B. 营业外支出

C. 完工产品成本　　D. 期间费用

4. 狭义的在产品包括(　　)。

A. 正在车间加工的产品　　B. 需进一步加工的半成品

C. 对外销售的自制半成品　　D. 产成品

5. 分配加工费用时所采用的在产品的完工率是指产品(　　)与完工产品工时定额的比率。

A. 所在工序的工时定额

B. 前面各工序工时定额与所在工序工时定额之半的合计数

C. 所在工序的累计工时定额

D. 所在工序的工时定额之半

6. 下列属于广义在产品的有(　　)。

A. 正在车间加工中的在产品　　B. 需要继续加工的半成品

C. 正在返修和等待返修的废品　　D. 不可修复废品

7. 按年初数固定计算在产品成本法适用于(　　)。

A. 各月月末在产品数量很少

B. 在产品数量虽大,但各月之间在产品数量变化不大

C. 月初月末在产品成本的差额不大

D. 各月月末在产品数量较大,各月末在产品数量变化也较大

8. 约当产量比例法适用于(　　)。

A. 月末在产品数量较大

B. 各月末在产品数量变化也较大

C. 产品成本中原材料费用和工资及福利费等加工费用的比重相差不多

D. 在产品数量虽大,但各月之间在产品数量变化不大

9. 选择生产费用在完工产品和在产品之间分配方法时,主要应考虑的条件是(　　)。

A. 各月末在产品数量的多少　　B. 定额管理基础的完善情况

C. 成本项目构成比重的大小　　D. 各月末在产品数量变化的大小

## 三、计算分析题

1. 某工业企业生产 N 产品经过三道工序加工制成，原材料在生产开始后陆续投入，其投入程度与生产工时投入进度不一致。该产品月初及本月发生的生产费用如下表所示：

| 项目 | 直接材料 | 燃料及动力 | 直接人工 | 制造费用 | 合计 |
|---|---|---|---|---|---|
| 月初在产品成本 | 38 890 | 4 306 | 7 863 | 10 485 | 61 544 |
| 本月生产费用 | 90 746 | 6 458 | 11 793 | 15 723 | 124 720 |

各工序材料消耗定额和工时定额以及在产品数量如下表所示：

| 工序 | 本工序原材料消耗定额（千克） | 本工序工时定额（小时） | 月末在产品数量（件） |
|---|---|---|---|
| 1 | 20 | 10 | 200 |
| 2 | 16 | 6 | 200 |
| 3 | 14 | 4 | 100 |
| 合计 | 50 | 20 | 500 |

本月 N 产品完工 230 件。

要求：

（1）分别计算各工序在产品完工程度。

（2）分别计算月末在产品的约当产量（包括分配原材料费用和加工费用的约当产量）。

（3）采用约当产量法分配计算完工产品和月末在产品应负担的各项生产费用。

2. 某工业企业生产 A 产品，原材料在生产开始时一次投入。该产品各项消耗定额比较准确、稳定，各月末在产品的数量变化不大，月末在产品按定额成本计价。

A 产品本月完工 500 件，原材料费用定额为 180 元，工时定额为 80 小时；月初在产品及本月实际生产费用共计为：原材料 124 000 元，职工薪酬 68 000 元，制造费用 84 000 元；月初在产品及本月投入的原材料定额费用共为 120 000 元，定额工时共为 60 000 小时；月末在产品的小时费用定额为：职工薪酬 15 元，制造费用12 元。

要求：

（1）计算月末在产品的定额原材料费用。

(2) 计算月末在产品的定额工时和定额职工薪酬、定额制造费用。

(3) 计算月末在产品定额成本。

(4) 计算完工产品成本。

3. 某工业企业生产 B 产品,本月份产品成本明细账部分资料如下表所示:

| 项目 | | 直接材料 | 燃料及动力 | 直接人工 | 制造费用 | 合计 |
|---|---|---|---|---|---|---|
| 月初在产品费用 | 定额 | 53 000 | | 460 小时 | | |
| | 实际 | 63 600 | 3 360 | 5 040 | 6 720 | 78 720 |
| 本月生产费用 | 定额 | 67 000 | | 940 小时 | | |
| | 实际 | 80 400 | 5 040 | 6 160 | 10 080 | 101 680 |
| 生产费用累计数 | 定额 | | | | | |
| | 实际 | | | | | |
| 生产费用分配率 | | | | | | |
| 完工产品成本 | 定额 | | | | | |
| | 实际 | | | | | |
| 月末在产品成本 | 定额 | | | | | |
| | 实际 | | | | | |

该产品采用定额比例法分配生产费用:其中原材料费用按照定额费用比例分配,其他费用按照定额工时比例分配。

本月份完工产品 400 件,原材料费用定额为 240 元,工时定额为 2.5 小时。

要求:采用定额比例法,计算完工产品和月末在产品成本。

# 第八章 产品成本计算的品种法

**学习目的:**

1. 了解工业企业的生产类型;
2. 理解企业的生产特点和管理要求对产品成本计算方法的影响;
3. 理解品种法的概念及适用范围;
4. 理解品种法的特点;
5. 掌握品种法的计算程序和方法。

## 第一节 生产特点和管理要求对产品成本计算方法的影响

产品成本是在生产过程中形成的,生产的特点在很大程度上影响着成本计算的方法;另一方面,成本计算是要为成本管理提供资料的,采用什么方法,提供哪些资料,还要考虑成本管理的要求。因此,企业在确定成本计算方法时,必须从企业的具体情况出发,同时考虑企业的生产特点和成本管理的要求。

### 一、工业企业的生产类型

不同企业的生产特点虽然不尽相同,但是按照工业生产的一般特点,可对生产类型作如下分类:

(一)按工艺过程特点分类

工业企业的生产,按其生产工艺过程的特点,可以分为单步骤生产和多步骤生产两种类型。

1. 单步骤生产

单步骤生产,亦称简单生产,是指生产工艺过程不能间断、不可能或不需要划分为几个生产步骤的生产,例如发电、采掘等工业生产。这类生产由于技术上的不可间断(例如发电),或由于工作地点上的限制(例如采煤),通常只能由一个企业整体进行,而不能由几个企业协作进行。

2. 多步骤生产

多步骤生产，亦称复杂生产，是指生产工艺过程由若干个可以间断的、分散在不同地点、分别在不同时间进行的生产步骤所组成的生产，例如纺织、钢铁、机械、造纸、服装等工业生产，多步骤生产按其产品的加工方式，又可分为连续加工式生产和装配式生产。连续加工式生产，是指原材料投入生产后，要依次经过各生产步骤的连续加工，才能成为产品的生产，例如纺织、钢铁等工业生产。装配式生产是指，先将原材料分别加工为零件、部件，再将零件、部件装配为产品的生产，例如机械、车辆、仪表制造等工业生产。

（二）按生产组织特点分类

工业企业的生产，按其生产组织特点，可以分为大量生产、成批生产和单件生产三种类型。

1. 大量生产

大量生产是指不断地重复生产相同产品的生产。在这种类型的生产中，产品的品种较少，而且比较稳定。例如采掘、纺织、面粉、化肥的生产。

2. 成批生产

成批生产是指按照事先规定的产品批别和数量进行的生产。在这种类型的生产中，产品的品种较多，而且具有一定的重复性。例如服装、机械的生产。成批生产按照产品批量的大小，又可以分为大批生产和小批生产。大批生产，由于产品批量大，往往在几个月内不断地重复生产一种或几种产品，因而性质近于大量生产；小批生产，由于产品的批量小，一批产品一般可以同时完成，因而其性质近于单件生产。

3. 单件生产

单件生产，是指根据订货单位的要求，加工个别的、性质特殊的产品，其特点类似于小批生产。例如重型机器制造和船舶制造等。在这种类型的生产中，产品的品种多，而且很少重复。

单步骤生产和连续加工式的多步骤生产，其生产组织大多为大量生产。装配式的多步骤生产，其生产组织则有大量生产、成批生产和单件生产的区别。

## 二、生产特点和成本管理要求对产品成本计算的影响

生产类型不同，对成本进行管理的要求也不一样。而生产特点和管理要求又必然对产品成本的计算方法产生影响。这一影响主要表现在对成本计算对象的确定上，以及对成本计算期、生产费用在本期完工产品和期末在产品之间的分配方面。

1. 对产品成本计算对象的影响

所谓成本计算对象，是指成本的承担者，也就是归集和分配生产费用的对象。

通俗地讲就是计算什么的成本。根据管理的需要，它可能是产品的品种，也可能是产品的批别，或者是产品的生产步骤。

从产品生产工艺过程看，由于单步骤生产的工艺过程不能间断，因而不可能也不需要按照生产步骤计算产品成本，只能按照生产产品的品种计算成本。而在多步骤生产中，为了加强各个生产步骤的成本管理，往往不仅要求按照产品的品种或批别计算成本，而且还要求按照产品生产的步骤计算成本。但是，如果企业的规模较小，管理上不要求按照生产步骤考核生产费用、计算产品成本，也可以不按照生产步骤计算成本，而只按照产品品种或批别计算成本。

从产品生产组织特点看，在大量生产情况下，一种或若干种产品连续不断地重复生产，同样的原材料不断投入，相同的产品不断产出，因而管理上只要求、而且也只能按照产品的品种计算成本。大批生产往往集中投料，生产一批零、部件供几批产品耗用；耗用量较多的零件、部件，也可以另行分批生产，零、部件生产的批别与产品生产的批别往往是不一致的，因而也就不能按照产品的批别计算成本，而只能按照产品的品种计算成本。小批、单件生产，由于其生产的产品批量小，一批产品一般可以同时完工，因而有可能按照产品的批别或件别，归集生产费用，计算产品成本。从管理要求看，为了分析和考核各批产品成本水平，也要求按照产品批别或件别计算成本。

综上所述，在产品成本计算工作中有着三种常用的成本计算对象：

以产品品种为成本计算对象；

以产品批别为成本计算对象；

以产品生产步骤为成本计算对象。

成本计算对象的确定，是设置产品成本明细账，归集生产费用，计算产品成本的前提，也是区别各种成本计算方法的主要标志。

2. 对产品成本计算期的影响

所谓成本计算期，是指对生产费用计入产品成本所规定的起讫日期，也就是每次计算产品成本的期间。在不同生产类型中，产品成本计算的日期也不同，这主要决定于生产组织的特点。在单件和小批生产中，产品成本有可能在某件或某批产品完工以后计算，因而成本计算是不定期的，与生产周期相一致。但在大量、大批生产中，由于生产活动连续不断地进行着，因而产品成本要定期在每月月末进行，而与生产周期不相一致。

3. 对完工产品与在产品之间费用分配的影响

生产类型的特点，还影响到月末计算成本时有没有在产品，是否需要在完工产品与在产品之间分配费用的问题。在单步骤生产中，生产过程不能间断，生产周期也短，一般没有在产品，或者在产品数量很少，因而计算产品成本时，生产费用不必在完工产品与在产品之间进行分配。在多步骤生产中，是否需要在完工产品与在产品之间分配费用，在很大程度上取决于生产组织的特点。在大量、大批生产中，由于生产连续不断地进行，月末一般会有在产品，因而在计算成本时，就需要采用适当的方法，将生产费用在完工产品与在产品之间进行分配。在小批、单件生产中，如果成本计算期与生产周期一致，在每批、每件产品完工前，产品成本明细账中所记的生产费用就是在产品的成本；完工后，其所记的费用就是完工产品的成本，因而不必在完工产品与在产品之间分配费用。

### 三、产品成本的计算方法

成本计算就是按照成本计算对象，分配和归集生产费用并计算其总成本和单位成本的过程。上述生产特点及管理要求对成本计算的影响分析，说明成本计算对象是成本计算的核心，也是构成成本计算方法的主要标志。既然在成本计算工作中存在着三种不同的成本计算对象，相应地，也就存在着以这三种成本计算对象为主要标志的三种成本计算的基本方法：

1. 品种法

以产品品种为成本计算对象的产品成本计算方法，称为品种法。一般适用于单步骤的大量生产，如发电、采掘等；也可用于不需要分步骤计算成本的多步骤的大量、大批生产，如小型造纸厂、水泥厂等。

2. 分批法

以产品批别为成本计算对象的产品成本计算方法，称为分批法。适用于单件、小批的单步骤生产或管理上不要求分步骤计算成本的多步骤生产，如修理作业、专用工具模具制造、重型机器制造、船舶制造等。

3. 分步法

以产品生产步骤为成本计算对象的产品成本计算方法，称为分步法。适用于大量大批的、管理上要求分步骤计算成本的多步骤生产，如纺织、冶金、机械制造等。

除了产品成本计算的上述三种基本方法以外，还存在分类法等成本计算的辅助方法。在产品品种、规格繁多的工业企业中，如针织厂、灯泡厂等，为了简化成本计算工作，可以使用分类法。在工业企业中，确定不同的成本计算对象，采用不同的成本计算方法，主要是为了适应企业的生产特点和管理要求，正确提供成本核算资料，加强成本管理与控制。但是，不论什么生产类型的企业，不论采用什么样的成本计算方法，最终都必须按照产品品种计算出产品成本。

# 第二节　产品成本计算的品种法

## 一、品种法的概念和适用范围

（一）品种法的概念

产品成本计算的品种法，是以产品品种为成本计算对象，按照产品品种设置明细账，归集生产成本，计算产品成本的一种方法。

（二）品种法的适用范围

它主要适用于大量、大批的单步骤生产，例如发电、采掘等生产。在这种类型的生产中，产品的生产工艺过程不可能或者不需要划分为几个生产步骤，因而也就不可能或者不需要按照生产步骤计算产品成本。在大量、大批的多步骤生产中，如果企业或车间的规模较小，或者车间是封闭式的，即从原材料投入到产品产出的全过程，都是在一个车间内进行的，或者生产是按流水线组织的，管理上不要求按照生产步骤计算产品成本，也可以采用品种法计算产品成本。例如小型水泥厂、织布厂以及辅助生产的供水、供电、蒸汽车间等。

## 二、品种法的主要特点

（一）成本计算对象

在采用品种法计算产品成本时，成本计算对象就是产品品种。如果只生产一种产品，计算产品成本时，只需要为这种产品开设一本产品成本明细账，账内按成本项目设立专栏或专行。在这种情况下，所发生的全部生产费用都是直接计入费用，可以直接记入该产品成本明细账的有关成本项目，而不需要在各成本计算对象之间分配费用。如果是生产多种产品，产品成本明细账就要按照产品品种分别设置，发生的生产费用中，能分得清是哪种产品耗用的，可以直接计入各该产品成本明细账的有关成本项目，分不清的则要采用适当的分配方法，在各成本计算对象之间进行分配，然后分别记入各产品成本明细账的有关成本项目。

（二）成本计算期

在大量、大批的单步骤生产中，由于是不断地重复生产一种或几种产品，不能在产品制造完工时立即计算它的成本，因而一般是定期（每月月末）计算它的平均成本。

（三）费用在完工产品与在产品之间的分配

1. 在单步骤生产中，月末计算成本时，一般不存在尚未完工的在产品，或者在产品数量很小，因而可以不计算在产品成本。在这种情况下，产品成本明细账中按成本项目归集的生产费用，就是该产品的总成本，除以该产品的产量，即可求得该产品的平均单位成本。

2. 在一些规模较小，而且管理上又不要求按照生产步骤计算成本的大量、大批的多步骤生产中，月末一般都有在产品，由于数量较多，就需要将产品成本明细账中归集的生产费用，选择适当的分配方法，在完工产品与月末在产品之间进行分配，以便计算完工产品成本和月末在产品成本。

## 三、品种法的计算程序

按照产品的品种计算成本，是成本管理对于成本计算的最一般的要求，成本计算的一般程序也就是品种法的成本计算程序。

1. 开设成本明细账。按产品品种设置“基本生产产品成本”明细账，按照车间或品种设置“辅助生产成本”明细账，并按成本项目设置专栏。同时还需要设置“制造费用”明细账。

2. 根据生产过程中发生的料工费各项生产费用的原始凭证编制各种费用分配表。根据各种费用分配表登记“基本生产成本”明细账、“辅助生产成本”明细账、“制造费用”明细账等账页。

3. 根据“辅助生产成本”明细账计算出本期发生额，采用适当的分配方法编制辅助生产成本分配表，分配辅助生产费用给有关受益产品或受益部门。

4. 根据“制造费用”明细账计算出本期发生额，编制“制造费用分配表”，分配制造费用给有关受益产品或受益计算对象。

5. 计算月末完工产品和在产品成本，月末如果没有在产品，则本月发生的生产费用就是完工产品的成本；月末如果有在产品，而且数量很大时，就需选择适当的分配方法将生产费用在完工产品和在产品之间进行分配，以确定完工产品和在产品的生产成本。

6. 根据“基本生产成本”明细账，编制“产品成本汇总表”，计算出完工产品总成本和单位成本。

7. 结转完工产品成本。月末将完工入库产品的成本，从基本生产成本总账及各产品成本明细账中结转到库存商品账户。

## 四、品种法举例

品种法一般适用于大量大批单步骤生产，或者虽然是多步骤生产，但是成本管理上不要求按生产步骤计算产品成本的企业。这种方法要分别按照产品品种归集生产费用，在期末有在产品时，应采用适当方法将各种产品归集起来的生产费用在完工产品和月末在产品之间进行分配，以计算确定完工产品的总成本和单位成本。

[例] 某企业为单步骤的简单生产企业，设有一个基本生产车间，大量生产甲、

乙两种产品;有一个辅助生产(供水车间),根据该厂的生产特点和管理要求,采用品种法计算产品成本。辅助生产不单独核算制造费用。原材料在生产开始时一次投入。甲产品期末完工入库8 000件,期末在产品2 000件,加工程度为50%;乙产品完工入库6 000件,期末在产品4 000件,加工程度为60%。

该厂20××年3月份成本核算有关资料如下:

资料1:材料费用见表8-1及表8-2:

表8-1　领料单记录

| 名称 | 甲产品(公斤) | 乙产品(公斤) | 供水车间(公斤) | 基本生产车间(公斤) | 合计(公斤) |
|---|---|---|---|---|---|
| A材料 | 10 000 | 8 000 | - | - | 18 000 |
| B材料 | 6 000 | 4 000 | - | - | 10 000 |
| C材料 | 5 000 | 8 000 | 4 000 | 3 000 | 20 000 |
| D材料 | 8 000 | 5 000 | 2 000 | 5 000 | 20 000 |

表8-2　原材料明细账记录

(该厂采用加权平均法进行材料收发核算)

| 材料名称 | 月初结存 | | 本月购入 | |
|---|---|---|---|---|
| | 数量(公斤) | 金额(元) | 数量(公斤) | 金额(元) |
| A材料 | 20 000 | 200 000 | 40 000 | 430 000 |
| B材料 | 10 000 | 50 000 | 20 000 | 130 000 |
| C材料 | 15 000 | 30 000 | 10 000 | 32 500 |
| D材料 | 10 000 | 30 000 | 30 000 | 98 000 |

资料2:工资结算汇总记录如下:

基本生产车间工人工资　　800 000元

供水车间职工工资　　20 000元

基本生产车间管理人员工资　　38 800元

总　计　　858 800元

资料3:应提折旧固定资产明细账记录如下:

固定资产原价

基本生产车间合计　　5 700 000元

供水车间合计　　1 400 000元

假设该厂月折旧率为0.7%

资料4:其他各项费用支出见表8-3。

表8-3　其他各项费用支出(以银行存款支付)

| 费用项目 \ 发生地点和用途 | 制造费用(元) | 供水车间费用(元) | 合计(元) |
|---|---|---|---|
| 办公费用 | 25 000 | 2 000 | 27 000 |
| 电费 | 27 000 | 8 000 | 35 000 |
| 运输费 | 11 000 | 1 000 | 12 000 |
| 劳动保护费 | 10 000 | 3 000 | 13 000 |
| 合　计 | 73 000 | 14 000 | 87 000 |

资料5:生产工时统计如下:

| | |
|---|---|
| 基本生产车间工时 | |
| 甲产品 | 22 000 |
| 乙产品 | 18 000 |
| 供水车间工时 | 4 000 |
| 合　计 | 44 000 |

资料6:制造费用按基本生产工时分配。本月基本生产产成品全部入库。

根据上述资料,按照品种法计算产品成本如下:

(一)要素费用的归集和分配

1.根据材料耗用情况,编制材料耗用汇总表,进行材料费用的分配,如表8-4:

表8-4　材料耗用汇总分配表

20××年3月

| 材料名称 | 平均单价 | 甲产品 | | 乙产品 | | 供水车间 | | 制造费用 | | 合　计 | |
|---|---|---|---|---|---|---|---|---|---|---|---|
| | | 数量(公斤) | 金额(元) | 数量(公斤) | 金额(元) | 数量(公斤) | 金额(元) | 数量(公斤) | 金额(元) | 数量(公斤) | 金额(元) |
| A材料 | 10.5 | 10 000 | 105 000 | 8 000 | 84 000 | | | | | 18 000 | 189 000 |
| B材料 | 6.0 | 6 000 | 36 000 | 4 000 | 24 000 | | | | | 10 000 | 60 000 |
| C材料 | 2.5 | 5 000 | 12 500 | 8 000 | 20 000 | 4 000 | 10 000 | 3 000 | 7 500 | 20 000 | 50 000 |
| D材料 | 3.2 | 8 000 | 25 600 | 5 000 | 16 000 | 2 000 | 6 400 | 5 000 | 16 000 | 20 000 | 64 000 |
| 合计 | - | - | 179 100 | - | 144 000 | - | 16 400 | - | 23 500 | - | 363 000 |

其中:A材料平均单价=(200 000+430 000)÷(20 000+40 000)=10.5(元/公斤)

B 材料平均单价 =（50 000 +130 000）÷（10 000 +20 000）=6.0（元/公斤）

C 材料平均单价 =（30 000 +32 500）÷（15 000 +10 000）=2.5（元/公斤）

D 材料平均单价 =（30 000 +98 000）÷（10 000 +30 000）=3.2（元/公斤）

根据上述材料耗用汇总表，应编制会计分录如下：

| | | |
|---|---|---|
| 借：基本生产成本——甲产品 | 179 100 | |
| 基本生产成本——乙产品 | 144 000 | |
| 辅助生产成本——供水车间 | 16 400 | |
| 制造费用 | 23 500 | |
| 贷：原材料 | | 363 000 |

2. 根据工资结算有关记录，编制职工薪酬分配表进行工资分配，如表 8 -5：

表 8 -5　应付职工薪酬分配表

20××年3月　单位：元

| 项目 | 工资分配标准（生产工时） | 生产工人工资（分配率20） | 管理人员工资 | 合计 |
|---|---|---|---|---|
| (1)基本生产成本 | | | | |
| 其中：甲产品 | 22 000 | 440 000 | | 440 000 |
| 乙产品 | 18 000 | 360 000 | | 360 000 |
| 小　计 | 40 000 | 800 000 | | 800 000 |
| (2)辅助生产成本 | | | | |
| 供水车间 | | 20 000 | | 20 000 |
| (3)制造费用 | | | 38 800 | 38 800 |
| 合　　计 | - | 820 000 | 38 800 | 858 800 |

其中：生产工人工资分配率 =800 000 ÷40 000 =20

根据表 8 -5 工资薪酬分配表，应编制会计分录如下：

| | | |
|---|---|---|
| 借：基本生产成本——甲产品 | 440 000 | |
| 基本生产成本——乙产品 | 360 000 | |
| 辅助生产成本——供水车间 | 20 000 | |
| 制造费用 | 38 800 | |
| 贷：应付职工薪酬 | | 858 800 |

3. 根据折旧资料，计提固定资产折旧，编制固定资产折旧计算表如表 8 -6：

表 8-6　　固定资产折旧计算表

20××年3月　　单位:元

| 使用单位 | 原 价 | 折旧率 | 折旧额 |
|---|---|---|---|
| 1. 基本生产车间合计 | 5 700 000 | 0.7% | 39 900 |
| 2. 供水车间合计 | 1 400 000 | 0.7% | 9 800 |
| 总　　计 | 7 100 000 | 0.7% | 49 700 |

其中:折旧额=原价×折旧率

根据表 8-6 固定资产折旧计算表,应编制会计分录如下:

借:制造费用　　39 900

　辅助生产成本——供水车间　　9 800

　贷:累计折旧　　49 700

4. 根据表 8-3 其他各项费用支出的凭证,进行其他支出的归集和分配,可编制会计分录如下:

借:制造费用　　73 000

　辅助生产成本——供水车间　　14 000

　贷:银行存款　　87 000

(二)辅助生产费用的归集和分配

1. 根据表 8-4、8-5、8-6 及其他各项费用支出等要素费用分配有关凭证,登记辅助生产车间的生产成本明细账,本例见表 8-7:

表 8-7　　辅助生产成本明细账

账户名称:供水车间　　20××年3月　　单位:元

| 20××年 | | 凭证号 | 摘要 | 工资 | 办公费 | 水电费 | 劳动保护费 | 消耗材料 | 折旧费 | 其他 | 合计 |
|---|---|---|---|---|---|---|---|---|---|---|---|
| 月 | 日 | | | | | | | | | | |
| 3 | 31 | | 材料费用 | | | | | 16 400 | | | 16 400 |
| | 31 | | 职工薪酬 | 20 000 | | | | | | | 20 000 |
| | 31 | | 折旧费 | | | | | | 9 800 | | 9 800 |
| | 31 | | 其他各项支出 | | 2 000 | 8 000 | 3 000 | | | 1 000 | 14 000 |
| | 31 | | 待分配费用小计 | 20 000 | 2 000 | 8 000 | 3 000 | 16 400 | 9 800 | 1 000 | 60 200 |
| | 31 | | 分配转出 | 20 000 | 2 000 | 8 000 | 3 000 | 16 400 | 9 800 | 1 000 | 60 200 |

2. 根据辅助生产成本明细账归集的费用,进行辅助生产费用的分配。辅助生产费用本例假设全部由基本生产车间负担,应编制会计分录如下:

借:制造费用　　　　　　　　　　　　　　　　60 200

　　贷:辅助生产成本——供水车间　　　　　　　　　　60 200

(三)制造费用的归集和分配

根据表8－4、8－5、8－6、其他各项费用支出分配表及辅助生产费用分配表,登记基本生产车间制造费用明细账,根据基本生产车间制造费用明细账归集的制造费用合计,编制基本生产车间制造费用分配表,分配制造费用。如表8－8、8－9。

表8－8　　　　　　　　　　制造费用明细账

账户名称:基本生产车间　　　　20××年3月　　　　　　　　　　单位:元

| 20××年 月 | 日 | 凭证号 | 摘要 | 工资 | 折旧费 | 劳动保护费 | 消耗材料 | 办公费 | 水电费 | 其他 | 合计 |
|---|---|---|---|---|---|---|---|---|---|---|---|
| 3 | 31 | | 分配材料费用 | | | | 23 500 | | | | 23 500 |
| | 31 | | 分配职工薪酬 | 38 800 | | | | | | | 38 800 |
| | 31 | | 分配折旧费 | | 39 900 | | | | | | 39 900 |
| | 31 | | 分配其他支出 | | | 10 000 | | 25 000 | 27 000 | 11 000 | 73 000 |
| | 31 | | 分配辅助生产费 | | | | | | 60 200 | | 60 200 |
| | 31 | | 待分配费用小计 | 38 800 | 39 900 | 10 000 | 23 500 | 25 000 | 87 200 | 11 000 | 235 400 |
| | 31 | | 分配转出 | 38 800 | 39 900 | 10 000 | 23 500 | 25 000 | 87 200 | 11 000 | 235 400 |

表8－9　　　　　　　　　　制造费用分配表

20××年3月　　　　　　　　　　单位:元

| 分配对象 | 分配标准(工时) | 制造费用 | |
|---|---|---|---|
| | | 分配率 | 分配金额 |
| 甲产品 | 22 000 | 5.885 | 129 470 |
| 乙产品 | 18 000 | 5.885 | 105 930 |
| 合　计 | 40 000 | 5.885 | 235 400 |

其中:制造费用分配率＝235 400 ÷ 40 000 ＝ 5.885

　　甲产品制造费用分配金额＝22 000×5.885＝129 470(元)

　　乙产品制造费用分配金额＝18 000×5.885＝105 930(元)

根据表8－9制造费用分配表,应编制会计分录如下:

借:基本生产成本——甲产品　　　　　　　　129 470

　　　　　　　　——乙产品　　　　　　　　105 930

　　贷:制造费用　　　　　　　　　　　　　　　　235 400

（四）计算完工产品和期末在产品成本

1. 计算约当产量。

分配原材料费用的约当产量：

甲产品：约当生产总量 = 8 000 + 2 000 × 100% = 10 000（件）

乙产品：约当生产总量 = 6 000 + 4 000 × 100% = 10 000（件）

分配加工费用的约当产量：

甲产品：约当生产总量 = 8 000 + 2 000 × 50% = 9 000（件）

乙产品：约当生产总量 = 6 000 + 4 000 × 60% = 8 400（件）

2. 根据表 8－4 材料费用分配表、表 8－5 工资费用分配表、表 8－9 制造费用分配表，编制产品成本分配表，登记基本生产明细账，见表 8－10 至表 8－13。

表 8－10 甲产品成本分配表

20××年3月 单位：元

| 项目 | 直接材料 | 直接人工 | 制造费用 | 合计 |
|---|---|---|---|---|
| 成本合计 | 179 100 | 440 000 | 129 470 | 748 570 |
| 约当生产总量 | 10 000 | 9 000 | 9 000 | |
| 单位成本 | 17.91 | 48.88889 | 14.385556 | |
| 完工产品成本（8 000 件） | 143 280 | 391 111.11 | 115 084.44 | 649 475.55 |
| 月末在产品成本（2 000 件） | 35 820 | 48 888.89 | 14 385.56 | 99 094.45 |

表 8－11 乙产品成本分配表

20××年3月 单位：元

| 项目 | 直接材料 | 直接人工 | 制造费用 | 合计 |
|---|---|---|---|---|
| 成本合计 | 144 000 | 360 000 | 105 930 | 609 930 |
| 约当生产总量 | 10 000 | 8 400 | 8 400 | |
| 单位成本 | 14.4 | 42.85714 | 12.610714 | |
| 完工产品成本（6 000 件） | 86 400 | 257 142.86 | 75 664.29 | 419 207.15 |
| 月末在产品成本（4 000 件） | 57 600 | 102 857.14 | 30 265.71 | 190 722.85 |

据以登记基本生产明细账如下：

表 8－12 基本生产明细账

账户名称:甲产品 20××年3月 完工产品数量:8 000 件

| 20××年 | | 凭证号 | 摘要 | 成本项目 | | | 合计 |
|---|---|---|---|---|---|---|---|
| 3 | 31 | | | 直接材料 | 直接人工 | 制造费用 | |
| | 31 | | 材料费用 | 179 100 | | | 179 100 |
| | 31 | | 职工薪酬 | | 440 000 | | 440 000 |
| | 31 | | 制造费用 | | | 129 470 | 129 470 |
| | 31 | | 生产费用合计 | 179 100 | 440 000 | 129 470 | 748 570 |
| | 31 | | 完工产品成本 | 143 280 | 391 111.11 | 115 084.44 | 649 475.55 |
| | 31 | | 期末在产品成本 | 35 820 | 48 888.89 | 14 385.56 | 99 094.45 |

表 8－13 基本生产明细账

账户名称:乙产品 20××年3月 完工产品数量:6 000 件

| 20××年 | | 凭证号 | 摘要 | 成本项目 | | | 合计 |
|---|---|---|---|---|---|---|---|
| 3 | 31 | | | 直接材料 | 直接人工 | 制造费用 | |
| | 31 | | 材料费用 | 144 000 | | | 144 000 |
| | 31 | | 职工薪酬 | | 360 000 | | 360 000 |
| | 31 | | 制造费用 | | | 105 930 | 105 930 |
| | 31 | | 生产费用合计 | 144 000 | 360 000 | 105 930 | 609 930 |
| | 31 | | 完工产品成本 | 86 400 | 257 142.86 | 75 664.29 | 419 207.15 |
| | 31 | | 期末在产品成本 | 57 600 | 102 857.14 | 30 265.71 | 190 722.85 |

（五）登记产品成本计算单

根据上述计算结果,可以编制产品成本汇总计算单如下：

表 8－14 产品成本汇总计算单

20××年3月 单位:元

| 成本项目 | 甲产品 8 000 件 | | 乙产品 6 000 件 | |
|---|---|---|---|---|
| | 总成本 | 单位成本 | 总成本 | 单位成本 |
| 直接材料 | 143 280 | 17.91 | 86 400 | 14.40 |
| 直接人工 | 391 111.11 | 48.88 | 257 142.86 | 42.86 |
| 制造费用 | 115 084.44 | 14.39 | 75 664.29 | 12.61 |
| 合　计 | 649 475.55 | 81.18 | 419 207.15 | 69.87 |

根据上述产品成本汇总计算单，可编制会计分录如下：

借：库存商品——甲产品　　　　649 475.55

　　　　　　——乙产品　　　　419 207.15

　贷：基本生产成本——甲产品　　　　649 475.55

　　　　　　　　　——乙产品　　　　419 207.15

## 本章小结

1. 企业在确定成本计算方法时，必须从企业的具体情况出发，同时考虑企业的生产特点和进行成本管理的要求。

2. 工业企业的生产，按其生产工艺过程的特点，可以分为单步骤生产和多步骤生产两种类型。

3. 工业企业的生产，按其生产组织特点，可以分为大量生产、成批生产和单件生产三种类型。

4. 生产特点和管理要求对产品成本计算的影响，主要表现在成本计算对象的确定上。成本计算对象是成本计算的核心，也是构成成本计算方法的主要标志。

5. 以产品品种为成本计算对象的产品成本计算方法，称为品种法。一般适用于单步骤的大量生产，如发电、采掘等；也可用于不需要分步骤计算成本的多步骤的大量、大批生产，如小型造纸厂、水泥厂等。

6. 以产品批别为成本计算对象的产品成本计算方法，称为分批法。适用于单件、小批的单步骤生产或管理上不要求分步骤计算成本的多步骤生产，如修理作业、专用工具模具制造、重型机器制造、船舶制造等。

7. 以产品生产步骤为成本计算对象的产品成本计算方法，称为分步法。适用于大量大批的、管理上要求分步骤计算成本的多步骤生产，如纺织、冶金、机械制造等。

8. 在产品品种、规格繁多的工业企业中，如针织厂、灯泡厂等，为了简化成本计算工作，还可以使用分类法。

9. 在品种法下，产品生产成本计算的程序是：按产品品种设置和登记生产成本明细账；根据各种生产费用的耗用情况进行汇总，编制各有关费用耗费汇总表；根据有关生产费用耗用汇总计算表、分配计算表等，分别登记按产品设置的生产成本明细账，并分别计入各生产成本明细账中的各成本项目专栏；月末，将各种产品生产成本明细账所归集的生产费用根据不同情况分别进行计算分配。

# 本章综合复习题

## 一、思考题

1. 企业生产的特点和管理要求对成本计算方法有何影响？
2. 成本计算的主要方法有哪几种？
3. 什么是品种法？其适用条件是什么？

## 二、选择题

1. 工业企业的生产，按其生产工艺过程的特点可以分为(　　)。
A. 单步骤生产　　B. 多步骤生产
C. 单件生产　　D. 大批生产
2. 工业企业的生产，按其生产组织特点可以分为(　　)。
A. 单步骤生产　　B. 多步骤生产
C. 单件生产　　D. 大批生产
3. 产品成本计算的方法包括(　　)。
A. 品种法　　B. 分批法　　C. 分步法　　D. 分类法
4. 下列(　　)情况宜采用品种法计算产品成本。
A. 大量大批单步骤生产　　B. 大量大批多步骤生产
C. 单件生产　　D. 小批生产
5. 产品成本计算方法有多种，但其中一种是最基本的方法，它是(　　)。
A. 品种法　　B. 分批法　　C. 分步法　　D. 分类法

## 三、计算分析题

某企业是大量生产的企业，由于半成品不对外销售，管理上不要求计算半成品成本。因此，采用品种法计算产品成本。该企业设有一个基本生产车间，生产A、B两种产品，另设一个辅助生产车间——供水车间，不设“制造费用”科目对辅助生产车间的制造费用单独核算。有关成本计算资料如下：

(一)产量和单位完工产品的生产工时情况：

| 产品名称 | 完工产品产量(件) | 期末在产品数量(件) | 完工产品工时定额(小时) |
|---|---|---|---|
| A 产品 | 500 | 100 | 15 |
| B 产品 | 350 | 50 | 8 |
| 合计 | 850 | 150 | |

(二)本月发生有关费用

(1)各项货币支出(均用存款支付)

基本生产车间:办公费 2000 元,差旅费 1 000 元,运输费 600 元。供水车间:办公费 1 000 元,运输费 600 元。

(2)原材料费用(计划成本)

A 产品耗用主要材料 40 000 元,B 产品耗用主要材料 32 000 元,供水车间耗用主要材料 1 500 元,基本生产车间一般性耗用材料 1500 元。本月材料成本差异率为 2%。

(3)外购动力(电力)费用

本月份共用电 45 000 千瓦时,应付电费 36 000 元,其中 A 产品生产直接用电 15 000 千瓦时,B 产品生产直接用电 24 000 千瓦时,供水车间工艺用电 4 500 千瓦时,基本生产车间照明用电 1 500 千瓦时。

(4)工资费用

基本生产车间生产工人工资 127 200 元,按本期投入产品所耗定额工时比例分配;基本生产车间管理人员工资 15 000 元;供水车间工人工资 20 000 元;供水车间管理人员工资 10 000 元。

(5)折旧费用

基本生产车间 65 000 元,供水车间 5 000 元。

(6)保险费用

该企业本月应支付的保险费共计 1 150 元,其中基本生产车间 850 元,供水车间 300 元。

(7)周转材料摊销费用

该企业本月份基本生产车间支付的周转材料摊销费用 300 元。

(8)辅助生产费用

该企业的辅助生产费用规定采用直接分配法分配,本月供水车间供水数量 10 000 立方米,其中基本生产车间一般耗用 6 000 立方米,企业管理部门耗用 4 000 立方米。

(9)基本生产车间的制造费用

该企业规定,A、B 两种产品所耗制造费用按本期投入产品的生产工时比例分配。

(10)完工产品与在产品费用的分配

该企业采用约当产量法分配完工产品和在产品的费用。

(11)月初在产品情况

A 产品 48 件,直接材料费用 2 400 元,动力费用 900 元,直接工资费用 656.92 元,制造费用 963.53 元。

B 产品 53 件,直接材料费用 3 180 元,动力费用 1 050 元,直接工资费用 640.58元,制造费用 624.47 元。

(12)其他资料

材料在生产开始时一次投入,月初、月末 A 在产品的完工程度均为 40%,月初、月末 B 产品的完工程度均为 50%。

要求:

(1)根据上列资料,分配各项间接费用。

(2)计算完工产品和月末在产品成本。

# 第九章　产品成本计算的分批法

**学习目的：**

1. 掌握采用分批法时各种费用分配和归集的方法；
2. 熟悉采用简易分批法的特殊程序；
3. 掌握简易分批法的特点。

## 第一节　分批法概述

### 一、分批法的含义

分批法是以产品的批别作为产品成本计算对象，按照产品批别归集生产成本，计算各批产品的生产总成本和单位成本的成本计算方法。

在单件、小批生产的企业，每批产品的品种、规格、数量都不一定完全相同，每批产品的生产任务，可能由企业的上级下达或根据顾客定货单下达生产通知单组织生产，并具体进行成本核算，所以这种成本计算方法也叫“定单法”。

### 二、分批法的特点

分批法的特点，主要表现在以下三个方面：

（一）成本计算对象

分批法是以产品批别（或定单、生产通知单）为成本计算对象，设置产品生产成本明细账，归集生产费用，计算产品成本。为加强成本管理，满足定货单位的需要，企业还应设立内部定单安排生产任务，并作为成本计算对象，分别成本项目登记生产费用，计算产品成本。凡属于能够直接计入各成本计算对象的直接成本，无论是单独发生的还是共同发生的，都应单独或分配计入各批产品成本明细账的“直接材料”、“直接人工”、“废品损失”等项目；凡属于不能直接计入的生产费用，如折旧费、修理费等费用应归集于制造费用，月末采用适当的标准分配计入各批产品成本。

（二）成本计算期

按批次（或定单、产品通知单）组织生产，各批产品生产因生产的复杂程度、数量、要求不同，各批次的生产周期就不相同。有的工期较短，当月投产，当月完工，一般情况下月末不存在在产品；有的工期很长，生产需要几个月，甚至几年才能完工，在产品完工前的月份均表现为在产品。成本计算的基本目的是确定完工产品成本。因此，成本计算的周期就随各批次的生产周期而异，与财务报告期有些脱节，而与产品的生产周期一致。同时，各批产品的成本计算期也就不能固定。在生产过程中，应注意投产产品的批量组织，尽量以月份为生产周期来制订生产计划。

（三）生产费用在完工产品与在产品之间的分配

分批法一般情况下不需要进行完工产品成本和在产品成本分配。企业按定单或批别组织生产，在该批产品未完工之前，月末成本计算单上的生产费用都是在产品成本，不需要计算完工产品成本；该批产品完工后，所归集的生产费用又都是该批完工产品的总成本，除以批量即为单位成本，不需要计算在产品成本。因此，分批法一般不存在生产费用在月末完工产品和在产品之间分配问题。

在生产周期较长，至月末有部分产品完工交货情况下，完工交货并实现销售的产成品，为了配比核算当期收益，就需要按照一定的方法计算其完工并交货部分的产品成本。如果月末批内完工产品的数量占全部批量比重较小，一般可以按计划成本、定额成本或前期同类产品成本暂时先估计进行成本结转，其成本计算单上结转后的余额，即为该批产品在产品成本，待该批产品全部完工后，再计算产品实际总成本和单位成本。但对已经转账的产成品成本，不作账面调整。如果批内产品跨月完工的情况较多，月末批内完工产品的数量占全部批量比重较大，为正确计算产品成本，就需要将产品成本计算单中归集的生产费用，采用约当产量比例法或定额比例法等方法，在完工产品和在产品之间进行分配，分别计算完工产品成本和在产品成本。

### 三、分批法的适用范围

分批法主要适用于单件小批生产的企业，其适用范围如下：

（一）根据顾客定单组织的小批生产

例如精密仪器、专用设备、重型机械和船舶的制造等。如果在一张定单中规定的生产不止一种，为了考核和分析各种产品成本计划的执行情况，并便于生产管理。还要按照产品的品种划分批别组织生产，计算成本。如果在一张定单中只规定一种产品，但这种产品数量较大，不便于集中一次投产，或者需用单位要求分批交货，也可以分为数批组织生产，计算成本。如果同一时期内，在几张定单中规定有相同的产品，为了更加经济合理地组织生产，也可以将相同产品合为一批组织生产，计算成本。对于同一种产品也可能进行分批轮番生产，这也要求分批计算产品成本。

（二）按单件组织的大件复杂生产

如果在一张定单中只规定一件产品，但这件产品属于大型复杂的产品，价值较大，生产周期较长，也可以按产品的组成部分分批组织生产，计算成本。如大型船舶、机车、重型机械等大件的工艺复杂的产品。这些产品零部件多，产品工期长，在该件产品未完工时，各月累计成本费用均体现为在产品成本，在完工月份，则表现为产成品成本而不再有在产品成本。对于这类产品，管理上可能有两种要求：一种是要求成本核算提供有关零部件的成本；而另一种是只要求提供产成品的成本。前者要求实际上并不常见，因为从理论上讲这些零部件是随企业产成品品种的变化而变化的。产成品属于单件生产，那么这些零部件的成本资料在管理上也就失去了相对可比性，从而在很大程度上降低了管理利用价值，因而企业一般是不要求成本核算提供这些零部件成本的，即使是因特殊情况（比如计划管理、标准件生产等）需要提供零部件成本的，也可以按各种零部件的生产批量为成本计算对象单独组织其成本计算。因此，它们的成本也只能通过分批法来计算。

（三）品种经常变动的产品生产

经常变动产品的生产企业往往规模较小，劳动密集，难以进行流水线大生产。在投产组织上灵活多变，在工艺上也有所差别。譬如小型五金、印刷、服装和副食品加工等企业的不重复或不定期的重复生产。对于这些产品必然是按照批别组织成本计算。

（四）安装、修理以及更新改造项目

从事此类项目作业的企业或部门，由于生产项目不同往往依据成本收取价款。同时因作业内容及具体要求程度不同，不可能存在重复生产，譬如修船厂、汽修厂以及企业内部和社会专门的固定资产安装、施工单位的生产，其成本必然是按作业完成数量或进度分批计算的。

（五）新产品试制

企业研制开发新产品往往都是按单件或小批量组织的，经过不断试销、改进，确认社会大量需求以后，才会转入大批量生产，所以在试制期间，管理上也不可能要求提供步骤成本资料，其试制成本最适合采用分批法计算。

由于间接计入费用的分配方法不同，可具体分为当月分配法和累计分配法两种，因此分批法在实际应用过程中又可分为一般分批法和简易分批法两种不同的分批成本计算法。

# 第二节　一般分批法的计算程序

## 一、分批法的计算程序

分批法的计算程序主要是：

(一)按照批次开设产品成本明细账

企业按照产品批别组织生产时，计划部门要签发生产通知单下达车间，并通知会计部门。在生产通知单中应对该批生产任务进行编号，称为产品批号或生产令号。会计部门除按基本环节设置明细账外，还应根据生产计划部门下达的产品批号，也就是产品批别，设立产品成本明细账。产品成本明细账的设立和结账，应与生产通知单的签发和结束密切配合，协调一致，以保证各批产品成本计算的正确性。会计人员将有关的生产费用按成本项目分别归集到该批产品成本计算单中，以计算该批产品的总成本和单位成本。

(二)按批次归集和分配生产费用

企业应尽可能按"通知单"的批号组织生产，领用原材料、计算工资、支付各项费用。对于凡是能直接分清批次的原材料、自制半成品的领用、工资、费用的支付可以直接计入每批产品成本。对于分不清批次的为生产几批产品共同耗用的上述费用，则应采用适当方法分配计入各批产品成本。

(三)汇总成本费用，结转完工产品成本

投产的批内完工产品全部完工后，需要按照成本项目汇总月初累计结存费用和当月发生费用，扣除余料、废料等成本，即为该批产品总成本，除以实际批量，就是产品单位成本。如果该批产品没有完工或没有全部完工，成本明细账中累计的生产成本就是该批产品的在产品成本。如果该批产品跨国陆续完工并陆续交货，在月末既有完工产品又有在产品的情况下，就需要按一定方法将该批产品的全部生产成本在完工产品与在产品之间进行分配。

在投产批数繁多而且月末未完工批数较多的企业，通常采用简化的分批法来计算完工产品成本。

(四)将各完工批次的产品成本从总账、基本生产二级账及各明细账中同时转出

为了减少在完工产品与月末在产品之间分配费用的工作，提高成本计算的正确性和及时性，在合理组织生产的前提下，也可以适当缩小产品的批量，以较小的批量分批投产，尽量使同一批的产品能同时完工，避免跨月陆续完工的情况。但是缩小产品批量，应有一定的限度。如果批量过小，不仅会使生产组织不合理、不经济，而且会使设立的产品成本明细账过多，加大核算工作量。

在实际工作中,还采用一种按产品所用零件的批别计算成本的零件分批法:先按零件生产的批别计算各批零件的成本,然后按照各批产品所耗各种零件的成本,加上装配成本,计算各该批产品的成本。采用这种分批法,由于一批零件一般都能同时完工,因而也能减少在完工产品与月末在产品之间分配费用的工作;而且还能及时、深入地进行成本分析;还便于根据各个购买单位在订购产品时对于某些零部件的不同要求,组合计算不同定货的成本,拟订不同定货的价格。但是,这种方法的计算工作量较大,因而只能在自制零件种类不多或者成本计算工作已经实现电算化的情况下采用。

## 二、分批法应用举例

下面以进行小批生产的某工业企业产品成本计算为例,说明分批法的成本计算程序及方法。

[例9-1] 某工业企业小批生产各种产品,采用分批法计算产品成本。5月份有关资料如下:

1. 生产情况:该企业4月份投产甲产品8件,批号为401,5月份全部完工;4月份投产乙产品12件,批号为402,5月份完工5件,在产品7件。5月份投产丙产品20件,批号为501,5月份完工10件,在产品10件。

2. 成本资料:

(1)402批号产品单位产品计划成本为:直接材料420元,直接人工650元,制造费用800元。

(2)各批产品的月初在产品成本:

| 批号 | 直接材料 | 直接人工 | 制造费用 | 合计 |
|---|---|---|---|---|
| 401 | 32 000 | 14 000 | 25 000 | 71 000 |
| 402 | 4 600 | 3 700 | 4 800 | 13 100 |

(3)根据各种费用分配表,汇总各批产品本月发生的生产费用见下表:

| 批号 | 直接材料 | 直接人工 | 制造费用 | 合计 |
|---|---|---|---|---|
| 401 | 3 000 | 15 000 | 26 000 | 44 000 |
| 402 | 400 | 3 500 | 4 200 | 8 100 |
| 501 | 36 000 | 3 300 | 4 500 | 43 800 |

(4)各批完工产品与在产品之间分配费用的方法:402批号乙产品,完工产品按计划单位成本转出;501批号丙产品,完工产品按约当产量比例法计算,原材料在生产开始时一次投入,月末在产品完工程度50%。

根据以上各项资料登记各批产品成本明细账,见表9-1、表9-2、表9-3:

表 9-1　　基本生产成本明细账

产品批号:401　　20××年5月　　投产批量:8件,投产日期:4月

产品名称:甲　　本月完工数量:8件

| 日期 | 摘　要 | 直接材料 | 直接人工 | 制造费用 | 合计 |
|---|---|---|---|---|---|
| 4/30 | 本月费用 | 32 000 | 14 000 | 25 000 | 71 000 |
| 5/31 | 本月费用 | 3 000 | 15 000 | 26 000 | 44 000 |
| | 累　计 | 35 000 | 29 000 | 51 000 | 115 000 |
| | 完工转出 | 35 000 | 29 000 | 51 000 | 115 000 |
| | 单位成本 | 4 375 | 3 625 | 6 375 | 14 375 |

表 9-2　　基本生产成本明细账

产品批号:402　　20××年5月　　投产批量:12件 投产日期:4月

产品名称:乙　　本月完工数量:5件

| 日期 | 摘　要 | 直接材料 | 直接人工 | 制造费用 | 合计 |
|---|---|---|---|---|---|
| 4/30 | 本月费用 | 4 600 | 3 700 | 4 800 | 13 100 |
| 5/31 | 本月费用 | 400 | 3 500 | 4 200 | 8 100 |
| | 累　计 | 5 000 | 7 200 | 9 000 | 21 200 |
| | 计划单位成本 | 420 | 650 | 800 | 1 870 |
| | 完工5件转出 | 2 100 | 3 250 | 4 000 | 9 350 |
| | 月末结余 | 2 900 | 3 950 | 5 000 | 11 850 |

表 9-3　　基本生产成本明细账

产品批号:501　　20××年5月　　投产批量:20件 投产日期:5月

产品名称:丙　　本月完工数量:10件

| 日期 | 摘　要 | 直接材料 | 直接人工 | 制造费用 | 合计 |
|---|---|---|---|---|---|
| 5/31 | 本月费用 | 36 000 | 3 300 | 4 500 | 43 800 |
| | 约当生产总量 | 20 | 15 | 15 | |
| | 费用分配率 | 1 800 | 220 | 300 | 2 320 |
| | 完工10件转出 | 18 000 | 2 200 | 3 000 | 23 200 |
| | 月末结余 | 18 000 | 1 100 | 1 500 | 20 600 |

上例只列示了三批产品成本明细账的格式和金额，其计算程序和计算工作都比较简便，但不能因此得出结论：产品成本计算的分批法比品种法简单。实际上，前面所述品种法的全部计算程序和各项计算工作，在分批法中都可能进行。上例只列举这些结构比较简单的产品成本明细账及其登记方法，目的是为了突出分批法的特点，也为了节省教材篇幅，避免重复。

## 第三节　简易分批法

在小批单件生产的企业或车间中，同一月份内投产的产品批数往往很多，有的多至几十批，甚至几百批。在这种情况下，各种间接计入费用在各批产品之间按月进行分配的工作就极为繁重。因此，在投产批数繁多而且月末未完工批数较多的企业（例如属于这种情况的机械修配厂）中，还可以采用一种不分批计算在产品成本的分批法，也就是简易分批法。

### 一、简易分批法的计算程序

简易分批法的计算程序具体如下：

1. 设置基本生产成本二级账，账内除成本项目外，设生产工时专栏，登记全部产品（即各批次产品之和）各成本项目累计生产费用以及累计工时。

2. 按批号设基本生产成本明细账，该账与二级账平行登记该批次产品的月初及本月累计直接费用和生产工时。

3. 月末，如果有完工产品，应根据基本生产成本二级账中的累计间接费用和累计生产工时，计算累计间接计入费用分配率。计算公式如下：

$$\text{全部产品某项累计间接费用分配率}=\frac{\text{全部产品累计该项间接费用}}{\text{全部产品累计工时}}$$

4. 根据各批完工产品的累计生产工时和累计间接费用分配率，计算各批完工产品应分配的某项间接费用，将其汇总，计算出完工产品的成本。计算公式如下：

$$\text{某批完工产品应负担的某项间接费用}=\text{该批完工产品累计工时}\times\text{全部产品某项累计间接费用分配率}$$

5. 将计算出的产成品成本从二级账和明细账中转出，本月未完工的产品，本月不分配间接费用，仍保留在二级账中。只有该批产品完工的月份，才计算完工产品成本。在产品成本总额已反映在二级账中。在明细账中，当有完工产品的月份时，除登记直接计入费用和直接工时外，还应根据二级账中的累计间接费用分配率计算结果登记间接费用。

6. 根据各批产品基本生产成本明细账中登记的完工产品生产工时和应负担的

间接费用,汇总登记二级账中应转出的完工产品成本和生产工时数。二级账中直接费用、生产工时由各批号基本生产成本明细账汇总而来,二级账中的间接费用可由累计间接分配率计算登记,也可由各批号基本生产成本明细账汇总登记。

## 二、简易分批法的特点

在简易分批法或称简化分批法下,每月发生的各项间接费用,不逐月在各批产品之间进行分配,而是将这些费用先分别累计起来,等到有完工产品的月份,用各批产品的累计工时和各项累计费用相比,求出累计分配率,再用累计分配率乘以完工产品的累计工时,求得完工产品应负担的间接费用,未完工产品不分配结转费用。

在这一方法下,基本生产成本明细账的设置和登记具有以下特点:

1. 除了按产品批别设立基本生产成本明细账(或产品成本计算单)外,还必须按车间分别设置基本生产成本二级账。二级账用来登记全部产品按成本项目反映的月初在产品费用额、本月发生费用额和累计费用额,同时还登记月初在产品累计工时、本月工时和累计工时。期末,如有完工产品,则按上列公式计算并分配完工产品应负担的费用,计算并登记结转的完工产品成本。

2. "基本生产成本明细账"只按月登记直接计入成本的费用(主要是材料费用)和工时,不按月分配和登记间接计入成本的费用,只有在该批产品完工的月份,才分配转入间接计入成本的费用,汇集计算其产品成本并予以结转。共同费用平时只计入二级账,不计入各批产品成本明细账。

3. 月末,各基本生产成本明细账中,在产品的直接材料或生产工时之和,等于基本生产成本二级账中的直接材料和生产工时数额。基本生产成本明细账中,没有在产品应负担的直接人工和制造费用,这些金额全部在基本生产成本二级账中。

这种方法与一般的分批法不同之处在于:各批产品之间分配间接费用的工作以及完工产品与月末在产品之间分配费用的工作,即生产费用的横向分配工作和纵向分配工作,是利用累计间接费用分配率,到产品完工时合并在一起进行的。就是说,各项间接费用累计分配率,既是在各批完工产品之间分配各该费用的依据,也是在完工批别与月末在产品批别之间,以及某批产品的完工产品与月末在产品之间分配各该费用的依据;成本计算工作中的横向分配工作与纵向分配工作,在有完工产品时,根据同一个费用分配率一次分配完成。

## 三、简易分批法举例

下面举例说明简易分批法的计算程序:

[例9-2] 某工业企业小批生产各种产品,采用简易分批法计算产品成本。该企业4月份有关资料如下:

1. 生产情况：

甲产品 8 件，批号 201，2 月投产，本月全部完工；

乙产品 16 件，批号 301，3 月投产，本月完工 11 件，月末在产品 5 件；

丙产品 11 件，批号 302，3 月投产，本月尚未完工；

丁产品 6 件，批号 401，4 月投产，本月尚未完工。

2. 该企业本月初在产品成本及工时，反映在"基本生产成本二级账"及其各产品成本明细账中。

3. 该企业本月份各产品领用材料共计 17 120 元，其中 201 批号产品 160 元，302 号产品 1 600 元，401 批号产品 15 360 元。

4. 该企业本月份各产品共发生工资费用 48 640 元，共发生制造费用 77 520 元。

5. 该企业本月份各产品生产工时合计 3 040 小时，其中：201 批号产品 672 小时，301 批号产品 768 小时，302 批号产品 880 小时，401 批号产品 720 小时。

根据以上资料计算四月份产品成本，见表 9－4、表 9－5、表 9－6、表 9－7、表 9－8：

表 9－4　　基本生产成本二级账

××车间　　20××年 4 月

| 日期 | 摘　要 | 直接材料 | 工 时 | 直接人工 | 制造费用 | 合 计 |
|---|---|---|---|---|---|---|
| 3/31 | 余 额 | 32 800 | 1 856 | 24 800 | 44 880 | 102 480 |
| 4/30 | 本月费用 | 17 120 | 3 040 | 48 640 | 77 520 | 14 328 |
| | 累 计 | 49 920 | 4 896 | 73 440 | 122 400 | 245 760 |
| | 间接费用分配率 | —— | —— | 15 | 25 | |
| | 完工转出 | 20 190 | 2 228 | 33 420 | 55 700 | 109 310 |
| | 月末结余 | 29 730 | 2 668 | 40 020 | 66 700 | 136 450 |

间接费用分配率：直接人工：15＝73 440÷4 896

制造费用：25＝122 400÷4 896

表9－5　　基本生产成本明细账

产品批号:201　　20××年4月　　投产数量:8件 投产日期:2月

产品名称:甲　　本月完工数量:8件

| 日期 | 摘 要 | 直接材料 | 工 时 | 直接人工 | 制造费用 | 合 计 |
|---|---|---|---|---|---|---|
| 3/31 | 余 额 | 12 000 | 672 | | | |
| 4/30 | 本月发生 | 160 | 672 | | | |
| | 累 计 | 12 160 | 1 344 | 15 | 25 | |
| | 完工转出 | 12 160 | 1 344 | 20 160 | 33 600 | 65 920 |
| | 单位成本 | 1 520 | | 2 520 | 4 200 | 8 240 |

间接费用分配率,根据基本生产成本二级账登记。

表9－6　　基本生产成本明细账

产品批号:301　　20××年4月　　投产数量:16件 投产日期:3月

产品名称:乙　　本月完工数量:11件

| 日期 | 摘 要 | 直接材料 | 工 时 | 直接人工 | 制造费用 | 合 计 |
|---|---|---|---|---|---|---|
| 3/31 | 余 额 | 11 680 | 480 | | | |
| 4/30 | 本月发生 | | 768 | | | |
| | 累 计 | 11 680 | 1 248 | 15 | 25 | |
| | 完工转出 | 8 030 | 884 | 13 260 | 22 100 | 43 390 |
| | 单位成本 | 730 | | 1 205.45 | 2 009.09 | 3 944.54 |
| | 月末结余 | 3 650 | 364 | | | |

表中,材料费用按投产数量平均分配。在产品工时按工时定额计算,完工产品工时等于累计工时减去在产品工时。

表9－7　　基本生产成本明细账

产品批号:302　　20××年4月　　投产数量:11件 投产日期:3月

产品名称:丙　　本月完工数量:0

| 日期 | 摘 要 | 直接材料 | 工 时 | 直接人工 | 制造费用 | 合 计 |
|---|---|---|---|---|---|---|
| 3/31 | 余 额 | 9 120 | 704 | | | |
| 4/30 | 本月发生 | 1 600 | 880 | | | |
| | 月末结余 | 10 720 | 1 584 | | | |

表9-8　　基本生产成本明细账

产品批号:401　　20××年4月　　投产数量:6件 投产日期:4月

产品名称:丁　　本月完工数量:0

| 日期 | 摘 要 | 直接材料 | 工 时 | 直接人工 | 制造费用 | 合 计 |
| --- | --- | --- | --- | --- | --- | --- |
| 4/30 | 本月发生 | 15 360 | 720 | | | |

### 四、简易分批法的优缺点和适用条件

采用这种分批法,可以简化间接计入费用的分配和登记基本生产成本明细账的工作,月末未完工产品的批数越多,核算工作就越简化。而且符合实际成本计价原则,不会影响会计报表的质量。

但是,这种方法在各月间接费用水平相差悬殊的情况下不宜采用,不然就会影响各月产品成本的正确性。例如,前几个月的间接计入费用水平高,本月间接计入费用水平低,而某批产品本月投产,当月完工,在这种情况下,按累计间接计入费用分配率分配计算的该批完工产品的成本就会发生不应有的偏高。另外,如果月末未完工产品的批数不多,也不宜采用这种方法。因为在这种情况下,绝大多数产品的批号仍然要分配登记各项间接计入费用,那么核算工作量减少不多,而且计算的正确性会受到影响。

因此,在实际应用简易分批法时,应注意必须具备两个条件:(1)各个月份的间接计入费用的水平相差不多;(2)月末未完工产品的批数比较多。

## 本章小结

1. 分批法是以产品的批别作为成本计算对象,设置产品成本明细账,归集生产费用,计算各批产品的生产总成本和单位成本的成本计算方法。

2. 分批法主要适用:根据顾客定单组织的小批生产;按单件组织的大件复杂生产;品种经常变动的产品生产;安装、修理以及更新改造项目;新产品试制。

3. 分批法的特点:以产品批别(或定单、生产通知单)为成本计算对象;成本计算周期不固定;一般不需要进行在产品与完工产品成本的分配。

4. 简易分批法下,每月发生的各项间接计入费用,不逐月在各批产品之间进行分配,而是将这些费用先分别累计起来,等到有完工产品的月份,用各批产品的累计工时和各项累计费用相比,求出累计间接费用分配率,再用累计分配率乘以完工产品的累计工时,求得完工产品应负担的间接费用,未完工产品不分配结转间接费

用。

5. 在实际应用简化分批法时，应注意必须具备两个条件：(1)各个月份的间接计入费用的水平相差不多；(2)月末未完工产品的批数比较多。

## 本章综合复习题

### 一、思考题

1. 什么是分批法？其适用范围有哪些？
2. 在分批法下，生产费用在完工产品与月末在产品的分配是如何进行的？
3. 简述简易分批法的基本内容。
4. 在简易的分批法下，基本生产成本二级账具有哪些作用？
5. 简易分批法的特点是什么？
6. 试述简易分批法的优缺点和应用条件。

### 二、选择题

1. 如果在一张定单中规定几种产品，产品批别应按(　　)划分。

A. 定单　　B. 产品品种

C. 定单或产品品种　　D. 各种产品数量多少

2. 下列方法中，必须设置基本生产成本二级账的是(　　)。

A. 分类法　　B. 简化的分批法

C. 定额法　　D. 简化的品种法

3. 分批法的主要特点是(　　)。

A. 批内产品都同时完工，不存在完工产品于在产品之间分配费用的问题

B. 以产品批别为成本计算对象

C. 费用归集和分配比较简便

D. 定期计算成本

4. 采用简化的分批法，在产品完工之前，产品成本明细账(　　)。

A. 不登记任何费用

B. 只登记直接计入费用(例如原材料费用)和生产工时

C. 只登记原材料费用

D. 登记间接计入费用，不登记直接计入费用

5. 在简化的分批法下，累计间接费用分配率(　　)。

A. 只是在各批产品之间分配间接费用的依据

B. 只是在各批在产品之间分配间接费用的依据

C. 既是各批产品之间,也是完工产品与在产品之间分配间接费用的依据

D. 只是完工产品与在产品之间分配间接计入费用的依据

6. 简化的分批法是(　　)。

A. 不计算在产品成本的分批法

B. 不分批计算在产品成本的分批法

C. 不分批计算完工产品成本的分批法

D. 分批计算完工产品和在产品成本的分批法

7. 下列情况中,不宜采用简化分批法的是(　　)。

A. 各月间接计入费用水平相差较多

B. 月末未完工产品批数较多

C. 同一月份投产的批数很多

D. 各月间接计入费用水平相差不多

8. 关于采用简化的分批法,下列表述正确的是(　　)。

A. 必须设立生产成本二级账

B. 在产品完工之前,产品成本明细账只登记原材料费用和生产工时

C. 在生产成本二级账中登记间接计入费用

D. 不分批计算在产品成本

9. 采用简化的分批法计算产品成本,基本生产成本二级账与产品成本计算单无法核对的项目是(　　)。

A. 月末在产品生产工时项目余额

B. 月末在产品直接材料项目余额

C. 完工产品成本合计数

D. 月末在产品间接计入费用项目余额

10. 采用分批法计算产品成本时,如果批内跨月完工产品的数量较多,而且月末批内完工产品数量占全部批量的比重较大,则完工产品成本可按(　　)计算。

A. 计划单位成本

B. 约当产量比例分配

C. 近期同种产品的实际单位成本

D. 定额单位成本

**三、业务题**

1. 某工业企业小批生产甲、乙、丙三种产品,采用分批法计算产品成本,其中甲产品按一般分批法计算成本,乙产品完工产品按定额成本转出,丙产品月末在产品只计算其所耗原材料费(材料在生产开始时一次投入)。6 月份有关成本资料如下:

(1)产量

| 产品名称 | 批号 | 投产日期 | 投产量 | 完工量 |
|---|---|---|---|---|
| 甲产品 | 501 | 5月7号 | 10件 | 10件 |
| 乙产品 | 502 | 5月11号 | 15件 | 5件 |
| 丙产品 | 503 | 6月4号 | 28件 | 20件 |

(2)期初在产品成本

| 产品名称 | 直接材料 | 直接人工 | 制造费用 | 合计 |
|---|---|---|---|---|
| 甲(501) | 7 200 | 3 400 | 4 900 | 15 500 |
| 乙(502) | 2 800 | 1 500 | 3 760 | 8 060 |

(3)本月领用材料及工时记录

| 项目 | 甲产品 | 乙产品 | 丙产品 | 合计 |
|---|---|---|---|---|
| 材料 | 1 800元 | 3 200元 | 9 800元 | 1 800元 |
| 生产工时 | 3 000小时 | 1 200小时 | 1 800小时 | 6 000小时 |

(4)本月发生其他费用

直接人工9 000元,制造费用13 200元。

(5)乙产品的单位定额成本

直接材料420元,直接人工260元,制造费用440元。

要求:

(1)按生产工时比例分配直接人工费和制造费用。

(2)按批别登记基本生产成本明细账。

2.某工业企业小批生产甲、乙、丙、丁四种产品,采用简化分批法计算6月份产品成本。有关资料如下:

(1)产量

| 产品名称 | 批号 | 投产日期 | 投产量 | 本月完工 |
|---|---|---|---|---|
| 甲产品 | 401 | 4月5号 | 20件 | 20件 |
| 乙产品 | 501 | 5月10号 | 18件 | 12件 |
| 丙产品 | 502 | 5月11号 | 10件 | 0 |
| 丁产品 | 601 | 6月2号 | 5件 | 0 |

(2)生产工时

| 产品名称 | 月初在产品工时 | 本月投入工时 | 本月完工工时 | 月末在产品工时 |
| --- | --- | --- | --- | --- |
| 甲产品 | 7 200 | 4 700 | 11 900 | 0 |
| 乙产品 | 5 400 | 10 800 | 14 400 | 1 800 |
| 丙产品 | 2 400 | 4 500 | 0 | 6 900 |
| 丁产品 | 0 | 2 500 | 0 | 2 500 |

(3)月初在产品材料费用

| 项目 | 甲产品 | 乙产品 | 丙产品 | 丁产品 |
| --- | --- | --- | --- | --- |
| 直接材料 | 18 000 | 12 600 | 5 400 | 0 |

(4)月初在产品其他费用:直接人工 11 850 元,制造费用 11 520 元。

(5)本月份发生材料费用

| 项目 | 甲产品 | 乙产品 | 丙产品 | 丁产品 |
| --- | --- | --- | --- | --- |
| 直接材料 | 12 000 | 25 200 | 11 800 | 9 600 |

(6)本月发生的其他费用:直接人工 18 150 元,制造费用 16 230 元。

(7)乙产品的材料费按乙产品的投产件数平均分配。

要求:

(1)登记基本生产二级账及各批产品基本生产成本明细账。

(2)计算本月完工产品成本。

# 第十章　产品成本计算的分步法

**学习目的：**

1. 掌握逐步结转分步法中综合结转、成本还原和分项结转的计算程序；
2. 掌握平行结转分步法的计算程序；
3. 理解逐步结转分步法和平行结转分步法的优缺点与应用条件。

## 第一节　分步法概述

### 一、分步法的含义

产品成本计算的分步法，是以各加工步骤的产品为成本计算对象，计算产品成本的一种方法。分步法适用于大量大批的多步骤生产，其每一单位的产品都经过一些相同的步骤才最后加工完成。例如纺织、冶金、化工制品、肉类加工、造纸等制造企业。为了加强各生产步骤的成本管理，往往不仅要求按照产品的品种计算成本，而且还要求按照生产步骤计算成本，以便为考核和分析各种产品及其各生产步骤的成本计划执行情况提供资料。

### 二、分步法的特点

分步法的特点，主要表现在以下三个方面：

（一）成本计算对象

分步法的成本计算对象是产成品及其所经过的生产步骤。在采用分步法的企业里，从原材料投入起，每经过一个加工步骤，都有一种半成品产出，这些半成品即是下面步骤的生产对象。因此，其成本计算对象应该是各加工步骤的产品。如果企业只生产一种产品，生产成本明细账（产品成本计算单）应当按照生产步骤开立，成本计算对象就是该种产成品及其所经历的各个生产步骤；如果企业生产多种产品，生产成本明细账应当按照生产步骤分产品品种开立。企业发生的各种直接材料费用、直接人工费用和其他直接费用，凡能直接计入各成本计算对象的，不论是单独发生的，还是共同耗用的，都应当直接或分配计入各成本明细账的有关直接成本项目；不能直接计入各成本计算对象的间接费用，应当先按生产步骤归集，月末再按一定标准分配计入各成本计算对象。企业发生的制造费用，应当先按生产单位归集，月末再计入或者分配计入各成本计算对象。

应该指出的是：在实际工作中，产品成本计算的分步与实际的生产步骤不一定完全一致。为了简化成本计算工作，可以只对管理上有必要分步计算成本的生产步骤单独设立产品成本明细账，单独计算成本；管理上不要求单独计算成本的生产步骤，则可与其他生产步骤合并设立产品成本明细账，合并计算成本。此外，在按生产步骤设立车间的企业中，一般来说，分步计算成本也就是分车间计算成本。但是，如果企业生产规模很小，管理上不要求分车间计算成本，也可以将几个车间合并为一个步骤计算成本。相反，如果企业生产规模很大，车间内还可以分成几个生产步骤，管理上又要求分步计算成本，这时，也可在车间内分步计算成本。总之，企业应根据成本管理要求，结合简化计算工作的原则，以产品生产步骤为基础确定成本计算对象。

（二）成本计算期

分步法计算成本是定期进行的，成本计算期与会计报告期一致，而与产品生产周期不一致。在大量大批生产的企业，由于连续不断地重复投入产出，即原材料连续投入，产品的生产、产成品与半成品的产出也是连续的，不划分生产批次，不规定生产工期，所以，产品的成本计算不可能按产品的生产周期进行。应当在会计分期前提之下，按月定期计算当月完工产品成本和月末在产品成本。

（三）生产费用在完工产品与在产品之间的分配

分步法计算成本需要将成本费用在完工产品和在产品之间进行分配。由于大量大批多步骤生产的工艺复杂，生产过程是连续不断的，在月末计算产品成本时，各步骤一般都会有一些未完工的产品存在。因此，在计算成本时，就需要采用一定的方法，将各步骤本期所发生的生产费用在完工产品与在产品之间进行分配，以计算出完工产品（包括半成品和产成品）成本和月末在产品成本。

### 三、分步法的适用范围

在现代化生产的企业中，产品生产工艺比较复杂，从原材料投入生产直到企业产成品被制造出来，其间要经过若干生产步骤或车间的连续加工或分别加工，并且在不同的环节上都表现为不同完工程度的半成品或零部件。计算这些半成品或零部件的成本，提供各个不同时期的步骤成本资料，对于加强成本管理具有重要意义。采用产品成本计算的分步法主要应用于以下几方面：

（一）生产工艺可以明确地划分生产步骤

工业产品的生产工艺是多种多样的，从其复杂程度看，有些产品可以通过流水线不间断地被生产出来;还有一些产品则是每经过一道流水线,就成为一种不同的半成品,或者采用不同的流水线生产出不同的零部件,作为半成品,最终被顺序地滚动加工为产成品;作为零部件则是被直接地汇集装配为产成品。无论采用哪一种形式,这类生产都明显地表现出能够在时间上、空间上分离开来的协作性质,都能够视各个生产步骤为一个独立的成本主体而核算其步骤产品成本。

(二)大量大批的生产组织形式

如果企业产品按单件或小批量组织多步骤复杂生产,由于产品批量小,品种多变,即使运用分步法计算并提供这些产品的步骤成本或半成品成本,一般情况下并不为管理所需要。只有在大量大批的长期重复生产条件下,才运用分步法计算产品步骤成本,通过对不同成本会计期间的相同步骤成本进行比较分析和考核控制,达到降低成本的目的。

(三)成本管理工作需要步骤成本资料

成本核算是为成本管理服务的,但并不是成本计算越详细,提供的资料越多越好。成本核算应当为管理提供有用的信息。企业应当根据管理要求,确定是否采用分步法,以免增加不必要的会计工作量,造成人力、物力、财力和精力方面的浪费。

在使用分步法时,由于产品成本分步骤计算,上一步骤所产的半成品是下一步骤的加工对象,因而,需要考虑各步骤发生的成本费用如何计入产成品成本的问题。即各个生产步骤为生产同一种产成品而发生的成本,应当采用特定的方法最终计入产成品成本和各步骤所产的半成品及在产品成本。

(四)分步法的种类

根据成本管理对于各生产步骤成本资料的不同要求,主要考虑要不要求计算各生产步骤的半成品成本,以及出于简化成本计算工作的考虑,各生产步骤成本的计算和结转,采用逐步结转和平行结转两种方法。产品成本计算的分步法,也就分为逐步结转分步法和平行结转分步法两种。

## 第二节 逐步结转分步法

### 一、逐步结转分步法的必要性

逐步结转分步法也称顺序结转分步法,是指按照产品的加工步骤归集生产费用,计算各步骤的半成品成本,且半成品成本随着半成品在各个加工步骤之间的移动而顺序结转,直至最后一个步骤累计得出完工产品成本的成本计算方法。工业企业的生产过程中,从原材料投入生产到产成品制成,中间要顺序经过几个生产步骤加工,通过流水线不断地被生产出来,前面各生产步骤所产的都是半成品,只有最后步骤完工的才是产成品。各生产步骤所产半成品,既可以转交给下一生产步骤继续加工,耗用在不同产品上,又可以作为商品产品对外销售。这种生产方式称为顺序或连续式多步骤生产。逐步结转分步法主要适用于这种生产方式。

在采用分步法的大量大批多步骤生产企业中,从原材料投入到产成品制成,要经过两个以上的生产步骤进行加工,只有最后步骤完成的是产成品,而以前各个步骤所产的均为企业半成品。为了加强各半成品生产成本的管理与核算,往往要求计算有关半成品成本。

总之,逐步结转分步法就是适应上述计算成本的要求而采用的,其突出特点之一就是要累计计算各步骤完工的半成品成本,因而这种分步法,也称计算半成品成本的分步法。

## 二、逐步结转分步法的特点

逐步结转分步法的特点,主要表现在以下方面:

(一)成本计算对象

逐步结转分步法的成本计算对象是各步骤的半成品和最后步骤的产成品。在最后生产步骤前的每一步骤都会有半成品入库或直接结转下一步骤的最终产成品。因此,最后步骤要按产品设置生产成本明细账,其前面的各步骤则按半成品设置生产成本明细账。

(二)半成品成本随实物转移同步结转

半成品的实物转移方式有两种:一种是上一步骤完工的半成品,直接转入下一步骤继续加工;另一种是半成品完工后,不为下一步骤直接领用,而要通过半成品仓库收发。不论哪种方式,半成品的实物均未与其成本脱离。

(三)在产品的含义

各步骤产品成本明细账中的期末余额是狭义在产品成本,即在产品成本按实物所在地集中。

## 三、逐步结转分步法的计算程序

逐步结转分步法下,计算各生产步骤产品成本时,上一步骤所产半成品成本,要随着半成品实物的转移,从上一步骤的产品成本明细账转入下一步骤相同产品的成本明细账中,以便逐步计算前面各个步骤的半成品成本和最后一个步骤的产成品成本。具体的程序是:

(一)按确定的成本步骤设置产品成本明细账

企业所产的各种产品都应分别按照规定的成本计算步骤设置明细账,账内按照成本项目设置“直接材料(或自制半成品)”、“直接人工”和“制造费用”等项目,用以归集和分配各成本步骤的各种成本费用。如果企业生产一种产品，则只需要按该种产品及规定步骤或车间设置其成本明细账；如果企业同时生产若干种产品并都要求分步骤计算成本，则应首先在分别产品品种设账的前提下，对每一种产品的成本计算步骤或车间分设相应的明细账，以便分别归集费用，正确计算产品成本。

（二）根据成本计算对象归集各步骤生产费用

逐步结转分步法下，一般要求分别直接成本和间接成本进行归集。对于各步骤各产品单独耗用的材料、半成品、工资等费用，应直接记入各该步骤产品的成本明细账；几种产品或几个步骤共同耗用的材料、半成品以及工资等费用，应采用一定的标准进行合理分配，计入各有关成本明细账的直接成本项目；对于各车间、部门发生的各种制造费用或辅助生产成本，应先归集于制造费用或辅助生产成本明细账，于月末分配转入相关的产品成本明细账。

（三）各步骤之间顺序结转半成品成本

在逐步结转分步法下，各步骤完工转出的半成品成本，应该从各该步骤的产品成本明细账中转出；各步骤领用的半成品的成本，构成下一步骤的一项费用，称为半成品费用，应该计入各该步骤的产品成本明细账中。即先归集第一步骤所发生的生产费用，计算第一步骤半成品的成本，然后，随半成品的转移将第一步骤半成品成本转入第二步骤，再加上本步骤生产费用，以求得第二步骤的生产成本，依次类推，直至最后一个步骤计算出产成品的成本。

如果半成品完工后，不通过半成品库收发，而直接为下一步骤领用，半成品成本则应在各步骤的产品成本明细账之间直接结转，结转时不必编制会计分录；如果半成品完工后，不直接为下一步骤领用，而要通过半成品库收发，则在收发时应编制相应的会计分录。在验收入库时，应借记“自制半成品”科目，贷记“基本生产成本——N 步骤”科目，在下一步骤领用时，结转发出成本，借记“基本生产成本——N + 1 步骤”科目，贷记“自制半成品”科目，对半成品进行管理。

（四）计算结转完工成本和在产品成本

各月月末，各项生产费用（包括所耗上一步骤半成品的费用）在各步骤产品成本明细账中归集以后，如果既有完工半成品，又有加工中的在产品，则应将各步骤的生产费用采用适当的分配方法在其完工半成品与加工中在产品之间进行分配，以便计算完工半成品成本。这样，通过半成品成本的逐步结转，在最后一个步骤的产品成本明细账中，即可计算出产成品的成本。

逐步结转分步法成本计算程序可以图示如下（见图 10 - 1）：

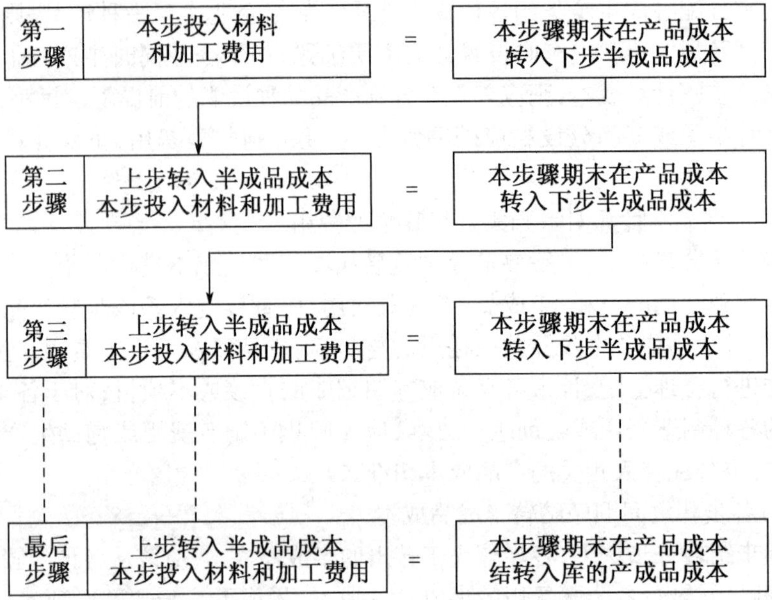


图 10－1

逐步结转分步法实际上就是品种法的多次连续应用，即在采用品种法计算上一步骤的半成品成本以后，按照下一步的耗用数量转入下一步骤成本，下一步骤再一次采用品种法归集所耗半成品费用和本步骤所发生的其他费用，计算其半成品成本，如此逐步结转，直至最后一个步骤计算出产成品成本。而按照半成品成本在下一生产步骤成本明细账中反映方法的不同，逐步结转分步法又可分为综合结转和分项结转两种方法。

## 四、综合结转的逐步结转分步法

综合结转是将上一生产步骤转入下一生产步骤的半成品成本，全部记入下一生产步骤产品成本计算单中专设的“自制半成品”项目，不分成本项目综合反映各生产步骤所耗上一步骤所产半成品成本。

如果半成品须通过仓库收发时，需要企业增设“自制半成品”科目，并按照半成品的种类设置明细账，账内要根据成本结转所用方式相应地设立有关专栏。综合结转方式下，设立数量金额式“收发存”专栏的明细账。

半成品成本的综合结转，可以按照上一生产步骤所产半成品的实际成本结转，也可以按照企业确定的半成品计划成本（或定额成本）结转。

（一）按实际成本综合结转

半成品按实际成本综合结转，是指各生产步骤耗用的上一步骤所产半成品成本,按照上一生产步骤产品成本明细账中确定的实际总成本,综合计入各该步骤产品成本明细账中“自制半成品”项目。在设有半成品仓库的企业,半成品仓库日常收入、发出和结存的半成品也都按实际成本计算。半成品仓库收入的半成品,按照交库生产步骤产品成本明细账确定的实际成本入账;发出的半成品,可以采用先进先出法、加权平均法等发出存货的计价方法计算其实际成本。下面举例说明:

[例10-1] 假如某工业企业生产甲产品需要经过三个步骤,分别由三个车间进行。第一车间生产A半成品,完工后全部交给半成品仓库,第二车间从半成品仓库中领出A半成品继续加工。第二车间生产的产品为B半成品,完工后直接转入第三车间进行加工,完工后即为甲产品产成品,全部交产成品仓库。半成品仓库发出的A半成品按全月一次加权平均法计算其实际成本。原材料在第一车间开工时一次投入,第二、第三车间领用的半成品,也在各该生产步骤生产开始时投入。加工费用随加工程度逐步发生,月末在产品加工程度为50%。根据以下资料采用综合结转的逐步结转分步法计算甲产品成本。

1. 本月生产产量如表10-1所示

表10-1

生产数量记录

产品:甲产品　　20××年10月　　单位:件

| 车　间 | 月初在产品 | 本月投入或上步转入 | 本月完工转入下步或交库 | 月末在产品 |
|---|---|---|---|---|
| 第一车间 | 100 | 700 | 560 | 240 |
| 第二车间 | 80 | 600 | 640 | 40 |
| 第三车间 | 84 | 640 | 620 | 104 |

2. 生产费用汇总如表10-2所示

表10-2

生产费用汇总表

产品:甲产品　　20××年10月　　单位:元

| 项　目 | 自制半成品 | 直接材料 | 直接人工 | 制造费用 | 合　计 |
|---|---|---|---|---|---|
| 第一车间: | | | | | |
| 月初在产品成本 | | 12 800 | 1 720 | 2 240 | 16 760 |
| 本月发生费用 | | 66 400 | 13 920 | 24 960 | 105 280 |
| 第二车间: | | | | | |
| 月初在产品成本 | 21 516 | | 2 130 | 1 990 | 25 636 |
| 本月发生费用 | | | 20 640 | 25 268 | 45 908 |
| 第三车间: | | | | | |
| 月初在产品成本 | 26 946 | | 10 920 | 9 304 | 47 170 |
| 本月发生费用 | | | 44 520 | 37 400 | 81 920 |

计算步骤可分为以下几步：

1. 分别按照三个生产步骤(即三个车间)设立成本计算单，并计算第一步骤产品成本

表 10－3 第一车间产品成本计算单

产品：A 半成品 20××年 10 月 单位：元

| 摘　要 | 直接材料 | 直接人工 | 制造费用 | 合　计 |
|---|---|---|---|---|
| 月初在产品成本 | 12 800 | 1 720 | 2 240 | 16 760 |
| 本月发生生产费用 | 66 400 | 13 920 | 24 960 | 105 280 |
| 生产费用合计 | 79 200 | 15 640 | 27 200 | 122 040 |
| 本月完工产品数量 | 560 | 560 | 560 | 560 |
| 月末在产品约当产量 | 240 | 120 | 120 | |
| 约当生产总量 | 800 | 680 | 680 | |
| 费用分配率 | 99 | 23 | 40 | 162 |
| 完工半成品成本 | 55 440 | 12 880 | 22 400 | 90 720 |
| 月末在产品成本 | 23 760 | 2 760 | 4 800 | 31 320 |

根据计算结果，编制结转完工入库 A 半成品的会计分录如下：

借：自制半成品——A 半成品　　90 720

　贷：基本生产成本——第一车间　　90 720

2. 登记自制半成品明细账

表 10－4 自制半成品明细账

产品：A 半成品 20××年 10 月

| 摘要 | 收入 | | | 发出 | | | 结存 | | |
|---|---|---|---|---|---|---|---|---|---|
| | 数量 | 单价 | 金额 | 数量 | 单价 | 金额 | 数量 | 单价 | 金额 |
| 月初结存 | | | | | | | 120 | 159.45 | 19 134 |
| 本月入库 | 560 | 162 | 90 720 | | | | 680 | 161.55 | 109 854 |
| 本月发出 | | | | 600 | 161.55 | 96 930 | | | |
| 月末结存 | | | | | | | 80 | 161.55 | 12 924 |

说明：本月 A 半成品的加权平均单位成本和生产领用 200 件的实际总成本：

$$加权平均单位成本 = \frac{19\ 134 + 90\ 720}{120 + 560} = 161.55$$

生产领用600件总成本 = 600 × 161.55 = 96 930(元)

根据计算结果,第二车间领用A半成品600件,实际总成本为96 930元,编制结转发出半成品成本的会计分录如下:

借:基本生产成本——第二车间　　　　96 930

　贷:自制半成品——A半成品　　　　96 930

3. 计算第二步骤产品成本

表10-5　　第二车间产品成本计算单

产品:B半成品　　20××年10月　　单位:元

| 摘　要 | 自制半成品 | 直接人工 | 制造费用 | 合　计 |
| --- | --- | --- | --- | --- |
| 月初在产品成本 | 12 516 | 2 130 | 1 990 | 16 636 |
| 本月发生生产费用 | 96 930 | 20 640 | 25 268 | 142 838 |
| 生产费用合计 | 109 446 | 22 770 | 27 258 | 159 474 |
| 本月完工产品数量 | 640 | 640 | 640 | |
| 月末在产品约当产量 | 40 | 20 | 20 | |
| 约当总产量 | 680 | 660 | 660 | |
| 费用分配率 | 160.95 | 34.5 | 41.3 | 145.75 |
| 完工半成品成本 | 103 008 | 22 080 | 26 432 | 151 520 |
| 月末在产品成本 | 6 438 | 690 | 826 | 7 954 |

4. 计算第三步骤生产成本

表10-6　　第三车间产品成本计算单

产品:甲产品　　20××年10月　　单位:元

| 摘　要 | 自制半成品 | 直接人工 | 制造费用 | 合　计 |
| --- | --- | --- | --- | --- |
| 月初在产品成本 | 26 946 | 10 920 | 9 304 | 47 170 |
| 本月发生生产费用 | 151 520 | 44 520 | 37 400 | 233 440 |
| 生产费用合计 | 178 466 | 55 440 | 46 704 | 280 610 |
| 本月完工产品数量 | 620 | 620 | 620 | |
| 月末在产品约当产量 | 104 | 52 | 52 | |
| 约当总产量 | 724 | 672 | 672 | |
| 费用分配率 | 246.5 | 82.5 | 69.5 | 398.5 |
| 完工产品总成本 | 152 830 | 51 150 | 43 090 | 247 070 |
| 月末在产品成本 | 25 636 | 4 290 | 3 614 | 33 540 |

（二）按计划成本综合结转

按计划成本综合结转是指半成品的日常收发均按计划单位成本核算，在半成品实际成本算出以后，再计算半成品的成本差异率，调整所耗半成品的成本差异。下面举例说明：

［例 10－2］某企业的甲产品生产分为两个步骤在两个车间内进行，第一车间为第二车间提供半成品，半成品通过半产品库收发，两个车间的月末在产品，均按定额成本计价。成本计算程序如下：

1. 登记第一车间成本计算单

表 10－7　第一车间产品成本计算单

20××年10月

| 摘　　要 | 产量（台） | 直接材料 | 直接人工 | 制造费用 | 合　计 |
|---|---|---|---|---|---|
| 月初在产品定额成本 | | 122 000 | 14 000 | 10 800 | 146 800 |
| 本月费用 | | 179 000 | 25 000 | 25 000 | 229 000 |
| 合　　计 | | 301 000 | 39 000 | 35 800 | 375 800 |
| 完工转出半成品成本 | 1 600 | 240 000 | 32 000 | 30 400 | 302 400 |
| 月末在产品定额成本 | | 61 000 | 7 000 | 5 400 | 73 400 |

根据计算结果，编制入库会计分录如下：

借：自制半成品　　　　　　　　　　　　320 000

　　贷：基本生产成本——第一车间　　　　320 000

借：基本生产成本——第一车间　　　　　　17 600

　　贷：材料成本差异——自制半成品　　　　17 600

2. 登记自制半成品明细账

表 10－8　自制半成品明细账

20××年10月　　　　计划单位成本200元

| 月份 | 月初余额 | | | 本月增加 | | | 合计 | | | | | 本月减少 | | |
|---|---|---|---|---|---|---|---|---|---|---|---|---|---|---|
| | 数量 | 计划成本 | 实际成本 | 数量 | 计划成本 | 实际成本 | 数量 | 计划成本 | 实际成本 | 成本差异 | 差异率 | 数量 | 计划成本 | 实际成本 |
| | (1) | (2) | (3) | (4) | (5) | (6) | (7)＝(1)＋(4) | (8)＝(2)＋(5) | (9)＝(3)＋(6) | (10)＝(9)－(8) | (11)＝(10)÷(8) | (12) | (13) | (14)＝(13)＋(13)×(11) |
| 10 | 600 | 120 000 | 111 200 | 1 600 | 320 000 | 302 400 | 2 200 | 440 000 | 413 600 | －26 400 | －6% | 1 800 | 360 000 | 338 400 |
| 11 | 400 | 80 000 | 75 200 | | | | | | | | | | | |

出库的半成品，编制出库分录：

借：基本生产成本——第二车间　　　　　　360 000

贷:自制半成品　　　　　　　　　　　　　360 000

借:材料成本差异——自制半成品　　　　　　　21 600

贷:基本生产成本——第二车间　　　　　　　21 600

3. 登记第二车间成本计算单

表 10 - 9　　　　第二车间产品成本计算单

产品:甲　　　　　　　　20××年10月

| 摘　要 | 产量 | 自制半成品 | | | 直接人工 | 制造费用 | 合计 |
|---|---|---|---|---|---|---|---|
| | | 计划成本 | 成本差异 | 实际成本 | | | |
| 月初在产品定额成本 | | 74 800 | | 74 800 | 2 000 | 2 200 | 79 000 |
| 本月费用 | | 360 000 | -21 600 | 338 400 | 39 700 | 62 900 | 441 000 |
| 合计 | | 434 800 | -21 600 | 413 200 | 41 700 | 65 100 | 520 000 |
| 完工产品成本 | 1 000 | 399 600 | -21 600 | 378 000 | 39 000 | 60 000 | 477 000 |
| 单位成本 | | | | 378 | 39 | 60 | 477 |
| 月末在产品定额成本 | | 35 200 | | 35 200 | 2 700 | 5 100 | 43 000 |

1. 按计划成本综合结转所用账表的特点

(1)为了调整所耗半成品的成本差异,自制半成品明细账不仅要反映半成品收发和结存的数量和实际成本,而且要反映半成品的收发和结存的计划成本、成本差异额和成本差异率。

(2)在产品成本明细账中,对于所耗半成品,可以按照调整成本差异后的实际成本登记,也可以按照所耗半成品的计划成本和成本差异分别登记。

2. 按计划成本综合结转的优点

(1)简化计算工作量,加快核算速度。按照定额或计划成本结转半成品成本,可以在获取半成品数量的同时,确认其定额或计划总成本,对凭证计价和记账工作起到简化作用;在半成品种类较多,按类计算半成品成本差异率、调整所耗半成品成本差异时,更可以省去按品种、规格设立产品成本明细账逐一计算所产半成品的实际成本和成本差异、逐一调整所耗半成品成本差异的大量计算工作;如果月初半成品结存量较大,本月耗用的半成品大部分甚至全部是以前月份生产的,这时,本月所耗半成品成本差异也可以根据上月半成品的成本差异率,即月初结存半成品的成本差异率调整计算。这样,各生产步骤都可以根据本步骤所耗上一步骤半成品的计划成本乘以月初半成品成本差异率,同时计算所耗半成品的成本差异和实际费用,而不必等到月末算出上一步骤本月半成品的实际成本、成本差异和成本差异率以后，再来计算所耗半成品的成本差异和实际费用，成本计算不必逐步等待，因而可以加速成本计算工作。

(2)便于进行成本分析和考核。按计划成本结转半成品成本，可以在各步骤的产品成本明细账中分别反映所耗半成品的计划成本和成本差异，因而在考核和分析各步骤成本时，可以扣除上一步骤半成品成本节约或超支的影响，便于成本考核和分析工作的进行。如果各步骤所耗半成品的成本差异，不是调整计入各步骤成本，而是直接调整计入最后的产成品成本，不仅可以进一步简化和加速各步骤的成本计算工作，而且各步骤的产品成本中不包括上一步骤半成品成本节约或超支的影响，从而更加便于成本考核和分析工作的进行。

3. 按计划成本综合结转的条件

企业会计人员必须具有较高的计划管理水平，即半成品的计划成本必须比较准确，否则会造成过大的成本差异额，影响成本准确性。

(三)综合结转法的成本还原

1. 成本还原的必要性

逐步结转分步法采用综合结转方式时，上一生产步骤转入的自制半成品成本，综合记入“自制半成品”成本项目，这样，大大简化了成本计算手续。但是，在最后生产步骤计算出的产成品成本中，除了本步骤发生的生产费用是按原始成本项目反映外，前面各个生产步骤发生的各种费用，都集中在“自制半成品”一个成本项目中。如果在生产步骤较多的情况下，逐步综合结转以后，表现在产成品成本中的绝大部分费用是最后一个步骤所耗半成品的费用，其他费用只是最后一个步骤的费用，在产品成本中所占的比重很小。这显然不符合企业产品成本的结构(也就是各项成本之间的比例关系)的实际情况，因而不能据以从整个企业的角度来考核和分析产品成本的构成和水平。因此，为了能够合理地考核和分析成本的构成，寻求降低产品成本的途径，必须对产成品成本中“自制半成品”项目的成本进行“还原”。

2. 成本还原的含义与基本方法

成本还原就是将产成品成本中的自制半成品成本，还原为按“直接材料”、“直接人工”和“制造费用”等原始成本项目反映的成本，从而反映产成品成本原始构成的实际情况。

成本还原的基本方法是按照反工艺顺序进行的。即从最后一个生产步骤开始，将其所耗用的上一生产步骤自制半成品的综合成本，按照一定的还原方法，依次向前逐步分解，还原为原始成本项目反映的成本，直到第一生产步骤；然后，将各生产步骤相同成本项目的成本数额加以汇总，就可以求得成本还原以后产成品的实际总成本，即按原始成本项目反映的产成品实际总成本。这一实际总成本，与成本还原前产成品的实际成本一定是相等的。成本还原改变了产成品成本的构成，但不会增加或减少产成品的总成本。

按照成本还原的分配标准不同,具体计算有两种方法:成本结构比例法和统一还原分配率法。

3. 成本结构比例法

由于各步骤耗用的半成品总是来源于上步骤所产半成品,这种半成品各项目成本占其总成本的比例应等于被还原半成品的各项目成本占其总成本的比例。根据这些相等的比率就可以将被还原半成品的综合成本分解为项目成本。

以上[例 10 - 1]中的资料为例,企业本月完工甲产品 620 件,实际总成本 247 070元,其中半成品成本 152 830 元,直接人工 51 150 元,制造费用 43 090 元。(见表 10 -6)

首先,应将半成品成本项目的自制半成品成本 152 830 元,按照第二车间本月所产 B 半成品的成本结构还原。

第二车间本月完工入库总成本 151 520 元,其中半成品成本 103 008 元,直接人工 22 080 元,制造费用 26 432 元(见图表 10 -6)。B 半成品成本构成为:

半成品项目:103 008 ÷151 520 ×100% =67.983%

直接人工项目:22 080 ÷151 520 ×100% =14.572%

制造费用项目:26 432 ÷151 520 ×100% =17.445%

合计　　　　　　　　　　　100%

将第三车间本月所耗 B 半成品成本 152 830 元,按上述第二车间成本构成还原,计算结果如下:

半成品项目:152 830 ×67.983% =103 898(元)

直接人工项目:152 830 ×14.572% =22 270(元)

制造费用项目:152 830 ×17.445% =26 662(元)

其次,对第一步还原后仍有的自制半成品成本 103 898 元,按第一车间本月所产 A 半成品的成本结构还原。

第一车间本月完工总成本为 90 720 元,其中直接材料 55 440 元,直接人工 12 880元,制造费用 22 400 元(见表 10 -3)。A 半成品的成本构成为:

直接材料项目:55 440 ÷90 720 ×100% =61.111%

直接人工项目:12 880 ÷90 720 ×100% =14.198%

制造费用项目:22 400 ÷90 720 ×100% =24.691%

合计　　　　　　　　　　　100%

将上一步还原中仍留有的半成品成本 103 898 元,按上述第一车间半成品成本结构进行还原,计算结果如下:

直接材料项目:103 898 ×61.111% =63 493(元)

直接人工项目:103 898 ×14.198% =14 751(元)

制造费用项目:103 898 ×24.691% =25 654(元)

最后,将各相同成本项目的成本数额相加,计算出还原后的总成本。

直接材料项目: 63 493(元)

直接人工项目:51 150 +22 270 +14 751 =88 171(元)

制造费用项目:43 090 +26 662 +25 654 =95 406 (元)

半成品项目:151 520 -151 520 +103 898 -103 898 =0(元)

合计: 247 070(元)

还原后的总成本为247 070元,与还原前的总成本相同,说明成本还原没有改变产成品的总成本。但是,成本还原改变了产成品成本的结构。还原前总成本中,半成品成本为151 520元,直接人工为51 150元,制造费用为43 090元;还原后总成本中,直接材料为63 493元,直接人工为88 171元,制造费用为95 406元,没有半成品成本项目,反映了产成品成本的原始构成。

在实际工作中,可以通过编制"产品成本还原计算表"进行成本还原的计算。(见表10-10)

表10-10 产品成本还原计算表

产品:甲产品 20××年10月 产量:620件 单位:元

| 项目 | B半成品 | A半成品 | 直接材料 | 直接人工 | 制造费用 | 合计 |
|---|---|---|---|---|---|---|
| ①还原前甲产品成本 | 152 830 | | | 51 150 | 43 090 | 247 070 |
| ②B半成品成本结构 | | 67.983% | | 14.572% | 17.445% | |
| ③B半成品成本还原 | -152 830 | 103 898 | | 22 270 | 26 662 | 0 |
| ④A半成品成本结构 | | | 61.111% | 14.198% | 24.691% | |
| ⑤A半成品成本还原 | | -103 898 | 63 496 | 14 751 | 25 654 | 0 |
| ⑥还原后总成本 | 0 | 0 | 63 496 | 88 170 | 95 404 | 247 070 |
| ⑦单位成本 | | | 102.41 | 142.21 | 153.88 | 398.5 |

4.统一还原分配率法

由于产成品成本中所耗半成品还原后的各项费用,是以本月所产半成品的各项费用,分别乘以相同的倍数(还原分配率)计算求出的,因而两者的各项费用之间的比例关系不变。也就是产成品成本中的半成品费用按本月所产半成品成本的结构还了原。由此可见,进行成本还原必须计算还原分配率,其计算公式为:

$$还原分配率=\frac{本月产成品所耗上一步骤半成品成本合计}{本月所产该种半成品成本合计}$$

以还原分配率分别乘以本月所产该种半成品各个成本项目的费用,即可将本月产成品所耗该种半成品的综合费用,按照本月所产这种半成品的成本结构进行分解、还原,求得按原始成本项目反映的产成品成本。

仍按上例资料,按照反工艺顺序逐步将产成品成本中的自制半成品成本还原,成本还原步骤如下:

首先,计算 B 半成品成本还原分配率,按照计算出的分配率对 B 半成品进行成本还原:

B 半成品成本还原分配率 = 152 830 ÷ 151 520 = 1.0086

半成品项目:103 008 × 1.0086 = 103 898(元)

直接人工项目:22 080 × 1.0086 = 22 270(元)

制造费用项目:26 432 × 1.0086 = 26 662(元)

其次,计算 A 半成品成本还原分配率,按照计算出的分配率对 A 半成品进行成本还原:

A 半成品成本还原分配率 = 103 898 ÷ 90 720 = 1.1453

直接材料项目:55 440 × 1.1453 = 63 496(元)

直接人工项目:12 880 × 1.1453 = 14 750(元)

制造费用项目:22 400 × 1.1453 = 25 652(元)

最后,仍按照前述方法将相同成本项目合并,计算还原后总成本,如表 10 - 11 所示:

表 10 - 11　　产品成本还原计算表

产品:甲产品　　20××年 10 月　　产量:620 件　　单位:元

| 项目 | 还原分配率 | 半成品(B) | 半成品(A) | 直接材料 | 直接人工 | 制造费用 | 合计 |
|---|---|---|---|---|---|---|---|
| ①还原前产成品成本 | | 152 830 | | | 51 150 | 43 090 | 247 070 |
| ②B 半成品当月成本 | | | 103 008 | | 22 080 | 26 432 | 151 520 |
| ③B 半成品成本分解 | 1.0086 | -152 830 | 103 898 | | 22 270 | 26 662 | 0 |
| ④A 半成品当月成本 | | | | 55 440 | 12 880 | 22 400 | 90 720 |
| ⑤A 半成品成本分解 | 1.1453 | | -103 898 | 63 496 | 14 750 | 25 652 | 0 |
| ⑥还原后产成品成本 | | 0 | 0 | 63 496 | 88 170 | 95 404 | 247 070 |
| ⑦单位成本 | | | | 102.41 | 142.21 | 153.88 | 398.5 |

按照以上方法进行成本还原,没有考虑本月所用的以前月份生产的本成品成

本构成的影响。以前月份所产半成品的成本结构与本月所产半成品的成本结构不可能是一致的，如果当月产成品生产耗用了较多的期初结存半成品，并且企业各月份半成品成本结构变化较大时，采用以上方法进行成本还原会在一定程度上影响产成品成本结构的准确性。

在实务工作中，除了以上两种成本还原的方法之外，还有企业采用计划成本还原法，往往是以前面两种方法的思路，具体使用过程中将成本结构比例或是统一还原分配率制订为计划，从而简化了成本还原的核算工作量。

（四）综合结转法的优缺点和应用条件

综上所述，综合结转法的优点是：可以在各生产步骤的产成品成本明细账中反映各该步骤所耗半成品费用的水平和本步骤加工费用的水平，有利于各个生产步骤的成本管理。但是其缺点是：为了从整个企业的角度反映产品成本的构成，加强企业综合的成本管理，必须进行成本还原，从而要增加核算工作。因此，这种结转方法只宜在半成品具有独立的国民经济意义、管理上要求计算各步骤完工产品所耗半成品费用，但不要求进行成本还原的情况下采用。例如，钢铁工业企业的半成品生铁和钢锭，既是本企业半成品，又是具有独立的国民经济意义的商品产品，要求计算生铁和钢锭成本，在考核和分析产成品钢材成本时，只需要了解所耗钢锭费用若干、轧钢步骤的加工费用若干即可，而不需要了解所耗原材料铁矿石费用若干、所耗各生产步骤直接人工费用总额若干、各生产步骤的制造费用总额若干。这种企业就适用综合结转法。

## 五、分项结转的逐步结转分步法

分项结转法是将各步骤所耗上步骤半成品的成本，按照具体成本项目分项转入各该步骤生产成本明细账中的相应成本项目，即在领用步骤的成本明细账中体现为“直接材料”、“直接人工”、“制造费用”等原始的成本项目，而不直接反映为自制半成品项目。

如果半成品的收发通过半成品仓库进行，那么，在自制半成品明细账中登记半成品成本时，也应分别按照成本项目进行登记。因此，应设立按成本项目反映的半成品明细账。

分项结转法中进行成本结转时，可以按照半成品的实际成本结转；也可以先按半成品的计划成本结转，期末再按成本项目分项调整成本差异。当然，计划成本的方法计算工作量较大。因此，一般采用按实际成本分项结转的方法。

（一）分项结转法的计算程序

下面举例说明分项结转法的计算程序：

［例10－3］某企业生产乙产品，由两个车间进行，第一车间生产乙半成品，交半成品库验收；第二车间按照所需半成品数量向半成品库领用。第二车间所耗半

成品成本按全月一次加权平均单位成本计算。两个车间的月末在产品均按定额成本计算。

首先，根据各种费用分配表、半成品交库单和第一车间半成品定额成本资料，登记第一车间乙半产品成本明细账：

表 10－12　　第一车间产品成本计算单

产品:乙半成品　　20××年10月　　单位:元

| 摘　要 | 产量 | 直接材料 | 直接人工 | 制造费用 | 合　计 |
|---|---|---|---|---|---|
| 月初在产品成本(定额成本) | | 4 000 | 2 500 | 1 200 | 7 700 |
| 本月发生生产费用 | | 6 050 | 3 800 | 3 600 | 13 450 |
| 生产费用合计 | | 10 050 | 6 300 | 4 800 | 21 150 |
| 完工半成品成本 | 500 | 8 050 | 5 300 | 3 300 | 16 650 |
| 月末在产品成本(定额成本) | | 2 000 | 1 000 | 1 500 | 4 500 |

根据第一车间的半成品交库单所列半成品交库数量和第一车间半成品成本明细账中完工转出半成品成本资料，编制如下会计分录：

借:自制半成品——乙半成品　　16 650

　贷:基本生产成本——第一车间　　16 650

其次，根据计价后的半成品交库单和第二车间领用半成品的领用单，登记自制半成品明细账，见表 10－13：

表 10－13　　自制半成品明细账

产品:乙半成品　　20××年10月　　单位:元

| 摘　要 | 数量(件) | 成　本　项　目 | | | |
|---|---|---|---|---|---|
| | | 直接材料 | 直接人工 | 制造费用 | 合计 |
| 月初结存 | 300 | 7 150 | 3 500 | 3 500 | 14 150 |
| 本月收入 | 500 | 8 050 | 5 300 | 3 300 | 16 650 |
| 本月发出 | 550 | 10 450 | 6 050 | 4 675 | 21 175 |
| 月末结存 | 250 | 4 750 | 2 750 | 2 125 | 9 625 |

根据第二车间领用半成品的领用单，编制下列会计分录：

借:基本生产成本——第二车间　　21 175

　贷:自制半成品——乙半成品　　21 175

最后，根据各种费用分配表、半成品领用单、自制半成品明细账、产成品交库单以及第二车间在产品定额成本资料，登记第二车间乙产品成本明细账，见表10－14：

表10－14　　第二车间产品成本计算单

产品：乙产品　　20××年10月　　单位：元

| 摘　　要 | 产量 | 直接材料 | 直接人工 | 制造费用 | 合　计 |
| --- | --- | --- | --- | --- | --- |
| 月初在产品成本（定额成本） | | 4 200 | 3 700 | 2 650 | 10 550 |
| 本月本步骤发生生产费用 | | | 3 300 | 3 150 | 6 450 |
| 本月耗用半成品费用 | | 10 450 | 6 050 | 4 675 | 21 175 |
| 生产费用合计 | | 14 650 | 13 050 | 10 475 | 38 175 |
| 完工产成品成本 | 400 | 10 900 | 9 900 | 7 600 | 28 400 |
| 月末在产品成本（定额成本） | | 3 750 | 3 150 | 2 875 | 9 775 |

（二）分项结转法的优缺点和应用条件

综上可以看出，采用分项结转法结转半成品成本，可以直接、正确地提供按原始成本项目反映的企业产品成本资料，便于从整个企业的角度考核和分析产品成本计划的执行情况，不需要进行成本还原，更能准确地提供产品成本构成水平。但是，这种方法下半成品成本都是按成本项目分别计算结转的，成本结转工作比较复杂，工作量较大，而且在各步骤完工产品成本中看不出所耗上一步骤半成品费用是多少，本步骤加工费用是多少，不便于进行各步骤完工产品的成本分析。因此，这种方法一般适用管理上不要求计算各步骤完工产品所耗半成品费用和本步骤加工费用，而要求按原始成本项目计算产品成本的企业。这类企业，各生产步骤的成本管理要求不高，实际上只是按生产步骤分工计算成本，其目的主要是编制按原始成本项目反映的企业产品成本报表。

**六、逐步结转分步法的总体评价**

综上所述，逐步结转（不论是综合结转，还是分项结转）分步法的优点是：(1)各生产步骤的成本随着半成品实物转移而逐步结转，各生产步骤产品成本明细账结存的数量和成本，即为各该步骤加工中在产品的数量和成本，因而能够为各生产步骤在产品的实物管理和资金管理提供资料；(2)能够提供各个生产步骤的半成品成本资料；(3)各生产步骤的产品成本包括所耗用的直接材料费用、半成品费用和各项加工费用，能够全面地反映各该步骤产品的生产耗费水平，能够较好地满足这些生产步骤成本管理的要求。

逐步结转分步法的缺点是：(1)各个生产步骤逐步结转半成品成本，在加速成本计算工作方面有一定的局限性,会影响成本核算的及时性;(2)在需要按照原始成本项目提供产成品成本的企业中,如果采用综合结转法,还要进行成本还原;如果采用分项结转半成品的方法,虽然不必进行成本还原,但各步骤成本结转的工作量较大。这些都不利于简化和加速成本核算工作。

因此,逐步结转分步法一般适宜在半成品种类不多,成本计算步骤较少,结转半成品成本的工作量不大的情况下使用,特别是成本管理上要求提供各步骤半成品成本数据时,应当采用这种方法。

## 第三节　平行结转分步法

### 一、平行结转分步法的意义

(一)平行结转分步法的含义

平行结转分步法,也称为不计算半成品成本分步法。采用这种方法计算成本时,各个步骤不计算所耗用的上一步骤的半成品成本,只归集本步骤发生的各项费用并划分应计入产成品成本的"份额",然后,将各个步骤应计入同一产成品成本的份额平行汇总,以计算产成品成本。

(二)平行结转分步法的适用性

在一些大量大批多步骤装配式生产企业,例如机械制造业,半成品的种类很多,各步骤生产完工的半成品专供下步骤领用,很少对外销售。在成本管理上更注重考核各生产步骤的耗费和产成品成本在各步骤应负担的费用份额,而不要求也没有必要计算半成品成本。在这种情况下,为简化和加速成本计算工作,只需要确定各步骤发生的费用及应由产成品成本负担的份额。这样,将各步骤应计入产成品的份额平行加总,即为完工产品成本。各步骤分别只与完工产品直接联系,可以平行、独立、互不影响地进行成本计算。

### 二、平行结转分步法的特点

与逐步结转分步法相比,平行结转分步法有其自身的特点,主要表现在:

(一)成本计算对象

平行结转分步法下,成本计算对象是各生产步骤和最终完工产品。在这种方法下,各生产步骤的半成品均不作为成本计算对象,各步骤的成本计算都是为了算出最终产品的成本。因此,从各步骤产品成本明细账中转出的只是该步骤应计入最终产品成本的费用(份额),各步骤产品成本明细账不能提供其产出半成品的成本资料。

(二)半成品成本不随实物转移而转移

在平行结转分步法下,由于各步骤不计算半成品成本,只归集本步骤发生的生产费用,计算结转应计入产成品成本的份额,因此,各步骤半成品的成本资料只保留在该步骤的成本明细账中,并不随半成品实物的转移而结转,即半成品的成本资料与实物相分离。

(三)不设置“自制半成品”账户

由于各加工步骤不计算半成品成本,所以不论半成品是通过仓库收发,还是在各加工步骤间直接转移,都不通过“自制半成品”账户进行价值核算,只需进行自制半成品的数量核算。

(四)生产费用在完工产品与在产品之间的分配

月末,生产费用要在产成品与在产品之间分配。在平行结转分步法下,每一生产步骤的生产费用也要选择适当的方法在完工产品与月末在产品之间分配,常用的是约当产量比例法和定额比例法。但这里的完工产品,是指企业最后完工的产成品而非各步骤的完工半成品。与此相联系,这里的在产品是指尚未产成的全部在产品和半成品,就是广义的在产品。

## 三、平行结转分步法的计算程序

(一)按生产步骤和产品品种开设生产成本明细账

根据管理上的规定,生产步骤应相应设立生产成本明细账,账内按成本项目设立专栏。如果企业同时生产若干种类产品,还应按照产品种类分别成本计算步骤设立相应的成本明细账,以便正确归集各种产品的各个步骤的各种费用(不包括耗用上一步骤半成品的成本)。

(二)生产费用在完工产品与在产品之间分配

在各个步骤上发生的各种费用,凡是某产品单独耗用的,应直接归集于该种产品的该步骤费用;凡是共同耗用的,应根据受益对象采用一定标准合理分配计入各种产品的各步骤产品成本明细账。月末,将各步骤归集的生产费用,在产成品与广义在产品之间进行分配,计算各步骤应计入产成品的费用份额。

这里应用的是广义在产品,包括:(1)尚在本步骤加工中的在产品,即狭义在产品;(2)本步骤已完工转入半成品仓库的半成品;(3)已从半成品库转到以后各步骤进一步加工、尚未最后产成的在产品。这是就整个企业而言的广义在产品。因此,在产品费用是指这三个部分广义在产品的费用。其中后两部分的实物已经从本步骤转出,但其费用仍留在本步骤产品成本明细账中,尚未转出。所以,在平行结转分布法下,各步骤的生产费用是由产成品成本中所占的份额和广义在产品成本中所占的份额组成的。

(三)平行汇总成本“份额”,计算结转产成品成本各步骤单独计算出该步骤计入产成品成本的份额后，应通过设立“产成品成本汇总表”按产品成本项目进行汇总。各步骤计入产成品成本的份额之和即为产成品成本，除以产量为单位成本。最后以“产成品成本汇总表”为凭证结转入库产成品成本。

平行结转分步法计算程序如图 10－2：

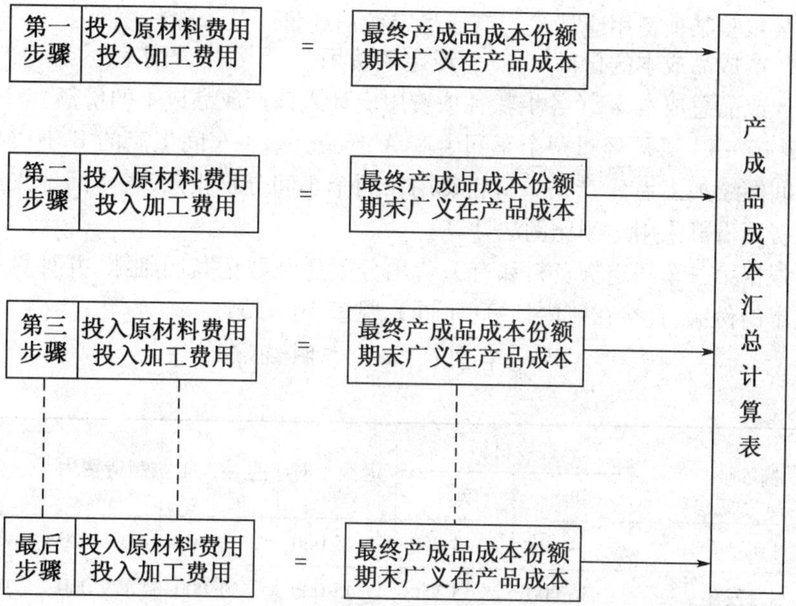


图 10－2

**四、平行结转分步法举例**

由于在平行结转分步法下，通常采用定额比例法、约当产量比例法等，下面分别以这两种方法为例说明如何计算各步骤计入完工产成品成本的份额。

（一）按定额比例法分配费用

采用这种方法是由于作为分配费用标准的定额资料比较容易取得。产成品的定额消耗量或定额费用，可根据产成品数量乘以单位产品消耗定额或费用定额计算；广义在产品的定额消耗量或定额费用，由于广义在产品的实物分散在本步骤、半成品库和以后各步骤，具体的盘存、计量工作比较复杂，但是企业在能够准确提供月初在产品和本期投入的定额消耗量或定额费用的情况下，可以采用倒挤的方法计算出月末广义在产品的定额消耗量或费用定额。根据完工产品定额与广义在产品定额，即可确定各项费用分配率，从而最后确定各步骤生产费用应计入最终完工产成品成本的“份额”。具体计算公式可表示如下：

$$1.\ \begin{matrix}月末广义在产品\\定额消耗量\\或定额费用\end{matrix}=\begin{matrix}月初广义在产品\\定额消耗量\\或定额费用\end{matrix}+\begin{matrix}本月投入的\\定额消耗量\\或定额费用\end{matrix}-\begin{matrix}本月产成品\\定额消耗量\\或定额费用\end{matrix}$$

$$2.\ \begin{matrix}某步骤\\某项费用\\分配率\end{matrix}=\frac{该步骤该项月初在产品成本+该步骤该项本月发生费用}{产成品定额消耗量或定额费用+月末广义在产品定额消耗量或定额费用}$$

$$3.\ \begin{matrix}某步骤某项费用应计入\\产成品成本的份额\end{matrix}=\begin{matrix}产成品定额消耗量\\或定额费用\end{matrix}\times\begin{matrix}某步骤某项\\费用分配率\end{matrix}$$

4. 产成品总成本 = Σ(各步骤各项费用应计入该产成品成本的份额)

[例 10－4] 某厂经过两个车间生产 A 产品。第一车间生产的 B 半成品转给第二车间继续加工为 A 产品。材料费用在两个车间分别投入,各车间计入产成品成本的费用份额采用定额比例法计算。

1. 根据第一车间定额资料和有关费用分配凭证登记其明细账,并计算计入产成品成本的份额,直接在账内计算(下同),见表 10－15:

表 10－15　　第一车间产品成本明细账

产品:A

| 摘　要 | 直接材料 | | 定额工时 | 直接人工 | 制造费用 | 合计 |
|---|---|---|---|---|---|---|
| | 定额 | 实际 | | | | |
| 月初结存 | 4 000 | 4 050 | 5 000 | 9 000 | 11 000 | 24 050 |
| 本月发生 | 36 000 | 35 150 | 45 000 | 91 000 | 129 000 | 255 150 |
| 累　计 | 40 000 | 39 200 | 50 000 | 100 000 | 140 000 | 279 200 |
| 分配率 | | 0.98 | | 2.00 | 2.80 | |
| 计入产成品成本份额 | 30 000 | 29 400 | 40 000 | 80 000 | 112 000 | 221 400 |
| 月末结存 | 10 000 | 9 800 | 10 000 | 20 000 | 28 000 | 57 800 |

2. 根据第二车间的费用分配凭证登记其明细账,并计算该车间计入产成品成本的费用份额,见表 10－16:

表 10－16　　第二车间成本明细账

产品：A

| 摘　要 | 直接材料 | | 定额工时 | 直接人工 | 制造费用 | 合计 |
|---|---|---|---|---|---|---|
| | 定额 | 实际 | | | | |
| 月初结存 | 2 000 | 2 100 | 3 000 | 6 500 | 4 000 | 12 600 |
| 本月发生 | 18 000 | 19 900 | 37 000 | 81 500 | 52 000 | 153 400 |
| 累　计 | 20 000 | 22 000 | 40 000 | 88 000 | 56 000 | 166 000 |
| 分配率 | | 1.10 | | 2.20 | 1.40 | |
| 计入产成品成本份额 | 16 000 | 17 600 | 30 000 | 66 000 | 42 000 | 125 600 |
| 月末结存 | 4 000 | 4 400 | 10 000 | 22 000 | 14 000 | 40 400 |

3. 根据一、二车间计算结果，填制“产成品成本汇总表”，按原始成本项目平行汇总 A 产品成本，见表 10－17：

表 10－17　　A 产成品成本汇总表

| 项目 | 产量（件） | 直接材料 | 直接人工 | 制造费用 | 合计 |
|---|---|---|---|---|---|
| 一车间份额 | 1 000 | 29 400 | 80 000 | 112 000 | 221 400 |
| 二车间份额 | 1 000 | 17 600 | 66 000 | 42 000 | 125 600 |
| 合计 | 1 000 | 47 000 | 146 000 | 154 000 | 347 000 |
| 单位成本 | | 47 | 146 | 154 | 347 |

（二）按约当产量比例法分配费用

采用约当产量比例法分配计入完工产品的成本“份额”与广义在产品的生产费用时，关键是如何计算作为分配标准的约当产量。在平行结转分步法下，在产品是广义的在产品，其约当产量的计算也要考虑本步骤正在加工的在产品，本步骤已经完工并转入半成品仓库的半成品，以及已经从半成品仓库转到以后各步骤进一步加工且尚未最后完工的在产品。其计算程序如下：

1. 计算确定各步骤的约当产量，以便计算各步骤的单位半成品费用，计算公式如下：

$$\text{某步骤广义在产品约当产量} = \text{本步骤狭义在产品约当产量} + \text{该步骤已完工但尚未加工成产成品的半产品约当产量}$$

各步骤约当产量确定后，可计算单位半成品成本：

$$\text{某步骤单位半成品成本} = \frac{\text{该步骤月初在产品成本} + \text{该步骤本月发生费用}}{\text{该步骤约当产量}}$$

2. 确定各步骤生产费用应由产成品负担的份额：

某步骤应计入最后产成品的份额 = 产成品耗用该步骤半成品数量 × 该步骤单位半成品成本

3. 计算各步骤月末在产品成本：

某步骤广义在产品费用 = 该步骤月初在产品费用 + 该步骤本月生产费用 - 该步骤应计入最后产成品的份额

［例 10－5］假定某企业生产 A 产品，经过三个步骤，第一步骤生产 A－1 半成品，完成后交第二步骤生产 A－2 半成品，A－2 半成品通过仓库收发供第三车间领用并最后制成 A 产成品。原材料在一、三车间分别投入，各加工步骤狭义在产品的加工程度均为 50%。

1. 根据表 10－18 产量资料计算各步骤在产品约当产量和约当生产总量，如表 10－19：

表 10－18　　产量记录

| 项目 | 一车间 | 二车间 | 仓库 | 三车间 | 备注 |
|---|---|---|---|---|---|
| 月初结存 | 9 | 11 | 15 | 10 | 半成品、在产品为企业广义在产品 |
| 本月投入(转入) | 100 | 89 | 80 | 85 | |
| 本月转出 | 89 | 80 | 85 | 90 | |
| 月末结存 | 20 | 20 | 10 | 5 | |

表 10－19　　约当产量计算汇总表

| 车间 | 产成品 | 广义在产品 | | 分配材料的约当产量 | | | 分配工费的约当产量 | | |
|---|---|---|---|---|---|---|---|---|---|
| | | 半成品 | 狭义在产品 | 投料程度 | 在产品 | 合计 | 完工程度 | 在产品 | 合计 |
| 1 | 90 | 35 | 20 | 100% | 55 | 145 | 50% | 45 | 135 |
| 2 | 90 | 15 | 20 | | | | 50% | 25 | 115 |
| 3 | 90 | | 5 | 100% | 5 | 95 | 50% | 2.5 | 92.5 |

2. 根据第一车间成本明细账资料计算本车间应计入产成品成本的份额，见表 10－20：

表 10－20　　一车间成本明细账

车间：一　　20××年×月　　产品：A－1

| 摘　　要 | 直接材料 | 直接人工 | 制造费用 | 合计 |
|---|---|---|---|---|
| 月初结存 | 630 | 255 | 350 | 1 235 |
| 本月发生 | 4 590 | 2 850 | 3 970 | 11 410 |
| 累计 | 5 220 | 3 105 | 4 320 | 12 645 |
| 约当生产总量 | 145 | 135 | 135 | |
| 计入单件产成品的份额 | 36 | 23 | 32 | 91 |
| 计入 90 件产成品的份额 | 3 240 | 2 072 | 2 880 | 8 190 |
| 月末结存 | 1 980 | 1 035 | 1 440 | 4 455 |

3. 根据二车间成本明细账资料计算本车间应计入产成品成本的份额，见表 10－21：

表 10－21　　二车间成本明细账

车间：二　　20××年×月　　产品：A－2

| 摘　　要 | 直接人工 | 制造费用 | 合计 |
|---|---|---|---|
| 月初结存 | 175 | 175 | 350 |
| 本月发生 | 2 700 | 3 850 | 6 550 |
| 累计 | 2 875 | 4 025 | 6 900 |
| 约当生产总量 | 115 | 115 | |
| 计入单件产成品的份额 | 25 | 35 | 60 |
| 计入 90 件产成品的份额 | 2 250 | 3 150 | 5 400 |
| 月末结存 | 625 | 875 | 1 500 |

4. 根据三车间明细账资料计算本车间应计入产成品成本份额，见表 10－22：

表 10－22　　三车间成本明细账

车间：三　　20××年×月　　产品：A

| 摘　　要 | 直接材料 | 直接人工 | 制造费用 | 合计 |
|---|---|---|---|---|
| 月初结存 | 1 550 | 230 | 297.5 | 2 077.5 |
| 本月发生 | 8 900 | 1 250 | 2 200 | 12 350 |
| 累计 | 10 450 | 1 480 | 2 497.5 | 14 427.5 |
| 约当生产总量 | 95 | 92.5 | 92.5 | |
| 计入单件产成品的份额 | 110 | 16 | 27 | 153 |
| 计入 90 件产成品的份额 | 9 900 | 1 440 | 2 430 | 13 770 |
| 月末结存 | 550 | 40 | 67.5 | 657.5 |

5. 平行汇总一、二、三车间计入产成品成本的份额，计算 A 产品的总成本和单位成本，见表 10－23：

表 10－23　产成品成本汇总表

产品名称：A　20××年×月

| 项　目 | 产量(件) | 直接材料 | 直接人工 | 制造费用 | 合计 |
| --- | --- | --- | --- | --- | --- |
| 一车间份额 | 90 | 3 240 | 2 070 | 2 880 | 8 190 |
| 二车间份额 | 90 | | 2 250 | 3 150 | 5 400 |
| 三车间份额 | 90 | 9 900 | 1 440 | 2 430 | 13 770 |
| 合　计 | 90 | 13 140 | 5 760 | 8 460 | 27 360 |
| 单位成本 | | 146 | 64 | 94 | 304 |

## 五、平行结转分步法的总体评价

综上所述，平行结转分步法的优点是：(1)各步骤可以同时计算产品成本，平行汇总计入产成品成本，不必逐步结转半成品成本；(2)能够直接提供按原始成本项目反映的产成品成本资料，不必进行成本还原，因而能够简化和加速成本计算工作；(3)能够直观地提供各步骤成本费用在产成品成本中的份额，便于分别考核各生产步骤的控制效果和工作业绩。

但是，这种方法由于各步骤不计算和结转半成品成本，存在着以下各项缺点：(1)不能提供各个步骤的半成品成本资料；(2)在产品的费用在最后产成以前，不随实物转出而转出，即不按其所在的地点登记，而按其发生的地点登记，因而不能为各个生产步骤在产品的实物管理和资金管理提供资料；(3)各生产步骤的产品成本不包括所耗半成品费用，因而不能全面地反映各该步骤产品的生产耗费水平(第一步骤除外)，不能更好地满足这些步骤成本管理的要求。

因此，平行结转分步法一般只适宜在半成品种类较多，逐步结转半成品成本的工作量较大，管理上又不要求提供各步骤半成品成本资料的情况下采用；而且在采用时，应该加强各步骤在产品收发结存的数量核算，以便为在产品的实物管理和资金管理提供资料(在产品数量乘以单位定额成本即为在产品资金)。此外，还应加强各步骤废品损失的核算和在产品的清查工作，以便及时发现在产品的报废和短缺、毁损情况，及时反映在产品加工报废和盘亏、毁损造成的损失，借以弥补这种分步法由于在产品费用与在产品实物脱节所产生的缺点，保证成本计算的正确性。

## 六、平行结转分步法与逐步结转分步法的比较

通过前面的内容，可以了解到两种分步法的不同，其主要区别在于：

（一）成本管理的要求不同

作为产品成本计算的分步法，平行结转和逐步结转都适用于管理上要求分步控制费用、计算成本的大量大批多步骤生产。但是，平行结转各生产步骤只归集本步发生费用，不计算半成品成本，适用于管理上要求分步控制费用，不要求计算半成品成本的企业；逐步结转各生产步骤逐步计算和结转半成品成本，适用于管理上要求分步控制费用，且需要计算半成品成本的企业。

当企业半成品种类比较多，且不对外销售时，在管理上可以不要求计算半成品成本。这样，采用平行结转分步法，既可以分步控制成本和费用，又可以简化和加速成本计算工作。当企业有自制半成品对外销售时，为了正确计算半成品的成本，应当采用逐步结转分步法。

（二）产成品成本的计算方式不同

平行结转首先由各生产步骤同时计算出应计入产成品成本的份额，然后将各生产步骤应计入相同产成品成本的份额相加，就可以求得产成品成本。各生产步骤的成本计算工作可以同时进行，加速和简化了成本计算工作。

逐步结转是按照产品成本计算所划分的生产步骤，逐步计算和结转半成品成本，直到最后生产步骤计算出产成品成本。各生产步骤的成本计算要等待上一步骤的成本计算结果（结转的半成品成本）。半成品采用综合结转方式时，为了便于分析和考核，要进行成本还原；采用分项结转方式则计算和结转的工作量较大。半成品按计划成本结转时，各生产步骤的成本计算可以同时进行，但存在成本差异的计算和结转（分摊）问题。

（三）在产品的含义不同

平行结转不计算也不结转半成品成本，各生产步骤完工产品只指最终产成品所耗用的本步骤的半成品；期末在产品则既包括本步骤正在加工的在制品，又包括已经完工交给以后各步骤，但尚未最终完工的半成品，即广义在产品。半成品的实物已经转移，但成本仍留在本步骤；即使有半成品仓库办理半成品的收发存，也只进行数量核算。各生产步骤产成品成本计算单中的月末在产品成本，与该步骤月末在产品的实物不相符。这样，不利于加强在产品和自制半成品的管理。

逐步结转分步法逐步计算并结转半成品成本，半成品成本随着其实物的转移而结转。设有半成品仓库时，设置“自制半成品”账户，同时进行数量和金额的核算。各生产步骤的完工产品是指本步骤已经完工的半成品（最后步骤为产成品），在产品只指本步骤正在加工的在制品，即狭义在产品。这样，各生产步骤产品成本计算单中的月末在产品成本，与该步骤月末在产品的实物一致，有利于在产品和自制半成品的管理。

（四）产成品成本取得的时间不同

平行结转成本计算在步骤之间是平行的，后面步骤不必使用前面步骤的资料即可计算出本步骤的成本资料,因此成本计算可以在各步骤间同时计算,而产成品成本取得比较及时。

逐步结转成本计算在步骤之间是连续的,逐步计算产成品的成本,其资料取得比较不及时。综合结转方式下,后面步骤的生产成本明细账中设有“自制半成品”账户,归集上一步骤的半成品成本,因此,在上一步骤的成本计算完成之前,后面步骤的成本计算是无法进行的;分项结转方式下,前后步骤的成本结转是分成本项目进行的,仍然需要连续进行。

## 本章小结

1. 分步法,是以各加工步骤的产品作为成本计算对象,设置产品成本明细账,归集生产费用,计算产品成本的一种方法。

2. 分步法的适用条件:生产工艺可以明确地划分生产步骤;大量大批的生产组织形式;成本管理工作需要步骤成本资料。

3. 分步法的特点,主要表现在以下三个方面:成本计算对象是产成品及其所经过的生产步骤;计算成本是定期进行的;需要采用一定的方法,将各步骤本期所发生的生产费用在完工产品与在产品之间进行分配。

4. 产品成本计算的分步法,分为逐步结转分步法和平行结转分步法两种。

5. 逐步结转分步法也称顺序结转分步法,是指按照产品的加工步骤归集生产费用,计算各步骤的半成品成本,且半成品成本随着半成品在各个加工步骤之间的移动而顺序结转,直至最后一个步骤累计得出完工产品成本的成本计算方法。

6. 逐步结转分步法按照半成品成本在下一生产步骤成本明细账中反映方法的不同,又可分为综合结转和分项结转两种方法。

7. 综合结转是将上一生产步骤转入下一生产步骤的半成品成本,全部记入下一生产步骤产品成本计算单中专设的“自制半成品”项目,不分成本项目综合反映各生产步骤所耗上一步骤所产半成品成本。

8. 成本还原就是将产成品成本中的自制半成品成本,还原为按“直接材料”、“直接人工”和“制造费用”等原始成本项目反映的成本,从而反映产成品成本原始构成的实际情况。

9. 分项结转法是将各步骤所耗上步骤半成品的成本,按照具体成本项目分项转入各该步骤生产成本明细账中的相应成本项目,即在领用步骤的成本明细账中体现为“直接材料”、“直接人工”、“制造费用”等原始的成本项目,而不直接反映为自制半成品项目。

10. 平行结转分步法,也称为不计算半成品成本分步法。采用这种方法计算成本时,各个步骤不计算所耗用的上一步骤的半成品成本,只归集本步骤发生的各项费用并划分应计入产成品成本的“份额”,然后,将各个步骤应计入同一产成品成本的份额平行汇总,以计算产成品成本。

11. 平行结转分步法与逐步结转分步法的区别:成本管理的要求不同;产成品成本的计算方式不同;在产品的含义不同;产成品成本取得的时间不同。

## 本章综合复习题

### 一、思考题

1. 什么是分步法？其适用范围有哪些?

2. 逐步结转半成品成本的必要性有哪些?

3. 简述逐步结转分步法的计算程序。

4. 按计划成本综合结转半成品成本的优缺点是什么？采用此方法应具备哪些条件?

5. 简述成本还原的基本内容。

6. 简述综合结转法的优缺点和应用条件。

7. 简述分项结转法的优缺点和应用条件。

8. 简述逐步结转分步法的优缺点和应用条件。

9. 简述平行结转分步法的计算程序。

10. 平行结转分步法的优缺点有哪些？其应用应具备哪些条件?

11. 试对比逐步结转分步法和平行结转分步法的异同。

### 二、选择题

1. 下列方法中,属于不计算半成品成本的分步法是(　　)。

A. 逐步结转法　　B. 综合结转法

C. 分项结转法　　D. 平行结转法

2. 采用逐步结转分步法,在完工产品与在产品之间分配费用,是指在(　　)之间的费用分配。

A. 产成品与月末在产品

B. 完工半成品与月末加工中的在产品

C. 产成品与广义的在产品

D. 前面步骤的完工半成品与加工中的在产品及最后步骤的产成品与加工中的在产品

3. 成本还原的对象是(　　)。

A. 产成品成本

B. 各步骤所耗上一步骤半成品的综合成本

C. 最后步骤的产成品成本

D. 各步骤半成品成本

4. 采用平行结转分步法,(　　)。

A. 不能全面地反映各个生产步骤产品的生产耗费水平

B. 能够全面地反映各个生产步骤产品的生产耗费水平

C. 能够全面地反映第一个生产步骤产品的生产耗费水平

D. 能够全面地反映最后一个生产步骤产品的生产耗费水平

5. 下列方法中,需要进行成本还原的是(　　)。

A. 平行结转法　　B. 逐步结转法

C. 综合结转法　　D. 分项结转法

6. 广义的在产品是指(　　)。

A. 尚在本步骤加工中的在产品

B. 转入各半成品库的半成品

C. 已从半成品库转到以后各步骤进一步加工、尚未最后制成的半成品

D. 全部加工中的在产品和半成品

7. 逐步结转分步法,按照半成品成本在下一步骤成本明细账中的反映方法,可以分为(　　)。

A. 综合结转分步法和平行结转分步法

B. 平行结转分步法和分项结转分步法

C. 实际成本结转分步法和计划成本结转分步法

D. 综合结转分步法和分项结转分步法

8. 分步法适用于(　　)。

A. 单件、小批生产　　B. 大量、大批生产

C. 大量、大批、多步骤生产　　D. 单步骤生产

9. 在平行结转分步法下,在完工产品与在产品之间分配费用,是指(　　)。

A. 产成品与广义在产品　　B. 前面步骤的完工半成品与加工中的在产品

C. 产成品与月末在产品　　D. 完工半成品与月末加工中的在产品

10. 下列各种分步法中,不必进行成本还原的有(　　)。

A. 平行结转分步法　　B. 逐步结转分步法

C. 分项结转法　　D. 按实际成本综合结转法

## 三、业务题

1. 某企业采用三个生产步骤制造甲产品(半成品不通过仓库收发),原材料在开始时是一次投入。月末在产品按约当产量法计算。有关资料见下表:

产量资料

| 项目 | 一步骤 | 二步骤 | 三步骤 |
|---|---|---|---|
| 月初在产品 | 40 | 60 | 80 |
| 本月投产数量 | 80 | 100 | 130 |
| 本月完工产品数量 | 100 | 130 | 160 |
| 月末在产品 | 20 | 30 | 50 |
| 在产品完工程度 | 50% | 50% | 60% |

生产费用资料

| 成本项目 | 月初在产品成本 | | | 本月发生费用 | | |
|---|---|---|---|---|---|---|
| | 一步骤 | 二步骤 | 三步骤 | 一步骤 | 二步骤 | 三步骤 |
| 直接材料 | 1 800 | 2 500 | 5 291 | 24 000 | | |
| 燃料及动力 | 600 | 915 | 1 250 | 9 300 | 3 000 | 5 400 |
| 直接人工 | 1 000 | 1 125 | 1 360 | 7 910 | 2 500 | 3 200 |
| 制造费用 | 700 | 875 | 1 130 | 4 250 | 1 300 | 2 100 |
| 合计 | 4 100 | 5 415 | 9 031 | 45 460 | | |

要求:采用综合结转的逐步结转分步法计算产品成本,并进行成本还原。

2. 某企业甲产品经过三个车间加工制成,一车间生产A半成品,二车间生产B半成品,三车间将A半成品和B半成品加工成甲产品。原材料均于生产开始时一次投入,各车间月末在产品完工率约为50%。各车间生产费用在完工产品和在产品之间的分配采用约当产量法。该企业某年5月份有关资料如下表所示。

(1)各车间的产量资料

| 项　目 | 计量单位 | 第一车间 | 第二车间 | 第三车间 |
|---|---|---|---|---|
| 月初在产品数量 | 件 | 80 | 150 | 100 |
| 本月投产数量或转入 | 件 | 800 | 650 | 750 |
| 本月完工产品数量 | 件 | 750 | 750 | 800 |
| 月末在产品数量 | 件 | 130 | 50 | 50 |

(2)各车间月初、本月生产费用资料

| 项目 | | 直接材料 | 直接人工 | 制造费用 | 合计 |
|---|---|---|---|---|---|
| 第一车间 | 月初在产品成本 | 3 600 | 5 200 | 4 900 | 13 700 |
| | 本月生产费用 | 114 000 | 68 000 | 50 000 | 232 000 |
| 第二车间 | 月初在产品成本 | 20 000 | 16 250 | 13 000 | 49 250 |
| | 本月生产费用 | 70 000 | 80 000 | 30 750 | 180 750 |
| 第三车间 | 月初在产品成本 | - | 12 500 | 10 250 | 22 750 |
| | 本月生产费用 | - | 70 000 | 64 000 | 134 000 |

要求:根据上述资料采用平行结转法计算各步骤应计入完工产品成本的“份额”,计算过程直接填列在三个生产步骤的基本生产成本明细账上,并计算完工产品成本。

# 第十一章　产品成本计算的分类法

**学习目的：**

1. 理解分类法的主要内容；
2. 熟悉分类法的计算程序；
3. 掌握联产品、副产品、等级产品成本的计算方法。

## 第一节　分类法概述

### 一、分类法的含义

产品成本计算的分类法，是将企业生产的产品分为若干类别，以各产品类别作为成本计算对象，先计算产品类别成本，然后再按一定的方法在类内各种产品之间进行分配，以便计算出各种产品成本的一种方法。

在某些企业中，生产的产品品种、规格繁多，如无线电元器件企业生产的各种类别、规格的无线电元件、器件，食品企业生产的各种糖果、饼干等等。如果按照产品的品种、规格归集费用、计算成本，那么成本计算工作非常繁重。在这种情况下，如果不同品种规格的产品可以按照一定要求和标准划分为若干类别，为了简化计算工作，可以采用分类法计算产品成本。

### 二、分类法的特点

产品成本计算的分类法具有以下特点：

（一）成本计算对象

分类法下以产品的类别作为成本计算对象，设置各类产品成本明细账，归集生产费用，计算各类产品成本。企业应根据生产的特点，按照产品的结构、性质、所用原材料以及生产工艺过程等方面的不同，将产品划分为若干不同的类别。企业所生产的产品可能归为一类，也可能归为若干类。如果企业只生产一类产品，则该类产品即为成本对象，并为其设立生产成本明细账，全部成本费用都应直接或间接地计入该类产品成本明细账;如果企业同时生产若干类产品,则应以每一类别产品作为成本计算对象,设置成本明细账,并按成本项目归集生产费用,直接发生的费用应单独计入其成本,共同发生的费用应采用适当的方法分配计入其成本。

(二)成本计算期

按照分类法的要求,一般按月计算产品成本。由于分类法较多地适用于大量大批的产品生产,所以为了提供与财务报告期相一致的成本资料,按照持续经营、分期核算的会计惯例,应当每月组织各类、各种产品成本的计算。

(三)生产费用在完工产品与在产品之间的分配

由于成本计算定期进行,月末归集在产品成本明细账中的费用,必然要在该类完工产品与在产品之间进行分配,计算出各类完工产品成本及在产品成本。各类完工产品总成本计算出来后,还应选择适当的方法,将各类完工产品总成本在各该类内的各种不同品种或规格的产品之间进行分配,从而计算出类内各种产品的完工产品成本。

## 三、分类法的适用范围

分类法与生产的类型没有直接的关系,因而可以在各种类型的生产中应用。

(一)产品品种、规格繁多的生产

凡是产品的品种、规格繁多,又可以按照要求划分为若干类别的企业或车间,均可以采用分类法计算成本。如果在成本管理上要求分步骤计算其成本,提供各类或各种产品的半成品成本或步骤成本,则应结合分步法的原理,逐步地或平行地分类计算产品成本;如果管理上不要求分步计算成本,则应采用品种法的原理,按类别和品种计算产品成本;如果企业按照小批量组织多品种或多规格型号的产品生产,一般可以采用简易分批法或分类法计算其成本。

(二)联产品生产

联产品是指使用相同的原材料,经过同一生产过程,同时生产出的几种主要商品产品。所谓主要产品是在企业生产中具有主导地位的产品。在某些工业企业,特别是化工企业,例如原油经过提炼,可以炼出各种汽油、煤油和柴油等产品,这些产品就是联产品。由于联产品所用的原料和经过的工艺过程相同,因而最宜于归类、采用分类法计算成本。

(三)副产品生产

副产品是指在主要产品的生产过程中附带生产出来的非主要产品。例如炼铁生产中产生的高炉煤气、面粉工业生产的麸皮等等。副产品不是企业主要生产目的的产物,但它具有一定的用途,可以直接地或经过继续加工后对外出售并获得收益。副产品不是固定不变的,随着某些条件的变化和企业决策的改变,副产品可以转换为联产品而成为企业主要产品。

(四)等级产品生产

等级产品是指企业生产的产品的结构、所用的原材料和工艺过程完全相同,但质量有差别的产品。造成等级产品的原因很多,归纳起来有两类:(1)根据生产决策设计采用品质不同的原材料或工艺条件等原因造成的等级产品;(2)由于技术操作或管理不善等原因造成的等级产品。出现次级产品说明企业在提高产品质量上还存在着需要改进的问题。如果不同质量的产品,是由于内部结构、所用原材料的质量或工艺技术上的要求不同而产生的,那么,这些产品应是同一品种不同规格的产品,也可以归为一类,采用分类法计算成本。

(五)零星产品的生产

某些工业企业,还可能生产一些零星产品,例如为协作企业生产少量的零部件,或者自制少量材料和工具等。这些零星产品,虽然内部结构、所耗原材料和工艺过程不一定完全相近,但是它们的品种、规格多,而且数量少,费用比重小。为了简化成本计算工作,这些零星产品也可以归为几类,采用分类法计算成本。

**四、分类法的计算程序**

(一)划分产品类别

按照产品结构、耗用原材料及工艺过程是否相同或相近为标志,合理划分产品类别,使成本计算既简化,又相对正确。一般将使用原材料、生产工艺过程和结构基本相同或相近的产品归为一类。类别应恰当,类别划分过细,产品成本计算对象过多,使成本计算工作繁重;而类别划分过粗,将不同性质、结构、所耗用原材料及工艺过程不同的产品归为一类,就会影响产品成本计算的正确性。

(二)计算各类完工产品成本

以产品类别作为成本计算对象,开设产品成本计算单,按成本项目归集费用,直接或分配计入各类产品成本明细账。能按照类别划分的直接费用,应直接计入各类产品成本明细账;各类产品共同耗用的间接费用,应采用适当的方法分配后,分别计入各类产品的成本明细账。各类产品成本费用在完工产品与月末在产品之间分配后,即可得到本期完工产品成本。

(三)计算类内各种完工产品成本

对于各类完工产品应分别设立成本明细账,将各类产成品的综合成本,选择一定的方法在类内各种产品之间进行分配。分配的标准应当与产品成本高低有密切的相关关系,而且简便易行。一般采用的标准有:1. 产品的经济价值指标:计划成本、定额成本、销售价格等;2. 产品的技术性指标:重量、体积、长度等;3. 产品生产的各种定额消耗指标:定额工时、定额消耗量等。

通常类内各种产品之间生产费用的分配是分别按成本项目进行的,为使分配结果尽可能接近实际,不同项目视其性质分别采用不同的分配标准,如材料费用可按材料定额耗用量或定额成本比例分配，工资和其他费用可以使用定额工时比例分配。

正确划分产品类别，选择适当分配标准分配计算类内各种产品成本，是分类法的关键。

实际上，分类法就是把产品类别作为品种，按品种法算出类别产品成本后，再按照一定的方法，把每类产品的总成本在类内各种产品之间进行分配，求出各种产品成本。按品种法计算类别产品总成本的原理和方法已在前面章节讲解过了，这里重点说明类别总成本求得后，怎样在类内各种产品之间进行分配，以计算各种产品成本。

### 五、计算类内各种产品成本的方法

将某类产品成本分配到类内各种产品时，常用的方法有系数法（也称为标准产量法）和定额比例法。

（一）系数法（标准产量法）

系数法（标准产量法）是指计算出各类产品总成本后，按照系数分配同类产品内各种产品成本的方法。系数就是类内各种规格产品之间的比例关系。为了简化分配工作，可以将分配标准折算成相对固定的系数，按照固定的系数分配同类产品内各种产品的成本。具体步骤是：

1. 确定系数

一般是在同类产品中选择一种产量较大、生产比较稳定或规格折中的产品作为标准产品，把这种产品的分配标准额的系数定为“1”；用其他各种产品的分配标准额与标准产品的分配标准额相比，求出其他产品的分配标准额与标准产品的分配标准额的比率，即系数。系数一经确定，应相对稳定不变。

2. 确定费用分配率

按照各种产品的实际产量和系数计算类内完工产品的标准产量，以各种产品标准产量之和为分配标准计算各项费用分配率。

3. 计算各种产品的成本

按照各种产品的标准产量与费用分配率，计算分配各种产品的实际总成本和单位成本。

（二）定额比例法

分类法下，类别总成本可按照类内产品的定额比例进行分配，其计算程序如下：

1. 计算定额

计算类内各种产品的原材料定额消耗量或定额费用和定额工时指标。计算公式为：

本月定额成本总数 = 月初在产品定额成本 + 本月投入产品定额成本

或：本月定额成本总数 = 本月完工产品定额成本 + 月末在产品定额成本

2. 计算费用分配率

分成本项目计算其实际成本对定额费用或定额消耗量的比率。计算公式为：

$$直接材料分配率=\frac{某类产品直接材料实际总成本}{某类产品直接材料定额总成本}$$

$$加工费用分配率=\frac{某类产品加工费用实际总成本}{某类产品的定额工时总数}$$

3. 计算完工产品成本

把类内产品分成本项目计算的定额成本或定额消耗量乘以上述分配率，即可计算出各种产品的实际成本。计算公式为：

类内某种完工产品直接材料成本 = 该种完工产品直接材料定额成本 × 直接材料分配率

类内某种在产品直接材料成本 = 该种在产品直接材料定额成本 × 直接材料分配率

类内某种完工产品加工费成本 = 该种完工产品定额工时 × 加工费用分配率

类内某种在产品加工费成本 = 该种在产品定额工时 × 加工费用分配率

### 六、分类法的优缺点和应用条件

采用分类法计算产品成本，每类产品内各种产品的生产费用，不论是间接计入费用还是直接计入费用，都采用分配方法分配计算，因而领料凭证、工时记录和各种费用分配表都可以按照产品类别填列，产品成本明细账也可以按照产品类别设立，从而简化成本计算工作，而且还能够在产品品种、规格繁多的情况下，分类掌握产品成本的水平。

分类法的缺点在于同类产品内各种产品的成本均按一定的比例分配计算，因而计算结果有着一定的假定性。

因此，采用分类法，不仅需要对各种产品按照前述要求进行分类，而且应选择合理的分配标准。当产品结构、所用原材料或工艺过程发生较大变动时，应该修订分配系数或考虑另选分配标准，以保证成本计算的正确。

## 第二节　分类法成本计算举例

### 一、采用系数法进行类内产品成本计算

［例 11－1］某制造业企业采用分类法计算产品成本，其中该企业生产的 A 类

产品包括甲产品、乙产品、丙产品，其中甲产品为标准产品。该企业本月生产甲产品200件，乙产品200件，丙产品150件，产品成本计算如下：

第一，标准产品换算系数。

该企业将甲产品定为标准产品，分配原材料的标准产品换算系数按单位产品原材料消耗定额计算，其他加工费用的标准产品换算系数按单位产品工时消耗定额计算。系数计算见表11－1：

表11－1　系数计算表

| 产品名称 | 原材料费用定额（元） | 系数 | 工时消耗定额（小时） | 系数 |
|---|---|---|---|---|
| 甲产品 | 150 | 1 | 12 | 1 |
| 乙产品 | 120 | 0.8 | 15 | 1.25 |
| 丙产品 | 172.5 | 1.15 | 11.4 | 0.95 |

第二，根据A类产品成本计算单，分配类内所有费用，见表11－2、11－3：

表11－2　A类产品成本计算单

| 项目 | 直接材料 | 直接人工 | 制造费用 | 合计 |
|---|---|---|---|---|
| 月初在产品成本 | 8 900 | 3 200 | 5 200 | 17 300 |
| 本月发生费用 | 90 850 | 45 300 | 49 700 | 185 850 |
| 完工产品成本 | 85 200 | 35 550 | 47 400 | 168 150 |
| 月末在产品成本 | 14 550 | 12 950 | 7 500 | 35 000 |

表11－3　A类产品成本计算单

| 项目 | 产量 | 直接材料系数 | 直接材料总系数 | 工时系数 | 工时总系数 | 直接材料 | 直接人工 | 制造费用 | 成本合计 |
|---|---|---|---|---|---|---|---|---|---|
| 分配率 | | | | | | 160 | 60 | 80 | |
| 甲 | 200 | 1 | 200 | 1 | 200 | 32 000 | 12 000 | 16 000 | 60 000 |
| 乙 | 200 | 0.8 | 160 | 1.25 | 250 | 25 600 | 15 000 | 20 000 | 60 600 |
| 丙 | 150 | 1.15 | 172.5 | 0.95 | 142.5 | 27 600 | 8 550 | 11 400 | 47 550 |
| 合计 | 550 | | 532.5 | | 592.5 | 85 200 | 35 550 | 47 400 | 168 150 |

## 二、按定额比例法计算类内产品成本

［例11－2］某制造业企业将所生产的各种产品按照产品结构、耗用原材料情况、工艺过程等标准分为若干类别，要采用分类法计算产品成本。其中甲类产品包

括 A、B 两种不同规格的产品，类内产品的月末在产品按照定额成本计价法进行计算。月末在产品产量为 190 件，在产品直接材料消耗定额为 65 千克，材料单价为 5 元；在产品的工时消耗定额为 30 小时，每小时工资费用计划分配率为 6 元；小时制造费用计划分配率为 4.5。产品产量及定额计算表如表 11－4，产品成本计算单如表 11－5。

表 11－4　　产品产量及定额计算表

产品类别：甲类

| 产品名称 | 完工产品产量（件） | 直接材料费用定额（元） | 工时定额（小时） |
|---|---|---|---|
| A 产品 | 500 | 350 | 4 |
| B 产品 | 800 | 250 | 5 |

表 11－5　　产品成本计算单

产品类别：甲类　　20××年×月

| 摘要 | | 直接材料 | 直接人工 | 制造费用 | 合计 |
|---|---|---|---|---|---|
| 月初在产品成本 | | 73 500 | 20 400 | 26 200 | 120 100 |
| 本月发生生产费用 | | 250 750 | 46 800 | 23 450 | 321 000 |
| 合计 | | 324 250 | 67 200 | 49 650 | 441 100 |
| 月末在产品成本 | | 61 750 | 34 200 | 25 650 | 121 600 |
| 完工产品总成本 | | 262 500 | 33 000 | 24 000 | 319 500 |
| 类内产品成本分配标准 | | 375 000 | 6 000 | 6 000 | |
| 类内产品成本分配率 | | 0.7 | 5.5 | 4 | 32 400 |
| A 产品 | 总成本 | 122 500 | 11 000 | 8 000 | 141 500 |
| | 单位成本 | 245 | 22 | 16 | 283 |
| B 产品 | 总成本 | 140 000 | 22 000 | 16 000 | 178 000 |
| | 单位成本 | 175 | 27.5 | 20 | 222.5 |

# 第三节　联产品、副产品、等级产品的成本计算

## 一、联产品成本计算

### （一）联产品成本计算的特点

在某些工业企业里，利用同一种原材料或者几种原材料，经过同一生产过程，

同时生产出两种以上使用价值不同的主要商品产品，则称之为联产品。

由于联产品都是使用同样的原材料，在同一生产过程中生产出来的各种产品，因而无法按每种产品来归集费用，直接计算其成本，而只能将同一生产过程的联产品视为同类产品，采用分类法计算其分离前的实际成本；然后采用一定的分配标准，在联产品中的各种产品之间分配成本。具体存在下列三种情况：

1. 原材料投入后，经过同一生产过程，生产出若干不同的产品。其成本计算主要是把汇集的综合成本（即联合成本），选择适当的方法加以分配，以求出各种联产品成本。这里可以使用系数法和定额比例法。

2. 原材料投入经过同一生产过程后，在某一“点”上分离为不同的联产品通常称这个点为“分离点”。某种产品分离出来后，直接进行销售，它就只能负担分离前的一部分成本。

3. 某些联产品在“分离点”分离后，还需要进一步加工后再出售。这时，联产品的成本就是它所分摊的分离前成本加上分离后继续加工的成本。分离前成本即为综合成本，须采用一定的方法进行分配，类似第一种情况的做法；分离后的成本可以直接归集到某种联产品上去，二者相加构成该种产品整个生产过程的生产成本。

由此可见，联产品成本的计算主要由三部分构成：联产品分离点前的联合成本计算、分离点的联合成本分配和分离点后加工成本的计算。其中的关键是确定分离点。因此，联合产品成本的计算程序是：

1. 以全部联产品作为成本计算对象，设置产品成本明细账，归集生产费用，计算联产品的联合成本；

2. 采用适当的方法分配联合成本，计算各种联产品成本。如果分离后的联产品需进一步加工，则该产品的成本应等于它负担的联合成本加上可归集的成本。

（二）联产品成本计算方法

联合成本的分配方法，常用的有实物量分配法、系数分配法、销售价值分配法、定额比例分配法等，企业可根据实际情况选用。

1. 实物量分配法

实物量分配法是以产品在分离点处相应的产出份额为基础分配联合成本的方法。实物量可采用产品总产量的重量或容积等。其优点是计算比较简便，其局限性在于并不是所有的成本都与实物量具有直接的相关关系，因而对于某些成本来说其分配的结果并不十分合理。

2. 销售价值分配法

销售价值分配法是按各联产品的销售价值的比例分配联合成本的方法。这种方法把联合成本的分配与联产品的最终销售价值联系起来，目的是使这些联产品能取得相同的毛利率，其理论依据是售价高的联产品应该成比例地负担较高的联合成本。在一般情况下，高销售价值与高成本是相对的，但不是所有的成本都与售价有关。这种方法一般适用于分离后不再加工的联产品。

［例 11－4］承例 11－1 的资料，假设其中甲产品为标准产品，售价为每公斤 60 元，其他两种产品根据其单位售价与甲产品单位售价的比例确定各自的标准产量，乙产品的售价为每公斤 45 元，丙产品的售价为每公斤 75 元，则联合成本的分担如下表：

| 产品 | 产量（公斤） | 单价（元） | 销售价值（元） | 分配率 | 应负担成本（元） | 单位成本（元） | 毛利（元） | 毛利率 |
|---|---|---|---|---|---|---|---|---|
| 甲 | 1 000 | 60 | 60 000 | 0.5 | 30 000 | 30 | 30 000 | 50% |
| 乙 | 1 500 | 45 | 67 500 | 0.5 | 33 750 | 22.5 | 33 750 | 50% |
| 丙 | 2 500 | 75 | 187 500 | 0.5 | 93 750 | 37.5 | 93 750 | 50% |
| 合计 | 5 000 | 180 | 315 000 | | 157 500 | | 157 500 | |

## 二、副产品成本计算程序

### （一）副产品成本计算的特点

某些工业企业，在主要产品的生产过程中，还会附带生产出一些非主要产品，就是副产品。例如，洗煤生产中产生的煤泥，制皂生产中产生的甘油等。副产品生产有两种情况：一种是生产主要产品同时生产的副产品，不需要进一步加工就可以对外销售或自用；一种是生产主要产品的下脚料，进一步加工成副产品出售或自用。生产副产品，虽然不是企业生产的主要目的，但也可以满足社会需要，也有经济价值，因而也应该加强管理与核算。

1. 副产品与联产品的关系

副产品与联产品之间既有区别又有联系。两者的相同之处主要在于生产过程。副产品与联产品都是联合生产过程的产物，均是同源产品，都不可能按每种产品归集生产费用；联产出来的各种联产品、副产品性质和用途都不相同；联产过程结束后，有的产品可以直接出售，有的则需要进一步加工后再出售。

两者的区别主要在于价值大小。副产品销售收入相对主要产品而言为数轻微，在企业全部产品销售总额中所占比重很小，对企业效益影响不大。联产品销售价格较高，其生产的好坏直接影响企业的经济效益。联产品都是企业的主要产品，是企业生产经营活动的主要目标；副产品是次要产品，依附于主要产品，不是企业生产经营活动的主要目标。

实际上，联产品和副产品的划分标准并不固定，时间、地点和企业的管理策略常常改变着两者的划分。某些现在价值不大的副产品，随着科学技术的发展，外部环境的变化，从而有了新的用途而提高售价，对企业经济效益的影响不断增大，副产品则可能上升为联产品。而联产品中的某些产品，由于本来将其作为加工对象的那些企业找到了更为理想的替代材料，使其销量及价格都受到不利影响则可能降为副产品。在某个企业作为副产品的产品，在另外企业分离后经过进一步加工，其销售单价提高，也可能作为联产品。

如果副产品的比重较大，在企业产品中占有重要地位，这时，副产品就变为了联产品，应按联产品计算成本。

2. 副产品成本计算的特点

如果副产品的比重不大，为了简化成本计算工作，可以不单独计算成本，而采用与分类法相似的方法计算成本，即将副产品与主产品合为一类设立产品成本明细账，归集费用，计算成本；然后将副产品按照一定的方法计价，从总成本中扣除，扣除后的成本作为主产品的成本。

正确对副产品进行计价，对于正确计算主副产品的成本很重要。副产品计价既不能过高，以免把主要产品的超支转嫁到副产品上；也不能过低，以免把销售副产品的亏损转嫁到主产品上。如果副产品的售价不能抵偿其销售费用，副产品则不应计价，也就是说不从主产品成本中扣除副产品价值。

如果副产品与主产品分离后，还要进行加工，例如在制皂过程产生的含有甘油的盐水，在与主产品分离后，还要加入某些辅助材料，经过一定的加工处理，才能生产出甘油。这时，还应根据副产品加工生产的特点和管理要求，采用适当的方法单独计算副产品的成本。

（二）副产品成本计算方法

副产品的计价，可以根据不同情况分别采用不同方法，常见的方法包括：

1. 副产品不计价法

副产品不计价法是指副产品不负担分离前的成本，而将副产品的销售收入直接作为收益处理。这种方法一般适用于副产品分离后不再加工，而且其价值较低的情况。采用这种方法的优点是手续简便，但由于副产品成本是由主要产品负担的，从而会影响主要产品成本的准确性。

2. 副产品按分离后的成本计价法

采用这种计价方法时，副产品成本只包括分离后进一步加工的成本，不负担分离前的成本费用。这种方法的优缺点与前一种方法类同。

3. 副产品按固定成本计价法

这种计价方法是指将确定的固定成本作为副产品的成本，从主要产品成本中扣除。其中固定成本可按固定价格计价，也可以按计划单位成本计价。这种方法计算手续简便，但是，当副产品成本变动较大、市价不稳定时，会影响主要产品成本的正确性。

4. 副产品按销售价格扣除销售税金、销售费用后的余额计价法

副产品按销售价格扣除销售税金、销售费用后的余额计价法,也就是按副产品的售价减去按正常利润率计算的销售利润后的余额计价,以此作为分离前的共同成本中副产品应负担的部分。这种方法适用于副产品价值较高的情况。如果副产品与主产品分离以后,要进一步加工后才能出售,还应从售价中扣除分离后的加工费。

上述计价方法解决了产品分离前的联合成本中副产品应负担的部分的金额计量问题。副产品成本计算出来后,还需要考虑如何从联合成本中扣除的问题。副产品成本从联合成本中扣除的方法可以有两种:一是将副产品成本从分离前联合成本中的"直接材料"成本项目中扣除;二是按副产品的计价额与其总成本的比例,分别从分离前联合成本的各成本项目中扣除。前一种方法适用于副产品成本中直接材料费用所占比重较大或副产品成本在联合成本中占有一定比重的情况。

选择什么计价方法,如何从联合成本中扣除,这是副产品成本计算中的一个主要问题,企业可根据实际情况进行合理确定。

[例 11-5] 假定某工业企业在主产品——甲产品生产的过程中,还生产出可以加工成为副产品——乙产品的原料 5 000 千克。乙种副产品按每千克 1.40 元的固定成本计价。甲、乙两种产品耗用原材料计入各自的成本计算单中,其他各项费用则按工时比例分配。月末在产品按直接材料的定额成本计算。有关费用资料见表 11-6 和表 11-7:

表 11-6 生产费用资料

| 项目 | | 直接材料 | 工时 | 直接人工 | 制造费用 | 成本合计 |
|---|---|---|---|---|---|---|
| 月初在产品成本 | 甲产品 | 12 000 | | | | 12 000 |
| | 乙产品 | 3 200 | | | | 3 200 |
| 本月发生生产费用 | 甲产品 | 135 000 | 11 000 | | | 135 000 |
| | 乙产品 | | 1 050 | | | — |
| | 合计 | 135 000 | 12 050 | 19 280 | 16 870 | 171 150 |
| 月末在产品成本 | 甲产品 | 15 600 | | | | 15 600 |
| | 乙产品 | 2 800 | | | | 2 800 |

表 11-7 其他费用分配表

| 项目 | 生产工时 | 工资费用 | 制造费用 |
|---|---|---|---|
| 分配率 | | 1.6 | 1.4 |
| 甲产品(主产品) | 11 000 | 17 600 | 15 400 |
| 乙产品(副产品) | 1 050 | 1 680 | 1 470 |
| 合计 | 12 050 | 19 280 | 16 870 |

从甲产品成本计算单中扣除乙种副产品的价值7 000元，编制甲、乙产品的成本计算单，见表11－8和表11－9：

表11－8 甲产品成本计算单

20××年×月

| 摘要 | 产量 | 直接材料 | 直接人工 | 制造费用 | 合计 |
| --- | --- | --- | --- | --- | --- |
| 月初在产品成本 | | 12 000 | — | — | 12 000 |
| 本月生产费用 | | 135 000 | 17 600 | 15 400 | 168 000 |
| 减：副产品原材料价值 | | 7 000 | — | — | 7 000 |
| 合计 | | 140 000 | 17 600 | 15 400 | 173 000 |
| 完工产品成本 | 100 | 124 400 | 17 600 | 15 400 | 157 400 |
| 月末在产品成本 | | 15 600 | — | — | 15 600 |

表11－9 乙产品成本计算单

20××年×月

| 摘要 | 产量 | 直接材料 | 直接人工 | 制造费用 | 合计 |
| --- | --- | --- | --- | --- | --- |
| 月初在产品成本 | | 3 200 | — | — | 32 000 |
| 本月生产费用 | | 7 000 | 1 680 | 1 470 | 10 150 |
| 合计 | | 10 200 | 1 680 | 1 470 | 13 350 |
| 完工产品成本 | 400 | 7 400 | 1 680 | 1 470 | 10 550 |
| 月末在产品成本 | | 2 800 | — | — | 2 800 |

某些工业企业，除了生产主要产品以外，有时还为其他企业提供少量加工、修理等作业。如果这些作业费用的比重很小，为了简化成本计算工作，也可以比照副产品的成本计算方法，与主要产品合为一类归集费用，然后将这些作业按照固定价格或计划单位成本计价，从总的生产费用中扣除，以其余额作为主要产品成本。

同样理由，工业企业的基本生产车间（例如机械厂的机加工车间），除了生产主要产品以外，如果还为本企业的其他车间和部门提供少量的加工和修理作业，这些作业也可以按照计划单位成本计价结算，不必计算和调整成本差异。也就是说，这些作业和主要产品也可以合并设立产品成本明细账，归集生产费用，然后从中转出按计划单位成本计算的作业成本。这些作业的实际成本与计划成本的差异由基本生产的主要产品成本负担。这样做，不仅可以简化成本计算工作，而且还便于受益车间的成本考核和分析。

### 三、等级产品成本计算程序

等级产品是指使用同种原材料，经过同一生产过程，生产出性质相同但质量品级不同的产品。等级产品产生的原因，有主观原因，如管理不善、工人操作不慎或技术不熟练等；也有客观原因，如原材料质量、自然环境和工艺技术条件等。

等级产品与联产品、副产品有共同点也有不同点。其共同点在于：均是使用同种原材料，经过同一生产过程生产出的产品。其不同点在于：等级产品是品种相同而质量不同的产品，而联产品、副产品则是不同品种的产品。

等级产品的成本计算原则上不应有区别，即低等级品和高等级品的单位成本相同。等级产品成本的计算，实质上也是共同成本归集与分离的计算。等级产品成本费用的归集与联产品的共同成本一样，各种不同品级的产品一并作为同一成本计算对象，因为在生产活动终了之前无法确知未来产品的品级。这里所说的成本分离主要是指同一种产品共同成本在不同品级产品之间的分配。

等级产品共同成本分离的方法，应根据不同情况区别进行。如果是由于客观原因造成的等级产品，可采用分类法计算各等级品成本，一般以单价作为分配标准，确定系数按比例分配计算各等级品成本；如果是由于主观原因造成的等级品，按品种法计算成本，即不同等级产品一起计算成本，低等级品和高等级品成本相同。低等级品价格低、效益低或造成损失，可反映企业工作的不足或过失及管理水平，也说明企业要提高经济效益，必须重视产品质量，提高高等级产品的比率。

## 本章小结

1. 分类法，是将企业生产的产品分为若干类别，以各产品类别作为成本计算对象，归集生产费用，先计算产品类别成本，然后再按一定的方法在类内各种产品之间进行分配，以便计算出各种产品成本的一种方法。

2. 分类法具有以下特点：以产品的类别作为成本计算对象；定期计算成本；将各类完工产品总成本在各该类内的各种不同品种或规格的产品之间进行分配。

3. 联产品是指使用相同的原材料，经过同一的生产过程，同时生产出的几种主要商品产品。

4. 副产品是指在主要产品的生产过程中附带生产出来的非主要产品。

5. 等级产品是指企业生产的产品结构、所用原材料和工艺过程完全相同，但质量有差别的产品。

6. 类内产品成本分配的方法主要有：系数法和定额比例法。

7. 联合成本的分配方法，常用的有实物量分配法、系数分配法、销售价值分配法、定额比例分配法等。

8. 副产品的计价方法有副产品不计价法、按分离后的成本计价法、按固定成本计价法、按销售价格扣除销售税金、销售费用后的余额计价法等多种方法；副产品成本从联合成本中扣除的方法可以有两种：一是将副产品成本从分离前联合成本中的“直接材料”成本项目中扣除；二是按副产品的计价额与其总成本的比例，分别从分离前联合成本的各成本项目中扣除。

9. 等级产品可以分为两种：一种是由于材料质量、工艺流程不同或由于自然原因造成的等级品；另一种是由于经营管理或技术操作原因形成的等级品。

## 本章综合复习题

### 一、思考题

1. 何谓分类法？其特点是什么？
2. 分类法下的系数应如何确定？
3. 简述分类法的适用范围。
4. 简述分类法的优缺点和应用条件。
5. 联产品成本应如何计算？
6. 副产品成本应如何计算？
7. 等级产品成本应如何计算？

### 二、选择题

1. 产品成本计算的分类法适用于（　　）。

A. 品种、规格繁多的产品

B. 可以按照一定标准分类的产品

C. 品种、规格繁多，而且可以按照产品结构、所用原材料和工艺过程的不同划分为若干类别的产品

D. 只适用大批大量生产的产品

2. 采用分类法的目的在于（　　）。

A. 分类计算产品成本　　B. 简化各种产品的成本计算工作

C. 简化各类产品的成本计算工作　　D. 准确计算各种产品的成本

3. 按照系数比例分配同类产品中各种产品成本的方法（　　）。

A. 是一种完工产品和月末在产品之间分配费用的方法

B. 是一种单独的产品成本计算方法
C. 是一种简化的分类法
D. 是一种分配间接费用的方法

4. 可以或者应该采用分类法计算成本的产品,是(　　)。
A. 联产品
B. 由于工人操作所造成的质量等级不同的产品
C. 品种、规格繁多,但可按规定标准分类的产品
D. 品种多、规格多,且数量少,费用比重小的一些零星产品

5. 联产品的生产特点是(　　)。
A. 经过同一个生产过程进行生产　　B. 生产成本相同
C. 使用同一种原材料加工　　D. 都是企业的主要产品

6. 对于企业联产品的成本计算,一般采用(　　)。
A. 分批法　　B. 分步法　　C. 分类法　　D. 定额法

7. 在产品的品种、规格繁多的工业企业中,能够简化成本计算工作的方法是(　　)。
A. 定额法　　B. 分步法　　C. 分类法　　D. 分批法

**三、业务题**

某工业企业大量生产 A、B、C 三种产品,其产品结构、所用原材料和工艺过程相近,因而归为一类(即丙类),采用分类法计算产品成本。

(1)丙类产品月初及本月发生的生产费用见下表:

| 项目 | 直接材料 | 直接人工 | 制造费用 | 合计 |
| --- | --- | --- | --- | --- |
| 月初在产品定额成本 | 41 500 | 26 000 | 19 400 | 86 900 |
| 本月生产费用 | 96 012 | 62 960 | 44 020 | 202 994 |
| 累计 | | | | |
| 完工产成品成本 | | | | |
| 月末在产品定额成本 | | | | |

(2)丙类产品的消耗定额比较准确、稳定,各月末在产品数量变化不大,因而月末在产品按定额成本计价。其月末在产品定额总成本见下表:

| 项目 | 直接材料 | 直接人工 | 制造费用 | 合计 |
| --- | --- | --- | --- | --- |
| 月末在产品成本 | 46 400 | 26 400 | 16 500 | 89 300 |

(3)本月A、B、C三种产品分配费用的标准为:直接材料费用按各种产品的原材料费用系数分配,原材料系数按原材料费用定额确定(B产品为标准产品);其他加工费用按定额工时比例分配。三种产品的产量及定额资料见下表:

| 产品名称 | 产量(件) | 材料费用定额(元) | 工时定额(小时) |
| --- | --- | --- | --- |
| A产品 | 1 400 | 420 | 24 |
| B产品(标准产品) | 1 000 | 400 | 25 |
| C产品 | 800 | 392 | 24.5 |

要求:

(1)计算丙类完工产品成本。

(2)计算A、B、C三种产品原材料系数,填入下表内:

| 产品名称 | 材料费用定额 | 原材料费用系数 |
| --- | --- | --- |
| A产品 | | |
| B产品(标准产品) | | |
| C产品 | | |

(3)采用分类法分配计算A、B、C三种产品成本,编制产品成本计算表。见下表:

| 项目 | 产量 | 原材料费用系数 | 原材料费用总系数 | 工时定额 | 定额工时 | 直接材料 | 直接人工 | 制造费用 | 合计 |
| --- | --- | --- | --- | --- | --- | --- | --- | --- | --- |
| 分配率 | | | | | | | | | |
| A产品 | | | | | | | | | |
| B产品 | | | | | | | | | |
| C产品 | | | | | | | | | |
| 合计 | | | | | | | | | |

# 第十二章　作业成本法

**学习目的：**

1. 理解作业成本法的基本概念、基本特征；
2. 掌握作业成本法与传统成本法的区别；
3. 掌握作业成本法的计算程序和应用。

## 第一节　作业成本法概述

### 一、作业成本法的基本概念

（一）作业

作业（Activity）是成本计算的核心和基本对象，产品成本或服务成本是全部作业的成本总和，是实际耗用企业资源成本的终结。对于作业这个概念，美国学者詹姆斯·A·布雷逊给出了较好的论述："作业就是企业为提供一定量的产品或劳务所消耗的人力、物力、技术、原材料、方法的集合体。"如签订材料采购合同、材料运达仓库、对材料进行质量检验、登记材料明细账等；又如加工车间进行的铣、刨、磨等加工活动；再如产品的质量检验、包装等等，其中每一项具体的活动就是一项作业。执行任何一项作业都需要耗费一定的资源。一项作业可能是一项非常具体的活动，如前所举例子；也可能泛指一类活动，比如加工车间进行的铣、刨、磨等加工活动可以统称为车间作业。

（二）作业成本法

作业成本法（Activity Based Costing，简称 ABC）是一种比传统成本核算方法更加精细和准确的成本核算方法，在发达国家的企业中日益得到广泛应用。是以作业（activity）为核心，确认和计量耗用企业资源的所有作业，将耗用的资源成本准确地计入作业，然后选择成本动因，将所有作业成本分配给成本计算对象（产品或服务）的一种成本计算方法。作业成本法基本理论认为，企业的全部经营活动是由一系列相互关联的作业组成的，企业每进行一项作业都要耗用一定的资源；而企业生产的产品(包括提供的服务)需要通过一系列的作业来完成。因而,产品的成本实际上就是企业全部作业所消耗资源的总和。

作业成本法的指导思想是:“成本对象消耗作业,作业消耗资源。”在成本计算时,首先按经济活动中发生的各项作业来归集成本,计算作业成本;然后再按各项作业成本与成本对象(产品或服务)之间的因果关系,将作业成本追溯到成本对象中去,最终完成成本的计算。如图 12 -1 所示:

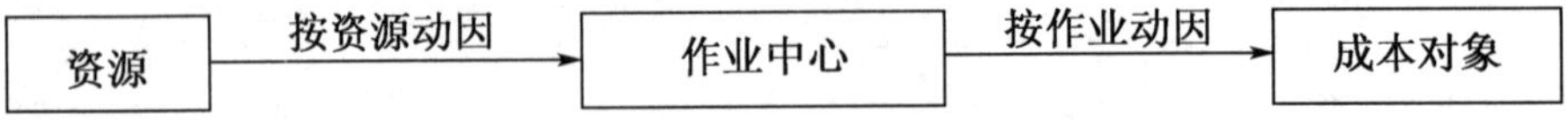


**图 12 -1　作业成本法的核算思路**

作业成本法把直接成本和间接成本(包括期间费用)作为产品(服务)消耗作业的成本同等地对待,拓宽了成本的计算范围,使计算出来的产品(服务)成本更准确真实。

(三)成本动因

成本动因(Cost driver),亦称成本驱动因素,是对导致成本发生及增加的、具有相同性质的某一类重要的事项进行的度量,是对作业的量化表现。在作业成本计算中,成本动因分为资源动因和作业动因。

资源动因是引起作业成本变动的因素,资源动因被用来计量各项作业对资源的耗用,运用资源动因可以将资源成本分配给各有关作业。例如,产品质量的检验工作(作业),需要有检查人员、专用的设备,并耗用一定的能源(电力)等。检查作业作为成本对象,耗用的各项资源,构成了检查作业的成本。其中,检查人员的工资、专用设备的折旧费等成本一般可以直接计入检查作业的成本,而能源成本需要按照设备的额定功率和开动时间来分配。

作业动因是引起产品成本变动的因素。作业动因计量各种产品对作业耗用的情况,并被用来作为作业成本的分配基础。比如,某车间生产若干种产品,每种产品按若干批次完成,每批产品完成后都要进行质量检验。假定对任何产品的每一批质量检验成本相同,则检验次数就是检验成本的作业动因,它是引起产品检验成本变动的因素。某种产品检验作业成本等于该种产品的批次乘以每次检验发生的成本。

成本动因可以分为以下几类,实际工作中,可依此为参考。①数量驱动型,从作业发生的多少来计算,如产品的数量,对产品的存储、包装作业,应分别选择产品储存量、产品销售量为成本动因;②频率驱动型,即发生了几次、几回等,如处理定单作业必然会选择产品定单次数作为成本动因;③时间驱动型,如工时、机器小时、准备小时、检测维修工时等,就生产准备作业而言,简单产品准备可能是 10 分钟,而复杂产品的准备期间可达1个小时，以准备小时分配其生产准备费用更为合理；④价值驱动型，还以生产准备作业为例，若某一产品需要专门的检测和检查，需要特殊的技术人员方可检测，同一产品可能有相同的准备小时数，但它会产生重大的费用，必须将其区别开，从而成本动因可能是产品的价值（或依据生产成本）。

不同作业及其成本动因如表12－1所示：

表12－1　　不同作业及其成本动因

| 作业 | 成本动因 | 类别 |
| --- | --- | --- |
| 机器运转 | 机器工时 | 时间驱动型 |
| 材料准备 | 准备次数 | 频率驱动型 |
| 产品计划、定单处理 | 生产批次、定单次数 | 频率驱动型 |
| 设备维修、系统操作 | 维修小时、操作工时 | 时间驱动型 |
| 存货、包装、装卸 | 产品数量 | 数量驱动型 |
| 修改工艺、产品研发 | 修改、研发次数 | 频率驱动型 |
| 广告宣传 | 新销售产品数量 | 数量驱动型 |
| 运输 | 运输里程 | 数量驱动型 |
| 水费、电费 | 水流、电流 | 数量驱动型 |

成本动因的选择是一项技术性的活动，应由企业的工程技术人员和成本管理人员等组成专门小组，对各项作业认真分析与讨论，调查询问工人等，查明成本动因并测算各种产品的动因发生量，如果实际中没有准确的数据，应采取各种实验方法去获取，如抽样检测实验。

## 二、作业成本法的特征和使用条件

### （一）作业成本法的主要特征

作业成本法的主要特点，是相对于以产量为基础的传统成本计算方法而言的。

1. 成本计算分为两个阶段

根据作业成本法的基本思想，作业成本法把成本计算分为两个阶段：第一阶段，将作业执行中耗费的能源追溯到作业，计算作业的成本并根据作业动因计算作业成本分配率；第二阶段，根据计算的作业成本分配率和产品所耗费的作业数量，将作业成本追溯到各相关产品。见图12－2所示：

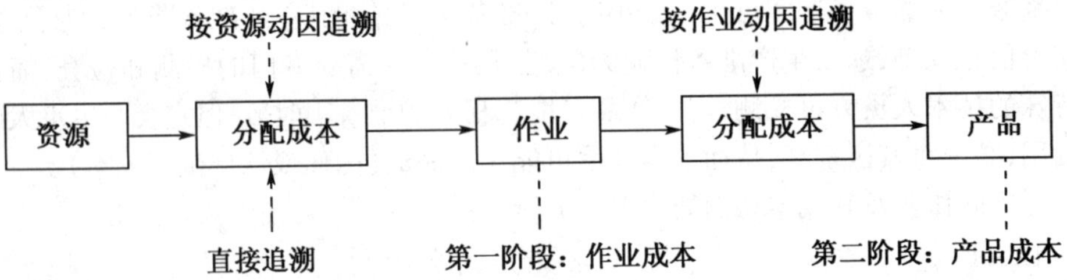


图 12－2　作业成本法的二阶段分配

传统的成本计算方法是把生产活动中发生的资源耗费,通过直接计入和分摊两种方式计入产品成本,即“资源→产品”。作业成本法下的成本计算过程可以概括为:“资源→作业→产品”。

2. 溯本求源:成本分配强调可追溯性

传统成本法比较关注产品成本结果本身,成本计算的对象是企业所生产的各种产品,产量被看做是产品成本的唯一动因,并认为它对成本分配起着决定性的制约作用。

作业成本法认为,将成本分配到成本对象有三种不同的形式:直接追溯、动因追溯和分摊。作业成本法的一个突出特点,就是强调以直接追溯或者动因追溯的方式计入产品成本,而尽量避免分摊方式。

直接追溯,是指将成本直接确认分配到某一个成本对象的过程。这一过程是可以实现观察的。例如,确认一台电视机耗用的显像管、集成电路板及其他零部件的数量是可以通过观察实现的。使用直接追溯方式最能真实地反映产品的成本。

动因追溯,是指根据成本动因将成本分配到各成本对象的过程。对不能直接追溯的成本,作业成本法则强调使用动因(包括资源动因和作业动因)追溯方式,将成本分配到有关成本对象(作业、产品或服务)。采用成本动因追溯方式分配成本,首先必须找到引起成本变动的真正原因,即成本与成本动因之间的因果关系。比如,各种产品应当承担的检验成本,以产品投入的批次数(即质量检验次数)作为成本动因进行分配,是因为检验次数与产品应承担的检验成本之间存在着因果关系。动因追溯虽不像直接追溯那样准确,但只要因果关系建立恰当,成本分配的结果可以达到较高的准确程度。

3. 成本追溯使用众多不同层面的作业动因

考虑员工工龄的长短、技术水平的高低、工作能力的大小、创造财富的多少等因素来确定员工的工薪,会使工薪分配更加合理,充分反映员工对企业的贡献。作业成本法的独到之处,在于它把资源的消耗首先追溯到作业,然后使用不同层面和数量的作业动因将作业成本追溯到产品。每一层面的动因远不止一到两个,从运用作业成本法计算产品成本的企业实践来看,一般使用的动因在三十到五十个。采用不同层面的、众多的成本动因进行成本分配,要比采用单一的分配基础更加合理,更能保证成本的准确性。

此外,作业成本法强调成本的战备管理,将成本视野向前延伸到产品的市场需求,分析相关技术的发展态势,将产品的设计向后延伸到顾客的使用、维修及处置阶段,尤其重视在产品投产前设计阶段的成本控制;强调决策的成本关联性,辅助相关成本决策法是管理会计中发展起来的一种重要的管理决策方法,它将与某种决策相关的成本和收入进行配比来做出决策,只考虑随着决策而变动的成本,忽略不受决策影响的成本;重新界定期间费用,完善成本概念。在传统成本观下,产品成本是指其制造成本,就其经济内容看,只包括与产品成本直接有关的费用,而用于管理和组织生产的支出则作为期间费用处理;降低成本的主观动因,完善责任会计在产品成本的形成中,除了受产量、作业量等一些客观因素的驱动外,还会受人为主观因素的驱动。

(二)作业成本法的使用条件

作业成本法不是对所有的企业均能恰当适用,如果企业规模较小,或制造费用较低,或作业不稳定等则不宜采用。若采用作业成本法应满足一定的条件,具体如下:

1. 在产品的成本构成中,制造费用所占的比例较大,且非产量因素引起的制造费用比重大。比如生产系统化的企业,系统和软件费用、设备投资费用、研究开发费用等比重大,适合于应用。若是比例小,对产品成本分配的正确性影响较小,传统的成本计算方法就可以了。

2. 各产品需要的技术性服务层次存在明显差异,比如,各产品设计的复杂程度不同,生产准备时间不同,机器加工的时间长短不同,质量检测次数上的差别等。若对较大差异的产品采用统一的分配标准,必然不妥或不公平,这样应分出作业,按成本动因分配。

3. 产品制造过程复杂,作业环节多,各产品耗用不同作业且比例不同,采用作业成本法具有优越性。

4. 企业的规模较大,产品种类较多。只有规模较大时,才可有有效的作业分工,降低制造费用才有可能,大量生产才可降低单位产品负担的制造费用,这是该法的必备条件。

5. 有先进的计算机系统和高素质的成本管理人才。作业成本法较为烦琐,程序复杂,工作量大,靠手工恐怕不易实现,若企业实现会计信息化,并配以高素质管理人才,才可保证成本报告的准确、即时、可靠。

## 三、作业成本法与传统成本法的比较

(一)作业成本法与传统成本计算法的计算程序比较

作业成本计算法的计算程序按两个阶段进行。第一阶段,作业消耗资源。即资源所含的价值按作业需要分配到各个作业成本池(Activity Cost Pool);第二阶段,成本计算对象(产品)消耗作业。由于产出需要作业,因此要将各作业成本库的成本分配成本计算的对象。它的成本计算程序是:归集、分配和再分配。

传统的制造费用分配方法的计算程序则是依据各种记账凭证和各种费用分配表,如:材料费用、外购动力费用、工资费用、折旧费用、辅助生产车间费用等分配表,汇总登记归集。其后选择一个或几个具有共性的分配标准对制造费用进行分配后计入产品成本。

(二)作业成本计算法与传统成本计算法的分配标准比较

制造费用的分配是否正确、合理,对保证产品制造成本计算的准确性有着密不可分的联系。合理的制造费用分配标准的确定应当满足"共有性"、"比例性"、"可计量性"、"稳定性"等原则。

作业成本计算法采用典型的"成本驱动因子"作为分配标准是对传统的制造费用分配方法的一项重大变革与突破。作业成本计算法以成本驱动因素作为连接资源与产品的中介,成本的归集与分配需首先计算作业耗用的资源成本,然后再计算产品所消耗的作业成本。除了产品是最终的成本计算对象,作为中介的"作业"也就成了新的成本计算对象,并成为联系资源与产品的纽带。

按"作业消耗资源"、"产品消耗作业"的两个阶段方式的归集步骤和选用成本动因作为分配标准,改变了传统成本核算方法的"大一统"和"简单化"程式,细化了成本的归集与分配程序,进一步考虑并反映了不同产品实际耗用资源情况,使之能够针对不同产品实际耗用资源情况,使之能够针对不同产品选用成本动因并作为分配标准分配生产费用,使产品成本的计算更为准确,更加合理。

而传统的制造费用分配方法的分配标准主要有:直接人工工时标准、机器工时标准、耗用直接材料量标准以及按标准产量标准等。由于产品有共性,决定了这些分配标准也具有一定的"共性"。对于生产具有这种"共性"产品,而且制造费用比重不大的企业来说或许是合理的。因为按这些分配标准所造成的成本失真,并未超出标准所允许的范围。但是,随着科学技术的发展,单位产品中直接人工工资比例的大幅下降,固定制造费用则大幅度地上升,再按照传统的分配标准,其结果必然导致成本的严重扭曲。

## 四.作业成本法的优缺点

作业成本法在多方面存在优越性:

1. 使产品成本计算更加准确,有利于定价。

2. 优化产品组合,提高企业战略经营水平,通过作业划分、分配制造费用,可以真实分析各产品获利能力,改进产品组合,增加有利产品,消减成本较高产品,有利于企业战略计划。

3. 推进作业管理,改进成本预算与控制,降低成本。对成本控制落实到每一个作业中,以作业为核心进行分析,结合适时生产系统和全面质量管理进行有效的弹性和变动预算。

4. 有利于责任中心划分,建立责任业绩评价。与责任会计结合,以各个作业建立责任成本中心,控制资源消耗,评价各中心的业绩。

作业成本法不免也存在一些局限性:

1. 作业成本法受信息来源的可靠性的制约。作业成本法对信息的数量和质量要求较高,实际工作中,作业中心人员可能出于自身的考虑,不愿提供真实的信息,从而数据不可靠,再加上会计处理方法可选择性和任意性,正确性将受到影响。

2. 作业成本法的实施成本较高。若要实施作业成本法,企业必须建立一套成本信息处理和管理制度,应用计算技术并对有关人员进行知识培训,很多基础工作要耗费人力、物力、财力,增加成本。

3. 作业成本法不能排除成本计算中的主观性因素。在作业如何划分,建立多少个作业,成本动因如何选择,成本动因数量怎样衡量等,均带有决策人员的主观性和一定的片面性,影响了作业成本法的有效性。

## 第二节 作业成本法的程序

按照作业成本法的指导思想:"成本对象消耗作业,作业消耗资源",作业成本法计算产品的过程分为两个阶段:

### 一、第一阶段:作业成本的归集和作业成本分配率的计算

第一阶段的计算工作可以划分为三个具体的步骤进行:

(一)作业的认定和分类

1. 作业的认定

作业的认定就是对每项消耗企业资源的作业进行定义,识别每项作业在生产活动过程中的作用、与其他作业的区别,以及每项作业与耗用资源的联系。作业认定有两种方式:一种形式是根据企业的生产流程,自上而下地进行分解。比如,根据生产流程分析和工厂的布置可知,由于原材料仓库与生产车间之间有0.6千米的距离,必然存在材料的搬运作业,这项作业就是将原材料从仓库运到生产车间。

另一种形式是通过与员工和经理进行交谈，自下而上地确认他们所做的工作，并逐一认定各项作业。比如与进行搬运的员工进行交谈，问"你是做什么的?"，很容易得出生产过程有这样一项搬运作业。

为了对认定的作业进一步分析、归类和建立作业同质组，在作业的认定后，需按顺序列出作业清单。表 12－2 是一个以变速箱制造企业为背景的作业清单示例。

表 12－2　　变速箱制造企业作业清单示例

| 作业名称 | 作业说明 |
| --- | --- |
| 材料订购 | 包括选择供应商、签订合同、明确供应方式等 |
| 材料检验 | 对每批购入的材料进行质量和数量检验 |
| 生产准备 | 每批产品投产前，进行设备、工装调整等准备工作 |
| 发放材料 | 将产品所需的原材料发放到各车间 |
| 材料切割 | 将管材、圆钢切割成适宜机器加工的毛坯工件 |
| 车床加工 | 使用车床加工零件 |
| …… | …… |

2. 作业的分类

对作业分配的主要目的是为了计算产品成本，因而分类应以便于考查与计量作业的产出，便于考察和计量产品对作业的消耗为标准。一般情况下，作业时按其产出方式来进行分类的。按作业的产出方式进行分类，对大多数企业来说可以分为四类：

① 单位水准作业(即与单位产品产出相关的作业)。这类作业是每产出一个单位的产品(或零部件等)便需进行一次的作业。比如使用普通车床生产某种产品的零件，每加工一个零件，都要完成一系列的动作，完成一系列的动作就是执行一次作业。这一类作业的产出一般是以产品或零部件的件数来计量的。在多种产品、多种零件生产的情况下，一般是以机器工时或人工工时等来计量的。这类作业是随着产量的变动而变动的。

② 批量水准作业(即与产品的批次数量相关的作业)。这类作业是每生产一批产品进行一次的作业。比如每批产品投产前的设备调整、原材料的发放等。这类作业是随着产品的批次数的变动而变动的。

③ 产品水准作业(即与产品品种相关的作业)。这一类作业是按产品的品种进行的作业。比如按产品的品种进行的生产工艺设计和计算机控制系统的开发，按产品品种制作的模具、样板，按产品品种编制的生产任务书和测试程序等等。这

类作业针对不同产品提供的服务,他们以产品的"种"来计量,这类作业随着产品的品种多少而变化。他们消耗的以前产品开发、设计的投入等,这类作业应按不同产品对其应用程度(由工程技术人员确定的百分比)在不同产品之间分配。

④ 设施水准作业。这类作业是指为维护企业的生产条件而产生的作业,他们有益于整个企业,而不是具体产品。比如安全设施、财产保险、企业总部的折旧、总部管理人员的薪酬等等。这类作业是作业成本法实施中的一个难题,他们的产出很难计量,很难明确被哪些产品所消耗。事实上,其属于固定成本,不随产量、批次、品种等活动变化而变化。应该作为期间成本处理。但实际调查发现,实行作业成本制度的公司,还是将这些作业分配到产品中去。

作业分类及其相关的作业动因示例,见表 12-3:

表 12-3　　作业分类及作业动因示例

| 作业类别 | 具体作业动因示例 |
|---|---|
| 单位水准作业 | 产品或零件产量、机器工时、人工工时、耗电千瓦时等 |
| 批次水准作业 | 采购次数、机器调整次数、生产准备次数、抽样检查次数、半成品转移次数等 |
| 产品水准作业 | 图纸制作份数、生产工艺改变次数、模具和样板制作数量、计算机控制和测试程序开发次数、生产计划书次数等 |
| 设施水准作业 | 设备数量、厂房面积等 |

(二)建立作业"同质组"和"同质成本库"

一个企业的生产活动是很复杂的,往往由十几项、上百项甚至数百项作业组成。如果按照每项作业归集成本,计算分配率,固然可以精确地将成本追溯到有关产品,但是,成本的计算工作不胜其繁,采用作业成本法本身的成本也会很高。因而,需要在作业分类的基础上进行"合并同类项"的工作,建立作业"同质组"和"同质成本库",以减少计算作业和分配率的工作,是实施作业成本法中的重要工作。

1. 建立作业"同质组"和"同质成本库"的基本方法

建立作业同质组也就是在作业按照产出方式分类的基础上,进一步按作业动因分类,将具有相同作业动因的作业,按一定的要求合并在一起。建立同质成本库就是将同质组内各项作业的成本归集在一起,形成一个成本集合。建立同质组和相应的成本库后,即可把同质组内的各项作业视同为一个作业,使用同一个作业动因,将成本库的全部成本分配给有关产品。纳入同一个同质组的作业,必须同时具备以下两个条件:

第一个条件是必须属于同一类作业,即必须是同一个水准的作业;第二个条件就是对不同产品来说,有着大致相同的消耗比率。比如"调整设备"和"发放材料"属于同一水准的两项作业(均属于批次水准作业)。在每批产品投产前都需要进行一次调整设备的作业,同时还要进行一次向生产车间发放材料的作业。无论生产什么品种的产品,也无需明白哪一批产品,都有着相同的消耗比率:“1 次/批”。两者符合上述条件,可以纳入同一个成本组,相应的成本纳入同一个成本库。在计算这个成本库的成本分配率时,可以使用调整设备的次数、发放材料的次数这两项作业动因中的任意一个座位分配基础。

[例 12-1] 某企业生产甲、乙两种商品,经过 A、B、C 三个作业,假设三个作业均为单位水准作业,作业产出以机器工时计量,计算单位机器工时成本(作业成本分配率),单位产品消耗的作业量分配产品成本,如表 12-4 所示:

表 12-4 消耗比率相同的三项作业示例

| 作业成本分配率 | 作业 A (25 元/每小时) | | | 作业 B (35 元/每小时) | | | 作业 C (40 元/每小时) | | | 合计 | | |
|---|---|---|---|---|---|---|---|---|---|---|---|---|
| 产品名称 | 工时 | 成本 | 比率 | 工时 | 成本 | 比率 | 工时 | 成本 | 比率 | 工时 | 成本 | 比率 |
| 栏次 | 1 | 2 | 3 | 4 | 5 | 6 | 7 | 8 | 9 | 10 | 11 | 12 |
| 甲 | 1.2 | 30 | 60% | 3 | 105 | 60% | 1.8 | 72 | 60% | 6 | 207 | 60% |
| 乙 | 0.8 | 20 | 40% | 2 | 70 | 40% | 1.2 | 48 | 40% | 4 | 138 | 40% |
| 合计 | | 50 | | | 175 | | | 120 | | 10 | 345 | 100% |

表 12-4 中第 2、5、8 栏是根据甲、乙两种产品消耗的作业量(作业动因)和相应的作业成本率(元/小时)计算的单位产品应当承担的作业成本,第 11 栏是两种成本的三项作业的作业成本之和。

在这里逐一计算三项成本的分配率比较烦琐,由于三项作业的比率是相同的,可以归为同一个成本库,使用一项成本作业动因,计算一个分配率。可以以三项作业成本之和为总成本,计算一个分配率进行分配。

三项作业平均单位成本 = 345 ÷ 10 = 34.5(元/小时);

甲产品应分配的三项作业成本之和 = 34.5 × 6 = 207(元);

乙产品应分配的三项作业成本之和 = 34.5 × 4 = 138(元)。

如果不用三项作业成本动因之和作为分配基础,而用其中某一作业动因作为分配基础,同样可以得到相同分配结果,比如选用 B 作业动因为分配基础:

三项作业平均单位成本(分配率) = 345 ÷ (3 + 2) = 69 元/小时;

甲产品应分配的三项作业成本之和 = 69 × 3 = 207 元;

乙产品应分配的三项作业成本之和 = 69 × 2 = 138 元。

因此,A、B、C 三项作业可以纳入同一个作业“同质组”,而 A、B、C 三项作业相应的成本可以纳入同一个成本库,以尽量减少计算作业成本分配率的数量,简化成本的计算过程。

2. 检查作业动因与作业成本的相关程度

建立作业同质组和作业库的过程,也就是作业动因的选择过程。作业动因的选择是否科学合理,直接关系到作业分配是否正确。为了检查我们所选择的作业动因,与向产品分配的作业成本是否存在明显的因果关系,或者说该动因变动是不是引发作业的总成本变动最重要、最直接的驱动因素,需要对所选择的动因做一番测试。为了判断选择的作业动因对作业成本分配准确性的影响程度,可以利用反映作业产出与作业总成本的一组历史数据,运用最小二乘法,建立一个反映其两者之间线性关系的方程,并计算可决系数(拟合优度)或者相关系数来进行测试。可决系数示意自变量表示的因变量的百分比,在0~1之间,可决系数越高,作业成本随作业动因变动的程度越高。可决系数和相关系数均比较低,则说明选择的作业动因不是因其总成本变化的主要因素,或者说作业动因与总成本之间的相关程度较低,可能存在着其他更能直接影响作业总成本变化的作业动因。

对于最小二乘法计算可决系数和相关系数的计算在此不给予详细叙述,参考相关教材计算。

3. 建立同质组和成本库时需要注意的几个问题

首先,同质组和相应的成本库不易设置过多。每个同质组中的同质作业个数减少,同质组的个数就越多,相应的成本库就越多,使用的作业动因就越多。计算的分配率就越多,计算工作就越复杂。虽然这样做准确率会提高,但实施和维持作业成本法的成本就越高。因此,在建立同质组和同质成本库时必须遵循成本效益原则。

其次,在建立同质组和成本库,选择作业动因时,应注意尽量选择现有成本系统容易取得的成本动因,以便利用现有成本系统中的有关数据资料,特别是一些历史成本资料。

最后,选择作业动因还要注意其在作业成本管理中的导向性。在这里,我们选择作业动因的主要目的是为了方便产品成本的计算,但也不应忽视其在作业管理中的导向性。所谓导向性就是所选择的作业动因,能否引导经理们采取有利于企业降低总体目标的措施,而避免经理们采取对他所在的团队有利,但与企业的总体目标相悖的措施。

(三)作业成本分配率的计算

作业成本分配率根据他们依据的是实际成本还是预算成本分为两种方法:实际作业成本分配率和预算或正常作业成本分配率,计算方法如下:

1. 实际作业成本分配率的计算

实际作业成本分配率是根据实际作业成本和实际作业产出计算的。实际作业成本是指,在会计期末各成本库内归集的在作业执行中所耗费的各项资源的成本。实际作业产出则是会计期间内实际完成的作业量。计算公式如下:

$$实际作业成本分配率 = \frac{当期实际发生的作业成本}{当期实际作业产出}$$

该方法多用于作业产出比较稳定的企业。其优点是:以此计算的成本是实际成本,因而无需分配实际成本与预算成本的差异。其主要缺点是:作业成本资料只能在会计期末才能得到,不能随时提供进行决策的有关成本信息;不同的会计期间作业成本不同,作业需求量不同,因而造成分配率的波动,进而影响产品成本的忽高忽低;容易忽视作业需求变动对成本的影响,不利于划清造成成本高低的责任归属。

2. 预算或正常作业成本分配率的计算

预算作业成本分配率是根据预算年度预计的作业成本和预计的作业产出(即作业需求)计算的。正常作业成本分配率是根据预算年度预计的作业成本和正常的作业产出计算的。正常的作业产出是指企业在1年以上较长时间内作业实际产出的平均水平。计算公式如下:

$$预算(正常)作业成本分配率 = \frac{预计作业成本}{预计(正常)作业产出}$$

预算或正常作业成本分配率可以克服实际作业成本分配率的缺点,其优点是:便于随时提供决策所需的成本信息;可以避免产出作业成本变动和作业需求不足而引起的作业成本波动;有利于及时查清成本升高的原因。

## 二、第二阶段:将作业成本库的成本追溯到各产品,计算产品成本

作业成本法的第二阶段程序,首先将成本追溯到产品,然后在完工产品和在产品之间进行分配,并计算完工产品和在产品的成本。对于可以直接追溯到产品的原材料等直接成本,其计入产品成本的方法与传统方法无异,直接追溯即可。完工产品和在产品之间的成本分配也与传统方法没有多大区别。第二阶段最主要的是运用第一阶段计算出的作业成本分配率和各产品所耗费的作业量指标,将作业成本追溯到各产品。如图12-3所示:

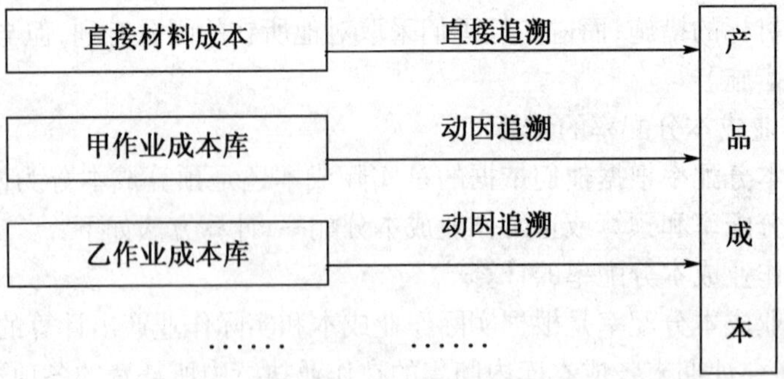


图12-3 作业成本法第二阶段程序

根据作业成本分配率的分类，对应着作业成本的两种方法，分别给予说明：

（一）按实际作业成本分配率分配作业成本

按实际作业成本分配率向产品分配作业成本，其做法比较简单，计算方法如下：

1. 计算耗用的作业成本

在会计期末，根据当期记录的产品耗用各种作业的数量，分别乘以第一阶段得出的实际作业成本分配率，逐一计算出每种产品耗用的作业成本。

某产品耗用的作业成本 = Σ（该产品耗用的作业量 × 实际作业成本分配率）

2. 计算当期发生成本

当期投入的生产费用，除了各项作业成本外，还有直接材料、直接人工等成本。各项作业成本只是当期投入的一部分。当期发生的总成本等于直接材料等直接成本加上作业成本。

某产品当期发生成本 = 当期投入的直接成本 + 该产品当期耗用的作业成本

进行当期完工产品与在产品之间的成本分配，以及完工产品总成本及单位成本计算，与传统成本计算方法没有区别，不再叙述。

（二）按预算或正常作业成本分配率分配作业成本

按预算（正常）作业成本分配率分配作业成本的过程稍微复杂一些，因为分配的结果不是实际成本，需要处理分配结果与实际成本之间的差额，具体计算方法如下：

1. 计算出各产品应承担的本期发生的作业成本

计算得出的各产品应承担的作业成本不是实际成本，为与实际成本相区分，称其为“已分配作业成本”。其计算公式为：

某产品已分配作业成本 = Σ（该产品实际耗用的作业量 × 预算（正常）作业成本分配率）

2. 计算当期发生成本

当期发生的成本包括两部分，一部分是实际发生的直接成本；另一部分是已分配的作业成本。

某产品当期发生成本 = 当期投入的实际直接成本 + 该产品已分配的作业成本

3. 计算并结转作业成本差异

如前所述，已分配到各产品的作业成本不是实际成本，因此，已分配作业成本与当期作业成本库所归集的实际成本存在着差异，称之为作业成本差异，其计算公式如下：

作业成本差异 = Σ 当期成本库实际成本 − Σ（当期作业实际产出 × 预算（正常）作业成本分配率）

作业成本差异应于会计期末进行调整，方法有两种选择：

一种方法是将按上式所计算得的作业成本差异直接计入当期的营业成本(已销售产品销售成本)。如果作业成本差异是正数即借记"营业成本",如果是负数则贷记"营业成本"。

另一种方法是计算差异调整率,将已分配作业成本调整为实际成本,具体方法是:

① 计算调整率。首先需要区分不同作业,逐一计算调整率,计算公式如下:

$$某作业成本调整率=\frac{该作业本期实际发生成本-本期已分配成本}{本期已分配成本}$$

每一个成本库都需要一个作业成本调整率。

② 计算调整额。用某产品的各项已分配作业成本分别乘以相应的调整率,逐一计算各作业成本调整额。计算公式为:

某项作业成本调整额 = 该项已分配作业成本 × 该作业成本调整率

③ 将已分配作业成本调整为实际作业成本。计算公式如下:

某产品实际作业成本 = Σ(某项已分配作业成本 + 该作业成本调整额)

④ 重新计算产品实际成本。将直接追溯到产品的直接成本和调整后的作业成本加总,可得出当期发生的成本费用。然后,再重新计算完工产品、在产品成本,以及完工产品单位成本。

## 第三节　作业成本法的应用和核算

在本节举例说明作业成本法的应用和具体核算。

[例 12-2] 假定某服装生产企业原来按照逐步结转分步法进行产品成本计算,生产分为三个步骤:第一步骤是备料(备料车间,包括各种布匹的整理、选配等);第二步骤为缝纫(缝纫车间,包括裁剪、机器缝纫、制领、锁眼、钉扣、熨烫、检验等);第三步骤为包装(包装车间,包括配号、包装)。为方便说明问题,假定该服装企业首先在缝纫车间试行作业成本法,该车间只生产夹克和西装两种产品。缝纫车间作业成本法计算成本过程如下:

### 一、首先对车间各项作业分析认定,列出作业清单

为了便于说明问题,清单假定有 11 个作业,实际上远远不止这些。缝纫车间作业清单见下表 12-5:

表 12－5　　缝纫车间作业清单

| 序号 | 作业名称 | 作业说明 |
|---|---|---|
| 1 | 样板制作 | 西装和夹克的设计和裁剪样板 |
| 2 | 领用材料 | 根据每批产品耗用量领用材料，由仓库运到生产车间 |
| 3 | 生产准备 | 每批产品投产前，进行设备、工装调整等准备工作 |
| 4 | 裁剪布料 | 用电剪将布料裁成裁片 |
| 5 | 机器缝前后片 | 使用缝纫机将衣服的前后片缝制在一起 |
| 6 | 机器上领 | 使用缝纫机上领 |
| 7 | 机器上袖 | 使用缝纫机上袖 |
| 8 | 手工锁扣眼 | 用手工锁扣眼 |
| 9 | 手工钉口 | 用手工钉纽扣 |
| 10 | 检验 | 对产品质量进行逐批逐件检查 |
| 11 | 车间管理 | 组织和管理生产车间、提供维持生产条件 |

## 二、建立同质组和成本库

经过对作业清单的各项作业分析，该企业的缝纫车间确定如下的作业同质组和成本库，为便于说明，列表如下：

表 12－6　　建立的作业同质组和成本库

| 同质组序号 | 作业名称 | 同质组/成本库名称 | 作业类型 | 作业动因 | 耗用资源 |
|---|---|---|---|---|---|
| 作业 1 | 样板制作 | 样板制作作业 | 产品水准作业 | 型号数量 | 人工工时、系统使用、消耗性材料 |
| 作业 2 | 领用材料<br>生产准备<br>裁剪布料 | 生产准备作业 | 批次水准作业 | 产品批次 | 人工，运输设备、裁剪设备、仪器仪表、能源、机物料消耗 |
| 作业 3 | 机器缝前后片<br>机器上领<br>机器上袖 | 机器缝纫作业 | 单位水准作业 | 机器工时 | 机物料消耗、动力用电、裁缝线 |
| 作业 4 | 手工锁扣眼<br>手工钉口 | 手工钉扣作业 | 单位水准作业 | 人工工时 | 职工薪酬、纽扣、手工锁 |
| 作业 5 | 检验 | 检查作业 | 批次水准 | 检验时间 | 人工薪酬 |
| 作业 6 | 车间管理 | 车间管理作业 | 设施水准作业 | 销售量 | 管理人员薪酬、厂房折旧、照明取暖 |

## 三、作业成本与作业动因相关性检验

按照作业成本的程序，确定成本库和成本动因后，对成本库的成本与成本动因之间是否存在明显的因果关系，应当利用可决系数和相关系数等指标进行相关性测试。它可以帮助我们判断所选择的业务动因是不是引起作业成本变动的主要原因，两者的相关程度有多大，从而可以避免分配结果的扭曲，保证产品成本计算具有较高的准确性。如果发现某些成本库的成本与所选择的作业动因之间的可决系数和相关系数较低，说明这些成本库中的某些作业缺乏同质性或者同质性较低，需要调整这些成本库的作业，并重新计算可决系数和相关系数，直到满意为止。

假定计算的上述6个作业成本库的可决系数和相关系数较高、较为合理。

## 四、设置成本核算科目及明细科目

首先，设置"生产成本"科目。在该科目下按西服和夹克两种产品设置成本计算单。具体的格式见后面的成本计算。成本计算单的格式与传统成本计算方法没有太大的区别，只是在计算单内按"直接材料"、"直接人工"、"作业成本"设置专栏。

其次，设置"作业成本"科目，取代原来的"制造费用"科目。在该科目下，按作业成本库的名称设置明细科目，具体包括"样板制作"、"生产准备"、"机器缝纫"、"手工钉扣"、"检验"和"车间管理"等6个明细科目。在每个明细账户内，按作业耗用资源成本的名称设置专栏，具体包括："机物料消耗"、"职工薪酬"、"固定资产折旧"、"燃料和动力"、"办公费"、"水电费"、"取暖费"等。作业成本明细账见表12－8。

## 五、作业成本的计算

（一）根据当期发生的成本登记有关成本计算账户的总账和明细账

缝纫车间决定从2013年1月起，采用作业成本法计算产品成本。按照实际作业成本分配率分配作业成本。按照作业成本法的程序，产品成本计算的第一阶段的主要工作是归集和计算作业成本，并计算作业成本分配率；同时还需将产品耗用的直接材料等直接成本归集到有关成本计算单内。

1."生产成本"账户的登记

根据材料分配表，可以将西服和夹克耗用的原材料成本直接登记到"生产成本"账户以及西服、夹克成本计算单中的"本月发生成本——直接材料成本"栏内，见表12－9和表12－10。2013年1月西服发生的直接材料成本为2 072 000元，夹克发生的直接材料成本为1 008 000元。缝纫车间实行计时工资，人工成本属于间接成本，并已将人工成本分配到各有关作业中，所以没有直接人工成本发生；本账户以及所属各成本计算单中的“本月发生成本——作业成本”栏，需要等到“作业成本分配表”编制完成后才能进行登记。

2. “作业成本”账户的登记

根据工薪分配表、固定资产折旧计算表、燃料和动力分配表、材料分配表及其他间接费用的原始凭证等将当期发生的费用登记到“作业成本”账户及其所属明细账户。

（二）根据作业成本明细账编制作业成本分配表，计算分配率，结转作业成本

月末，根据作业成本账户及其所属明细账户本月发生额和作业产出的记录资料，编制作业成本分配表，具体见表12－7。第2－7行分别为6项作业当月实际产出（作业动因）数量。第8行为实际作业成本分配率，它是由第1行各项作业成本除以第2－7行的作业动因计算而得。第9和第10行分别为西服和夹克耗用的各项作业动因的数量。第11和第12行分别为西服和夹克应当分配的各项作业成本，是由西服和夹克的耗用的各项作业动因数量乘以第8行的作业成本分配率所得。

依据表12－7第11和第12行各项金额及合计数，将作业成本从作业成本及其所属明细账户结转到生产成本账户及西服和夹克产品的成本计算单“本月发生成本——作业成本”栏内。结转后作业成本账户月末无余额。表12－8是以作业成本——样板制作作业（作业1）为例，列示了作业成本明细账的登记与结转。

表12－7　作业成本分配表

2013年1月

单位：元

| 项目 | | 行次 | 作业1 | 作业2 | 作业3 | 作业4 | 作业5 | 作业6 | 合计 |
|---|---|---|---|---|---|---|---|---|---|
| 本月作业成本发生 | | 1 | 320 000 | 792 000 | 1098 000 | 563 200 | 299 200 | 549 600 | 3622 000 |
| 作业动因 | 产品型号数 | 2 | 8 | | | | | | |
| | 准备次数 | 3 | | 11 | | | | | |
| | 机器工时 | 4 | | | 4 500 | | | | |
| | 人工工时 | 5 | | | | 14 080 | | | |
| | 检验时间 | 6 | | | | | 176 | | |
| | 预计销售收入 | 7 | | | | | | 4 580 000 | |
| 作业成本分配率 | | 8 | 40 000 | 72 000 | 244 | 40 | 1 700 | 0.12 | |
| 西服耗用作业动因 | | 9 | 3 | 3 | 2 800 | 8 000 | 94 | 3 180 000 | |
| 夹克耗用作业动因 | | 10 | 5 | 8 | 1 700 | 6 080 | 82 | 1 400 000 | |
| 西服分配作业成本 | | 11 | 120 000 | 216 000 | 683 200 | 320 000 | 159 800 | 381 600 | 1 880 600 |
| 夹克分配作业成本 | | 12 | 200 000 | 576 000 | 414 800 | 243 200 | 138 400 | 168 000 | 1 741 400 |

表 12-8　　作业成本——样板制作作业(作业 1)明细账

2013 年 1 月　　单位:元

| 项目 | 职工薪酬 | 折旧 | 动力费 | 水电费 | 机物料消耗 | 合计 |
|---|---|---|---|---|---|---|
| 记录费用发生额 | — | — | — | — | — | — |
| 本月发生额合计 | 187 000 | 64 000 | 39 000 | 13 000 | 17 000 | 320 000 |
| 根据作业成本分配表结转到作业成本 | 187 000 | 64 000 | 39 000 | 13 000 | 17 000 | 320 000 |
| 月末余额 | 0 | 0 | 0 | 0 | 0 | 0 |

(三)计算产品成本和单位成本

以本期发生的成本加上起初在产品成本,即可得本期生产成本"合计"。按照一定的方法将生产成本合计在完工产品和在产品之间进行分配,即可计算出本月完工产品总成本和单位成本,见表 12-9 和表 12-10:

表 12-9　　西服成本计算单

产品名称:西服　　2013 年 1 月　　单位:元

| 项目 | 行次 | 产量(件) | 直接材料成本 | 直接人工成本 | 作业成本 | 合计 |
|---|---|---|---|---|---|---|
| 月初在产品成本 | 1 | | 476 000 | | 214 200 | 690 200 |
| 本月发生成本 | 2 | | 2 072 000 | | 1 880 600 | 3 952 600 |
| 合计 | 3 | | 2 548 000 | | 2 054 800 | 4 602 800 |
| 完工产品成本 | 4 | 1 200 | 2 040 000 | | 1 872 000 | 3 912 000 |
| 单位产品成本 | 5 | | 1 700 | | 1 560 | 3 260 |
| 月末在产品成本 | 6 | | 508 000 | | 222 800 | 730 800 |

表 12-10　　夹克成本计算单

产品名称:夹克　　2013 年 1 月　　单位:元

| 项目 | 行次 | 产量(件) | 直接材料成本 | 直接人工成本 | 作业成本 | 合计 |
|---|---|---|---|---|---|---|
| 月初在产品成本 | 1 | | 123 600 | | 214 200 | 337 800 |
| 本月发生成本 | 2 | | 1 008 000 | | 1 741 400 | 2 749 400 |
| 合计 | 3 | | 1 131 600 | | 1 955 600 | 3 087 200 |
| 完工产品成本 | 4 | 700 | 861 000 | | 1 618 400 | 2 479 400 |
| 单位产品成本 | 5 | | 1 230 | | 2 312 | 3 542 |
| 月末在产品成本 | 6 | | 270 600 | | 337 200 | 607 800 |

（四）采用预算（或正常）作业成本分配率计算作业成本的分配

采用预算（或正常）作业成本分配率与按实际作业成本分配率分配作业成本、计算产品成本的主要区别在于作业成本的分配方法和已分配作业成本的调整。在这里重点介绍作业成本分配表的编制和已分配作业成本的调整，以及相关账务处理。

1. 作业成本分配表的编制

承前例，假设缝纫车间在2014年1月开始采用预算作业成本分配率分配作业成本，缝纫车间2014年制定的各项作业成本的预算分配率如表12－11所示。2014年1月份，作业成本各明细账户实际发生的作业成本金额和作业动因实际产出数量如表12－12所示。

表12－11　　预算作业成本分配率

2014年1月

| 作业名称 | 作业1 | 作业2 | 作业3 | 作业4 | 作业5 | 作业6 |
|---|---|---|---|---|---|---|
| 作业动因 | 样板数量 | 投产批次 | 机器工时 | 人工工时 | 检验时间 | 预计销售收入 |
| 预算分配率 | 42 000 | 70 000 | 240 | 40 | 1 680 | 0.1 |

表12－12　　作业成本明细账户累计发生额和作业动因数量

2014年1月

单位：元

| 作业名称 | 作业1 | 作业2 | 作业3 | 作业4 | 作业5 | 作业6 | 合计 |
|---|---|---|---|---|---|---|---|
| 作业成本 | 328 000 | 828 000 | 1 120 140 | 582 000 | 302 000 | 532 000 | 3 692 140 |
| 作业动因数量 | 8 | 12 | 4 670 | 14 500 | 180 | 5 320 000 | |
| 西服耗用 | 3 | 4 | 2 970 | 8 400 | 100 | 3 445 000 | |
| 夹克耗用 | 5 | 8 | 1 700 | 6 100 | 80 | 1 600 000 | |

根据表12－11和表12－12中的资料编制作业成本分配表（见表12－13）：

表 12－13　　按预算成本分配率编制的作业成本分配表

2014 年 1 月　　单位:元

| 项目 | | 行次 | 作业 1 | 作业 2 | 作业 3 | 作业 4 | 作业 5 | 作业 6 | 合计 |
|---|---|---|---|---|---|---|---|---|---|
| 本月作业成本发生 | | 1 | 328 000 | 828 000 | 1 120 140 | 582 000 | 302 000 | 532 000 | 3 692 140 |
| 作业动因 | 产品型号数 | 2 | 8 | | | | | | |
| | 准备次数 | 3 | | 12 | | | | | |
| | 机器工时 | 4 | | | 4 670 | | | | |
| | 人工工时 | 5 | | | | 14 500 | | | |
| | 检验时间 | 6 | | | | | 180 | | |
| | 预计销售收入 | 7 | | | | | | 504 500 | |
| 作业成本分配率 | | 8 | 42 000 | 70 000 | 240 | 40 | 1 680 | 0.1 | |
| 西服耗用作业动因 | | 9 | 3 | 4 | 2 970 | 8 400 | 100 | 3 445 000 | |
| 夹克耗用作业动因 | | 10 | 5 | 8 | 1 700 | 6 100 | 80 | 1 600 000 | |
| 已分配成本 | 西服作业成本 | 11 | 126 000 | 280 000 | 712 800 | 336 000 | 168 000 | 344 500 | 1 967 300 |
| | 夹克作业成本 | 12 | 210 000 | 560 000 | 408 000 | 244 000 | 134 400 | 160 000 | 1 716 400 |
| | 合计 | 13 | 336 000 | 840 000 | 1 120 800 | 580 000 | 302 400 | 504 500 | 3 683 700 |
| | 作业成本差异 | 14 | －8 000 | －12 000 | －660 | 2 000 | －400 | 27 500 | 8 440 |
| 调整率 | | 15 | －0.0238 | －0.0143 | －0.00059 | 0.00345 | －0.00132 | 0.05451 | |
| 西服成本调整额 | | 16 | －3 000 | －4 000 | －419.743 | 1 158.62 | －222.222 | 18 778.5 | 12 295.1 |
| 夹克成本调整额 | | 17 | －5 000 | －8 000 | －240.257 | 841.38 | －177.778 | 8 721.5 | －3 855.1 |

表 12－13 的前 7 行内容与实际作业成本分配率法的类似。第 8 行是预算作业成本分配率。第 11 和第 12 行分别为按西服和夹克实际耗用的作业量乘以预算作业成本分配率计算而得的已分配作业成本。第 13 行为两者的合计。第 14 行为作业成本差异,即实际发生的作业成本与已分配的作业成本之间的差额。第 15 行为调整率,是根据作业成本差异除以已分配作业成本计算而得的。第 16 和第 17 行分别为西服和夹克作业成本的应调整额,它们是根据西服和夹克的已分配作业成本乘以调整率计算而得。用西服和夹克的已分配成本分别加上相应的调整额,即为西服和夹克的实际作业成本。

2. 相关业务处理

对于按预算(或正常)作业成本分配率分配作业成本而产生的作业成本差异,有两种不同的处理方法:

第一种方法:将作业成本差异直接调整当期营业成本。

根据表 12－13 的第 14 行"作业成本差异"各栏的金额,若为正数,计入营业成本账户的借方,计入作业成本及其所属各明细账户的贷方;若为正数,计入营业成本账户的贷方,计入作业成本及其所属各明细账户的借方。

第二种方法:计算调整率,分配作业成本差异。

根据表 12－13 的第 16 和第 17 行数据,即西服和夹克两种产品应调整的作业成本的金额，从有关作业成本及其所属各明细账户的贷方，结转到生产成本账户所属的西服和夹克两种产品的成本计算单借方（如果数据为负，则以负号表示，不调整方向）。

## 本章小结

1. 作业成本法是以作业为核心，确认和计量耗用企业资源的所有作业，将耗用的资源成本准确地计入作业，然后选择成本动因，将所有作业成本分配给成本计算对象（产品或服务）的一种成本计算方法。作业成本法的指导思想是："成本对象消耗作业，作业消耗资源"。在成本计算时，首先按经济活动中发生的各项作业来归集成本，计算作业成本；然后再按各项作业成本与成本对象（产品或服务）之间的因果关系，将作业成本追溯到成本对象中去，最终完成成本的计算。

2. 作业成本法的主要特征：成本计算分为两个阶段；成本分配强调可追溯性；成本追溯使用众多不同层面的作业动因。作业成本法不是对所有的企业均能恰当适用，如果企业规模较小，或制造费用较低，或作业不稳定等则不宜采用。作业成本法与传统成本计算法的比较体现在计算程序和分配标准两个方面。

3. 作业成本法计算产品成本的过程分为两个阶段：第一阶段是作业成本的归集和作业成本分配率的计算，其可以划分为三个具体的步骤进行：①作业的认定和分类；②建立作业"同质组"和"同质成本库"；③作业成本分配率的计算。第二阶段是将作业成本库的成本追溯到各产品，计算产品成本，按实际作业成本分配率和预算或正常作业成本分配率两个方法说明分配作业成本。

4. 举例说明作业成本法的应用和具体核算：对车间各项作业分析认定，列出作业清单；建立同质组和成本库；作业成本与作业动因相关性检验；设置成本核算科目及明细科目；作业成本的计算。

## 本章综合复习题

### 一、思考题

1. 解释作业、作业成本法、成本动因的含义？
2. 区分作业成本法与传统成本法的差异？
3. 简述作业成本法的具体计算程序？

## 二、选择题

1. 关于作业成本法,下列说法错误的是(　　)。

A. 作业成本法强调产品"消耗"的作业成本,包括全部生产能力成本

B. 传统的成本计算方法下一些不可控的间接费用在作业成本系统中变为可控

C. 作业成本法的思想是产品消耗作业、作业消耗资源

D. 作业成本法不是一种独立于传统成本计算方法之外的新的成本计算方法

2. 作业管理的核心是(　　)。

A. 作业成本计算　　B. 作业分析

C. 作业重构　　D. 作业考评

3. 作业成本计算法最重要的优点在于(　　)。

A. 促进企业组织方式变革　　B. 作业的计量和分配较为客观

C. 促使管理人员加强成本控制　　D. 简化了成本计算程序

4. 选择作业中心间接成本的分配标准时,对自动化设备作业的作业衡量标准应选择(　　)。

A. 定单数量　　B. 产品批量

C. 直接人工工时数　　D. 机器工时数

5. 作业成本计算法下间接成本与产量之间的关系为(　　)。

A. 订购量越大,采用作业成本法计算的单位成本越低

B. 订购量越大,采用作业成本法计算的单位成本越高

C. 订购量越小,采用作业成本法计算的单位成本越低

D. 无论订购量多少,计算出的单位成本都是相同的

6. 下列对作业成本计算法不正确的表述是(　　)。

A. 作业成本计算法的应用受到适用条件的限制

B. 作业的计量和分配带有一定的主观性

C. 成本动因有着严谨的判断方法

D. 作业成本计算法并没有解决与作业活动无关的间接费用分配问题

## 三、业务题

某一企业对甲、乙、丙三客户购买同一产品的几个月资料平均如下:

| 项目 | 客户甲 | 客户乙 | 客户丙 |
|---|---|---|---|
| 定单数量(份) | 30 | 60 | 20 |
| 购买量(件) | 6 000 | 6 000 | 6 000 |
| 平均存货量(件) | 500 | 1 000 | 1 500 |
| 客户距离(公里) | 20 | 20 | 30 |

诸如佣金、现金折扣、数量折扣等,其与购买量成正比关系,基本相等,没有必要比较处理。在销售过程中,发生了如下表所示的作业:

| 作业 | 单价 |
|---|---|
| 定单处理 | 3 元/份 |
| 货款管理 | 4 元/份 |
| 发货 | 0.03 元/件 |
| 包装 | 0.07 元/件 |
| 仓储 | 0.2 元/件 |
| 运输 | 10 元/公里 |

要求:计算出成本动因单价(成本库分配率),分配销货成本到各客户中。

# 第十三章 成本报表的编制

**学习目的:**

1. 了解企业成本报表的作用和种类;
2. 理解成本报表的设计;
3. 掌握各种成本报表的结构;
4. 熟练掌握成本报表编制方法。

## 第一节 成本报表的作用和编制要求

成本报表主要是根据企业日常成本核算资料定期编制,用来反映企业一定时期产品成本、劳务成本和经营管理费用水平和构成情况的报告文件。根据我国现行的企业会计准则和会计制度等相关规定,在企业会计报表体系中,成本报表不作为企业向外报送的会计报表,而主要是为了满足企业内部管理需要而设置的内部会计报表。

### 一、成本报表的作用

编制成本报表是企业成本管理的一个重要环节,是成本会计信息加工整理、选择输出以及评价与预测的一项价值管理系统。其重要作用在于:

(一)成本报表的编制过程是企业成本控制管理的直接执行过程

成本费用的发生应当以预算、计划和定额为标准进行控制。通过编制汇总成本费用信息资料,既能考核成本费用的合理性和合法性,又可直接反馈,对其进行监督、干预、控制和纠正。

(二)编制成本报表是对报告期生产经营耗费情况的总结和评价

每一会计期终了,通过成本报表提供的数据资料,可以一目了然地反映报告期内成本费用水平与上年(期)、本年(期)计划等的差异情况,借以分析报告期内成本费用的变动情况,评价经济效益的好坏。

(三)成本报表是进行成本会计分析的直接资料来源

企业针对成本报表中反映出来的成绩和问题，应及时地进行分析研究，深入挖掘生产潜力，发扬成绩，纠正不足，努力提高成本管理水平。

（四）成本报表能为企业对今后生产经营活动的预测和决策提供信息

根据成本报表提供的成本费用的变化趋势以及报告期内的有关分析结果，并结合现行的政策、制度及市场变化情况，可对今后经济活动进行科学的预测和决策。

## 二、成本报表的特点

（一）灵活性和多样性

成本报表属于企业内部报表，它不受政府当局的管理，不宜对外报出。报表采取什么形式，填列哪些内容，按什么程序报送到哪些部门以及什么时候编制等，完全由企业或公司根据自身的特点和管理要求决定。并且，随着企业生产条件的改善和管理水平的提高，成本报表应随时进行修改和调整。因此，成本报表具有灵活性、多样性的特点。

（二）保密性

成本报表与企业特定的生产工艺特点、技术经济构成和生产组织形式有着密切的关系，有着高度的保密性。成本报表能够及时提供各车间、部门费用开支和产品成本的实际详细情况，使成本控制和成本决策能够建立在可靠的基础上；同时，在日趋紧强激烈市场竞争条件下，企业为了既满足管理需要，又加强对生产工艺、技术构成和生产组织以及成本费用水平等各种信息资料保密，按照国际惯例不予对外公开，而只在企业内部报告使用。

（三）综合性

成本报表是会计核算资料与其他技术经济资料密切结合的产物，具有综合性的特点。成本报表需要同时满足会计部门和各级生产部门、各级职能管理部门参与成本管理工作的要求，不仅要提供事后分析的信息资料，更要能提供事前计划、事中控制所需要的大量数据指标。显然，它不仅通过一系列价值指标，而且还应用多方面的数量和质量信息指标，充分发挥其重要作用。

（四）可比性

企业的对外报表，由于提供的是综合的资产负债情况、损益情况和现金流量变动情况，因而可在同行业之间进行比较。但成本报表由于它自身的灵活性和不公开性，从形式到内部都受制约于企业的生产特点和管理要求，不同企业之间难以通过成本报表进行相互对比。相反，在企业内部，由于相同成本报表各项经济指标的经济含义都是相同，因此，在成本报表中可以设计本期实际，上期实际、历史先进水平和本期计划等内容，以便进行对比考核，借以挖掘生产潜力，降低成本费用，提高经济效益。

(五)及时性和灵敏性

成本报表编制时间比较灵活(通常为年报、月报、旬报甚至日报、班报等),内容具体明确,随用随报随取,能够灵活地为日常管理和成本控制提供及时有用的信息资料。此外,企业还可以编制不定期的内部成本报表,以适应对一些临时性、偶然性事件处理的需要。所以,对于企业生产过程的控制以及对经济前景的预测,成本报表有着不可替代的及时性和灵敏性。

## 三、成本报表的分类

成本信息主要通过成本费用情况报表、产品经营情况报表以及附注、附表和其他资料来揭示。成本报表主要用来服务于企业内部经营管理部门,所以,成本报表的种类、格式和编制时间一般都由企业根据生产经营过程的特点和企业管理的具体要求而定。目前工业企业编制的成本报表通常有以下几种:

(1) 产品成本表;

(2) 主要产品单位成本表;

(3) 制造费用明细表;

(4) 期间费用明细表;

(5) 其他成本费用明细表。

此外,各企业还可以根据其生产特点和管理要求,对上述成本报表作必要的补充,也可以结合本企业经营决策的实际需要,编制必要的其他内部成本报表。

## 四、成本报表的编制要求

编制成本报表如同编制一系列对外报表一样,也应该遵循这些基本要求,遵守有关制度规定。通常情况下,企业(包括车间、分厂、子公司)在每一规定的会计报告期结束以后,应及时地将本期发生的所有经济事项全部登记入账;及时进行成本费用的分配归集;及时转账、结账和对账;及时进行财产清查,达到账实相符,并经试算平衡后再行编制成本报表。编制成本报表必须做到以下几点:

(一)数字真实

各项数据必须经过核对查实和确认,不得估算,更不能隐瞒不报或弄虚作假。

(二)内容完整

各项规定的填报内容应填列齐全;企业内部对某项经济指标含义的确认和计算方法的选择,上下口径必须一致,对于必须附加的说明和补充资料力求完整;可供分析问题、解决问题进行参考。

(三)编制及时

为了充分发挥成本报表在企业生产经营管理上的重要作用,各基层单位和部门必须按照规定期限及时编报。不能为了赶编报表提前结账,也不能因为结账、对账而延误编制时间和降低报表质量。

(四)说明清楚

各基层单位或部门在填列成本报表后,可能对报表中的某些经济指标或成本控制管理中存在的问题进行补充说明。这些说明本身就是会计报告的一部分。因而,要求在这些说明中对企业生产经营活动进行系统深入、有针对性的分析,并在此基础上阐明企业生产技术、评价成本计划完成情况等方面取得的成就与存在的问题。同时还要注意总结成本管理方面的经验,指出严重影响经济效益的问题以及今后的改进措施、建议等。

## 第二节　产品成本表

### 一、产品成本表的概念

产品成本表是反映企业在报告期内生产的全部产品的总成本和各种主要产品单位成本的报表。

根据产品成本表,可以考核全部成本和主要产品成本预算执行情况,分析各种可比产品的成本降低任务完成情况。

### 二、产品成本表的结构和编制

该表一般分为两种,一种按成本项目反映;另一种按产品种类反映。

(一)产品成本(按成本项目反映)表的结构和编制

1. 产品成本(按成本项目反映)表的结构

该表可以分为生产费用和产品生产成本两部分。

表 13－1　　产品生产成本(按成本项目反映)表

× ×企业　　20× ×年1月

| 项　目 | 上年实际 | 本年计划 | 本月实际 | 本年累计实际 |
|---|---|---|---|---|
| 生产费用 | | | | |
| 直接材料费用 | | 17 000 | 17 500 | |
| 直接人工费用 | | 12 000 | 13 000 | |
| 制造费用 | | 18 000 | 18 500 | |
| 生产费用合计 | | 47 000 | 49 000 | |
| 加:在产品、自制半成品期初余额 | | 11 000 | 12 000 | |
| 减:在产品、自制半成品期末余额 | | 18 000 | 20 000 | |
| 产品生产成本合计 | | 40 000 | 41 000 | |

2. 产品成本(按成本项目反映)表的编制

表中生产费用部分按照成本项目反映报告期内发生的各项生产费用及其合计数;产品生产成本部分是在生产费用合计基础上,加上在产品和自制半成品的期初余额,减去在产品和自制半成品的期末余额,算出产品生产成本合计数。各项费用和成本,还可以按上年实际数、本年计划数、本月实际数和本年累计实际数分栏反映。

现列示某工业企业20××年12月份的产品生产成本(按成本项目反映)表,如表13-1所示。

表中按成本项目反映的各项生产费用数,应根据各种产品成本明细账所记本月生产费用合计数,按照成本项目分别汇总填列。

3. 商品产品成本(按成本项目反映)表的作用

上述分析计算表明,该表的作用有:

(1)可以反映报告期内全部产品生产费用的支出情况和各项费用的构成情况,并据以进行生产费用支出的一般评价。

(2)将12月份报表本年累计实际生产费用与本年计划数和上年实际数相比较,可以考核和分析年度生产费用计划的执行结果,以及本年生产费用比上年的升降情况。

(3)将表中各期产品生产成本合计数与各该期的产值、销售收入或利润进行对比,计算成本产值率、成本销售收入率或成本利润率,还可以考核和分析各该期的经济效益。

(4)将12月份报表本年累计实际的产品生产成本与本年计划数和上年实际数相比较,还可以考核和分析年度产品生产总成本计划的执行结果,以及本年产品生产总成本比上年的升降情况,并据以分析影响成本升降的各项因素。

(二)产品成本(按产品种类反映)表的结构和编制

1. 产品成本(按产品种类反映)表的结构

产品成本(按产品种类反映)表是按产品种类汇总反映企业在报告期内生产的全部产品的单位成本和总成本的报表。

该表可以分为实际产量、单位成本、本月总成本和本年累计总成本四部分。表中按照产品种类分别反映本月产量、本年累计产量,以及上年实际成本、本年计划成本、本月实际成本和本年累计实际成本。

上例企业按产品种类反映的产品生产成本表如表13-2所示。

在产品生产成本(按产品种类反映)表13-2中,对于主要产品,应按产品品种反映实际产量和单位成本,以及本月总成本和本年累计总成本,对于非主要产品,则可按照产品类别,汇总反映本月总成本和本年累计总成本,对于上一年没有正式生产过、没有上年成本资料的产品,一般称为不可比产品,不反映上年成本资料，对于上一年度正式生产过、具有上年成本资料的产品，一般称为可比产品，还应反映上年成本资料。

表 13－2　　产品生产成本(按产品种类反映)表

20××年1月

| 产品名称 | 计量单位 | 实际产量 | | 单位成本 | | | | 本月总成本 | | | 本年累计总成本 | | |
|---|---|---|---|---|---|---|---|---|---|---|---|---|---|
| | | 本月 | 本年累计 | 上年实际 | 本年计划 | 本月实际 | 本年累计实际平均 | 按上年实际平均单位成本计算 | 按本年计划单位成本计算 | 本月实际 | 按上年实际平均单位成本计算 | 按本年计划单位成本计算 | 本年实际 |
| 可比产品 | | | | | | | | | | | | | |
| 甲 | 件 | 20 | | 400 | 395 | 412 | | | | 8 240 | | | |
| 乙 | 件 | 40 | | 135 | 136 | 134 | | | | 5 360 | | | |
| 不可比产品 | | | | | | | | | | | | | |
| 丙 | 件 | 30 | | 245 | 242 | 248 | | | | 7 440 | | | |
| 合计 | | | | | | | | | | 21 040 | | | |

2. 产品成本(按产品种类反映)表的编制

在该表中，各种产品的本月实际产量，应根据相应的产品成本明细账填列。本年累计实际产量，应根据本月实际产量，加上月本表的本年累计实际产量计算填列。本月实际平均单位成本，应根据上年度本表所列全年累计实际平均单位成本填列；本年计划单位成本，应根据本年度成本计划填列；本月实际单位成本，应根据表中本月实际总成本除以本月实际产量计算填列。如果在产品成本明细账或产成品成本汇总表中有着现成的本月产品实际的产量、总成本和单位成本，表中这些项目都可以根据产品成本明细账或产成品成本汇总表填列。表中本年累计实际平均单位成本，应根据表中本年累计实际总成本除以本年累计实际产量计算填列。按上年实际平均单位成本计算的本月总成本和本年累计总成本，应根据本月实际产量和本年累计实际产量，乘以上年实际平均单位成本计算填列。按本年计划单位成本计算的本月总成本和本年累计总成本，应根据本月实际产量和本年累计实际产量，乘以本年计划单位成本计算填列。本月实际总成本，应根据产品成本明细账或产成品成本汇总表填列。本年累计实际总成本，应根据产品成本明细账或产成品成本汇总表本年各月产成品成本计算填列。如果有不合格品，应单列一行，并注明“不合格品”字样，不应与合格产品合并填列。

对于可比产品，如果企业或上级机构规定有本年成本比上年成本的降低额或降低率的计划指标，还应根据该表资料计算成本的实际降低额或降低率，作为表的补充资料填列在表的下端。

如果本年可比产品成本比上年不是降低,而是升高,上列成本的降低额和降低率应用负数填列;如果企业可比产品品种不多,其成本降低额和降低率,也可以按产品品种分别计划和计算。

3. 产品成本(按产品种类反映)表的作用

(1)可以分析和考核各种类产品和全部产品本月和本年累计的成本计划的执行结果,对各种类产品成本和全部产品成本的节约或超支情况进行一般的评价。

(2)可以分析和考核各种可比产品和全部可比产品本月和本年累计的成本比上年的升降情况。

(3)对于规定有可比产品成本降低计划的产品,可以分析和考核可比产品成本降低计划的执行情况,促使企业采取措施,可不断降低产品成本。

(4)可以了解哪些产品成本节约较多,哪些产品成本超支较多,为进一步进行产品单位成本分析指明方向。

## 第三节 主要产品单位成本表

### 一、主要产品单位成本表的概念和作用

全部产品和可比产品成本的分析,都是概括性的,它只能在总体上说明企业成本计划的完成情况,对完成或未完成计划的原因作出综合分析。企业应该进一步对各主要产品的单位成本进行分析,使全厂性综合分析与主要产品单位成本的分析相结合,找出各种产品成本升降的原因,降低单位产品成本。

主要产品单位成本表是反映工业企业在报告期内生产的各种主要产品单位成本构成情况和各项主要技术经济指标执行情况的报表。该表应按主要产品分别编制,是商品产品成本(按产品种类反映)表中某些主要产品成本的进一步反映。

利用主要产品单位成本表,可以考核各种主要产品单位成本预算的执行结果,分析各成本项目和消耗定额的变化及其原因,并便于同行业之间的对比,以利于找出差距,挖掘潜力,降低产品成本。

### 二、主要产品单位成本表的结构和编制

该表可以分为按成本项目反映的单位成本和主要技术经济指标两部分。该表的单位成本部分还可以分别反映历史先进、上年实际平均、本年计划、本月实际和本年累计实际平均的单位成本。该表的技术经济指标部分主要反映原料、主要材料、燃料和动力的消耗数量。

某企业该年12月份甲种产品的单位成本表如表13-3所示。

该表的产品销售单价应根据产品定价表填列；本月实际产量应根据产品成本明细账或产成品成本汇总表填列；本年累计实际产量应根据上月本表的本年累计实际产量，加上本月实际产量计算填列。

表中历史先进单位成本应根据历史上该种产品成本最低年度本表的实际平均单位成本填列；上年实际平均单位成本应根据上年度本表实际平均单位成本填列；本年计划单位成本应根据本年度成本计划填列；本月实际单位成本应根据该种产品成本明细账或产成品汇总表填列；本年累计实际平均单位成本应根据该种产品成本明细账所记年初起至报告期末止完工入库总成本除以本年累计实际产量计算填列。表中的不可比产品不填列上年实际平均和历史先进的单位成本。

该表上年实际平均、本年计划、本月实际和本年累计实际平均的生产成本（即单位成本合计数），应与产品生产成本（按产品种类反映）表中该种产品相应的单位成本核对相符。

该表主要技术经济指标部分，应根据企业或上级机构规定的指标名称和填列方法计算填列。

表 13－3　　主要产品单位成本表

××企业　　20××年 12 月

产品名称：甲　　产品销售单价：100

产品规格：　　本月实际产量：200 件

计量单位：件　　本年累计实际产量：2 530 件

| 成本项目 | 历史先进水平 | 上年实际平均 | 本年计划 | 本月实际 | 本年累计实际平均 |
|---|---|---|---|---|---|
| 直接材料 | 61 | 62 | 60 | 59 | 61.5 |
| 直接人工 | 10 | 14 | 11 | 12 | 12 |
| 制造费用 | 17 | 11.5 | 10 | 15 | 13 |
| 生产成本 | 88 | 87.5 | 81 | 86 | 86.6 |
| 主要技术经济指标 | | | | | |
| 1. 材料利用率 | | | | | |
| 2. 设备利用率 | | | | | |
| 3. 合格品率 | | | | | |

## 第四节　制造费用明细表

### 一、制造费用明细表的概念

制造费用明细表是反映企业在报告期内发生的各项制造费用及其构成情况的

报表。

由于辅助生产车间的制造费用已通过辅助生产费用的分配转入基本生产车间制造费用、管理费用等有关的成本、费用项目,因而该表的制造费用只反映基本生产车间制造费用,不包括辅助生产车间制造费用,以免重复反映。

## 二、制造费用明细表的结构和编制

该表一般按照制造费用的费用项目分别反映各该费用的本年计划数、上年同期实际数、本月实际数和本年累计实际数。如表 13 - 4 所示:

表 13 - 4　　制造费用明细表

× ×车间　　20× ×年 12 月

| 费用项目 | 本年计划数 | 上年同期实际数 | 本月实际 | 本年累计实际数 |
|---|---|---|---|---|
| 职工薪酬 | | | 10 260 | 96 900 |
| 折旧费 | | | 40 000 | 370 000 |
| 修理费 | | | 5 440 | 65 100 |
| 周转材料 | | | 6 000 | 50 000 |
| 水电费 | | | 24 000 | 310 000 |
| 机物料消耗 | | | 2 800 | 30 500 |
| 劳动保护费 | | | 2 400 | 28 200 |
| 在产品盘亏、毁损 | | | 3 000 | 3 000 |
| 停工损失 | | | | |
| 其他 | | | 800 | 10 000 |
| 合计 | | | 94 700 | 995 700 |

该表的本年计划数应根据本年制造费用计划填列;上年同期实际数应根据上年同期本表的本月实际数填列。本月实际数应根据"制造费用"总账科目所属各基本生产车间制造费用明细账的本月合计数汇总计算填列。本年累计实际数应根据这些制造费用明细账本月末的累计数汇总计算填列。如果需要,也可以根据制造费用的分月计划,在表中加列本月计划数。

## 三、制造费用明细表的作用

通过以上分析,可以看出制造费用明细表的作用有:

1. 可以按照费用项目分析制造费用本月实际数比上年同期实际数的增减变化情况;在表中列有本月计划数的情况下,还可以分析本月计划的执行结果。

2. 可以在年度内按照费用项目分析制造费用年度计划的执行情况,预测年末制造费用能否节约，会不会超支，以便采取措施，将制造费用控制在年度计划之内；可以在年末按照费用项目分析制造费用年度计划执行的结果，分析节约或超支的原因。

3. 可以分析本月实际和本年累计实际制造费用的构成情况，并与上年同期实际构成情况和计划构成情况进行比较，分析制造费用构成的发展变化情况和原因。

## 第五节　期间费用报表

### 一、期间费用报表的概念和作用

期间费用报表是反映企业在报告期内发生的销售费用、管理费用和财务费用的报表。

利于期间费用报表，可以考核期间费用预算的执行情况，分析各项费用的构成和增减变动情况，以进一步采取措施，压缩开支，不断降低费用水平。

### 二、期间费用报表的结构和编制

期间费用报表一般包括管理费用明细表、销售费用明细表和财务费用明细表。它们的结构基本相同，都是按照规定的费用项目加以反映。

有关期间费用报表的格式和内容参见表 13－5 表、13－6 和表 13－7。

表 13－5　管理费用明细表

编制单位：　20××年度

| 项目 | 行次 | 本年计划数 | 上年实际数 | 本年实际数 |
|---|---|---|---|---|
| 职工薪酬 | 1 | 95 000 | 92 000 | 96 000 |
| 折旧费 | 2 | 70 000 | 71 000 | 73 000 |
| 办公费 | 3 | 56 000 | 51 000 | 53 000 |
| 水电费 | 4 | 30 000 | 31 000 | 38 000 |
| 差旅费 | 5 | 42 000 | 41 000 | 46 000 |
| 物料消耗 | 6 | 12 000 | 12 000 | 11 000 |
| 财产保险费 | 7 | 10 000 | 9 000 | 10 000 |
| 取暖费 | 8 | 14 000 | 13 000 | 14 000 |
| 周转材料摊销 | 9 | 9 000 | 9 000 | 9 000 |
| ⋮ | ⋮ | ⋮ | ⋮ | ⋮ |
| 其他 | 12 | 18 000 | 20 500 | 15 000 |
| 合计 | 13 | 404 000 | 413 250 | 402 130 |

表 13－6　　财务费用明细表

编制单位：　　20××年度

| 项目 | 行次 | 本年计划数 | 上年实际数 | 本年实际数 |
| --- | --- | --- | --- | --- |
| 利息支出 | 1 | 110 000 | 118 000 | 102 000 |
| 金融机构手续费 | 2 | 22 000 | 21 800 | 21 350 |
| 汇兑损失 | 3 | 4 500 | 5 700 | 6 100 |
| 其他 | 4 | 12 000 | 15 000 | 11 420 |
| 合计 | 5 | 148 500 | 160 500 | 140 870 |

表 13－7　　销售费用明细表

编制单位：　　20××年度

| 项目 | 行次 | 本年计划数 | 上年实际数 | 本年实际数 |
| --- | --- | --- | --- | --- |
| 职工薪酬 | 1 | 85 000 | 82 800 | 83 100 |
| 差旅费 | 2 | 44 200 | 43 920 | 43 400 |
| 办公费 | 3 | 21 500 | 20 800 | 19 700 |
| 保险费 | 4 | 21 000 | 19 000 | 19 500 |
| 水电费 | 5 | 2 800 | 2 800 | 2 890 |
| 物料消耗 | 6 | 2 200 | 2 260 | 3 100 |
| 运杂费 | 7 | 8 000 | 8 600 | 8 560 |
| 包装费 | 8 | 4 000 | 5 082 | 4 600 |
| 折旧费 | 9 | 6 000 | 6 800 | 5 700 |
| ⋮ | ⋮ | ⋮ | ⋮ | ⋮ |
| 其他 | 13 | 2 000 | 1 600 | 2 070 |
| 合计 | 14 | 201 600 | 176 692 | 205 360 |

## 第六节　其他成本报表

### 一、其他成本报表的特点

企业除按时编制商品产品成本表、主要产品单位成本表和制造费用明细表等成本报表外，还需要按特定的生产工艺转点和管理要求，设置其他成本报表，为企业进行有效的成本控制打下坚实的基础。其他成本报表与前面介绍的主要成本报表相比，具有以下特点：

（一）形式上更具有灵活性

其他成本报表提供的信息多种多样，既有报告期末的实际数据，又有期中成本预测数据；既有列示实际与计划对比数据，又有进行差异分析资料；既有以货币单位为主报告的成本、费用信息，又有以工时、实物量报告的消耗资料；表中栏目和行次等的设置更是因时、因地、因内容而异。

（二）内容上更注重针对性

其他成本报表对企业成本控制中各环节的具体情况和工作重心，提供具体的成本费用和用量信息。为此，这些报表注重信息的比较，尤其侧重对例外成本差异的比较和分析。如成本与产量情况表，专门报告某种产品某一特定时期的成本内容及产量资料。为了提供更有针对性的成本信息，其他成本报表的内容和格式应尽量做到简明扼要、突出重点，反映的数据务必合理和符合实际，但这并不意味着数字上要求绝对准确。

（三）时间上更强调及时性

为了给企业的成本管理提供更为直接、更具有参考价值的信息，以助于企业各有关部门随时了解发生的各种消耗情况，掌握成本控制的主动权，其他成本报表的编制更强调时效性。除了定期编制有关月报以外，有的企业针对不同部门、不同成本费用及消耗情况，要求及时编制半月报、旬报、周报及至日报、班报。

（四）编制主体的多样性

商品产品成本报表等主要成本报表，是由企业财务部门负责编报，其他成本报表的编制则不仅限于财务部门。其他成本报表主要服务于企业内部成本控制，成本的发生地又主要是在车间或班组，所以，其他成本报表的编制者，可以是厂部财务部门，也可以是车间、科室等归口分级管理单位。

## 二、几种常见的其他成本报表

其他成本报表根据管理需要设置，形式多样，难以一一罗列，只能介绍一些常用的格式供参考。

（一）成本及产量情况表

本表为反映一定期间整个企业、一个部门、一个车间或一种产品的生产数量和成本的报表。该表采用成本和产量对比方式，以加强对产品成本的控制。本表按照每种产品编制，可每隔五日、旬或半月编报一次，其格式如表13－8：

表 13－8　　成本及产量情况表

车　　间：

产品名称：　　20××年×月

| 日期 | 摘 要 | 直接材料 | 直接人工 | 制造费用 | 合 计 | 生产数量 | | |
|---|---|---|---|---|---|---|---|---|
| | | | | | | 日期 | 完工入库数 | 产品数 |
| | | | | | | | | |

如果要按整个企业或部门编制成本及产量情况表，则上表可按产品品种汇总，只要将表中的日期和摘要改为产品名称栏即可，表内的各项成本数可以根据领料单、生产工时统计和单位工资率编列，完工入库数可根据产成品入库单计算。在产品数可根据“期初数＋投产数－完工数－废品数”推算，或根据产成品台账填列。

本表可由车间或职能部门编制，用以进行成本控制表。表内项目包括由该部门主管负责并控制的成本部分，不属本部门主管负责的成本不在本表内反映。如果该表由厂部编制，则项目栏可按各个部门的成本合计数编制，以便对各部门实施控制。格式基本同上，仅项目栏应改为各责任部门名称，如供电、生产、运输、财务、厂部等。

（二）主要材料成本考核表

反映材料成本的内部报表可分别由仓库部门和财务部门编制，前者格式如表 13－9 主要反映重要的材料消耗的数量，一般逐日编制。其实际用量根据领料单汇总，标准用量以实际产量乘消耗定额求得，二者之间的差额记入差异数栏，节约用负号表示。财务部门编制的材料耗用成本表的格式如表 13－10 所示，用以汇总反映部门材料耗用金额，并与标准成本作比较。这里的各部门可以是班组、车间或职能部门。

表 13－9　　材料耗用量月报表

材料名称：甲　　20××年×月

| 日期 | 本 日 数 | | | | 本月累计数 | | | | 本年累计数 | | | |
|---|---|---|---|---|---|---|---|---|---|---|---|---|
| | 实际用量 | 标准用量 | 差异数 | 差异率 | 实际用量 | 标准用量 | 差异数 | 差异率 | 实际用量 | 标准用量 | 差异数 | 差异率 |
| 1 | | | | | | | | | | | | |
| 2 | | | | | | | | | | | | |
| 3 | | | | | | | | | | | | |

表 13－10　材料耗用成本表

20××年1月1日至1月10日

| 部门 | 实际成本（实际用量×计划单价） | 标准成本（标准用量×计划单价） | 差异数 | 差异率 |
|---|---|---|---|---|
| 甲部门 | 16 840 | 17 000 | －160 | －0.94% |
| 乙部门 | 20 860 | 20 000 | 860 | 4.3% |
| 丙部门 | 13 830 | 13 790 | 40 | 0.29% |
| 合计 | 51 530 | 50 790 | 740 | 1.46% |

（三）材料价格差异分析表

材料价格差异分析表也是材料成本表的一种，用于分析材料采购成本。通过本表可以了解各个采购渠道的经济效果，为进一步降低单位产品成本中的原材料成本提供可能。本表由财会部门或材料核算部门编制，每旬或每五日编制一次。如表 13－11：

表 13－11　材料价格差异分析表

××××年×月×日至×月×日

| 采购单编号 | 供货单位 | 材料名称 | 计量单位 | 采购数量 | 实际成本 | | 计划成本 | | 差异 | | |
|---|---|---|---|---|---|---|---|---|---|---|---|
| | | | | | 单位成本 | 总成本 | 单位成本 | 总成本 | 单位成本 | 总成本 | 差异数 |
| | | | | | | | | | | | |

（四）人工成本考核表

人工成本的考核可采取多种不同形式进行，如表 13－12，主要用于分析工人在生产时间内的工作效率。本表可由生产班组编制并逐级汇总，不仅可用作成本考核的资料，也可用作发放劳动报酬依据之一。

表 13－12　工人工作效率月报表

20××年×月

| 工人姓名或工号 | 实际动用工时 | 完成定额工时 | 工作效率 |
|---|---|---|---|
| | | | |

## 本章小结

1. 成本报表是用来反映企业一定时期产品成本、劳务成本和经营管理费用水平和构成情况的报告文件。在企业会计报表体系中,成本报表不作为企业向外报送的会计报表,而主要是为了满足企业内部管理需要而设置的内部会计报表。

2. 产品成本表是反映企业在报告期内生产的全部产品的总成本和各种主要产品单位成本的报表。该表将全部产品分为可比产品和不可比产品,分别列示各种产品的单位成本、本月总成本、本年累计总成本,并列示可比产品的成本降低额和可比产品成本降低率。

3. 主要产品单位成本表是反映工业企业在报告期内生产的各种主要产品单位成本构成情况和各项主要技术经济指标执行情况的报表。该表按主要产品分别编制,表中成本项目列示历史先进水平、上年实际平均、本年计划、本月实际和本年累计实际平均的单位成本,并可按主要技术经济指标列示上述信息。

4. 制造费用明细表是反映企业在报告期内发生的各项制造费用及其构成情况的报表。该表分别反映制造费用各项目的"本年计划数"、"上年实际数"和"本年实际数"资料。期间费用报表一般包括管理费用明细表、销售费用明细表和财务费用明细表。它们的结构基本相同,都是按照规定的费用项目加以反映。

## 本章综合复习题

**一、思考题**

1. 成本报表在整个会计报表体系中起什么作用?有什么特点?

2. 你认为在制造性企业,主要应设置哪几类成本报表?

3. 你认为编制成本报表时应注意哪些问题?

4. 在生产成本表(按品种反映)中分别反映可比产品成本和不可比产品成本有何意义?

5. 主要产品单位成本表主要说明什么问题?

**二、选择题**

1. 对企业成本报表反映的成本数据可以从以下几个方面进行对比分析(　　)。

A. 实际与定额

B. 实际与计划

C. 本期实际与本企业历史先进水平

D. 本期实际与同行业企业同期

2. 成本报表是(　　)。

A. 对外报表
B. 对内报表(或称内部报表)
C. 既是对外报表,又是对内报表
D. 对内还是对外,由企业自行决定
3. 属于企业成本报表的有(　　)。
A. 商品产品成本表　　　　B. 制造费用明细表
C. 管理费用明细表　　　　D. 销售费用明细表

# 第十四章 成本分析

**学习目的：**

1. 明确成本分析的内涵、影响因素、任务、原则和评价标准；
2. 掌握成本分析的程序和具体分析方法；
3. 理解和掌握产品成本分析的具体内容。

## 第一节 成本分析概述

### 一、成本分析的内涵

进行成本分析，目的是要评价成本计划执行的结果，揭示成本变化的原因，寻求降低成本、提高经济效益的途径和办法。

成本分析是成本核算工作的继续，是成本会计的重要组成部分。成本分析是采用一定的方法，利用成本核算资料以及其他有关资料，对企业成本费用水平及其构成情况进行分析研究，查明影响成本费用升降的具体原因，寻找降低成本、节约费用的潜力和途径以达到用最少的劳动和资源消耗取得最大的经济效益的目的一项管理活动。

广义上说，成本分析是根据成本资料对成本指标所进行的分析，其包括成本的事前、事中和事后三个方面。成本分析主要包括全部商品成本计划完成情况的分析，可比产品成本降低任务完成情况的分析，主要产品单位成本各项目的分析，产品成本的技术经济分析等，以查明实际成本与计划成本的偏差及其产生原因，寻求降低成本的途径和措施，为下期编制成本计划提供依据。

### 二、影响成本分析的因素

企业产品成本的提高或者降低，是各方面因素共同影响、共同作用的结果。这些因素概括起来，可以分为固有（先天性）因素、宏观因素和微观因素三大类。

（一）固有（先天性）因素

固有因素是指企业设立时的先天条件对企业产品成本影响的因素。如企业的地理位置和资源条件,生产规模和技术装备水平,生产的专业化协作水平。如果这些条件对企业成本带来不利影响,往往是无法改变的,或者至少在短期内是不能改变的。例如:地理位置和气候条件的不同,会影响到企业产品的运输和保存,原材料和燃料的储存和消耗,从而影响到产品的总成本。

(二)宏观因素

宏观因素是指国家对整个国民经济活动所做出的各种安排给企业带来的影响,这些因素主要有宏观经济政策的调整,价格政策的改变,成本管理体制的改变,职工工资政策的变化等等。这些宏观因素都与企业的各项管理工作相联系,集中地反映在产品的成本中。这些因素都是企业的外部因素、客观因素,不是企业主观原因所造成的,也不是企业能够控制的。如果这些因素带来不利的影响,导致成本的增加不是企业的责任。

(三)微观因素

微观因素是企业内部经营管理工作的质量对成本高低的影响。微观因素对成本的影响主要有劳动生产率水平,生产设备的利用效果,原材料或燃料动力的利用情况,产品生产的工作质量,企业的成本管理水平和企业的文化建设状况等等。与固有因素和宏观因素所不同的是,微观因素的高低对企业产品成本的影响是可以控制的。

为了有利于成本分析工作的开展,我们将影响企业产品成本的因素划分为三类,但也不能截然划分,企业对固有因素和宏观因素的影响并非完全无能无力。长期而言,属于固有因素的某些先天条件不是一成不变的,是会随着具体条件的变化而变化。宏观因素对成本的不利影响,通过企业主观的努力也能部分内部消化,甚至完全消化。虽然如此,企业管理者要把主要精力还是放在微观方面,紧紧抓住企业可控制的因素,挖掘一切可以降低成本的潜力。

### 三、成本分析的评价标准

确立成本分析评价标准是成本分析的一个基本步骤,也是成本分析的一项重要内容。不同的成本分析评价标准,会对同一分析对象得出不同的分析结论。

成本分析评价标准主要有历史标准、行业标准和预算标准等。

(一)历史标准

历史标准,是指企业在以前年度中某项成本指标的最低水平。历史标准不会一直保持不变,如果企业以后年度中成本指标有了新的突破,历史标准将被更新、更好的指标所代替,直到企业重新产生新的标准。根据历史标准,可以判断企业现时的工作与以前相比,是取得了成绩,还是退步了,使企业看到自己的差距。

(二)行业标准

行业标准,是指由企业主管部门根据所属行业的生产经营的实际情况所制定的同行业的成本指标水平。行业标准,应是体现全行业平均水平的成本指标,一般情况下,大多数企业经过努力可以达到这一标准。根据这一指标,企业可以了解自己在同行业中所处的水平,从而可以促使企业努力采取措施,赶超先进。

(三)预算标准

预算标准也称作计划标准或目标标准,是指企业预先规定的在计划期内产品生产耗费和各种产品的成本水平。预算标准具体包括主要产品单位成本预算、商品产品成本预算、制造费用预算、销售费用、管理费用和财务费用预算等。根据预算标准,企业可以分析其实际生产消耗水平与预算之间的差异,并通过分析差异原因,以便在以后的经营管理中,力争成本消耗不突破预算,使成本水平不断降低,从而增加企业经济效益。

## 第二节　成本分析程序与方法

成本分析方法要以成本分析的原则作为指导,它是达到成本分析目的,完成成本分析任务所应遵循的分析程序和所采用的手段。成本分析方法是成本分析实践的科学总结,随着成本分析实践的发展而完善,随着人们对成本分析工作规律性认识的深化而不断充实。本节主要从事后分析角度对成本分析的程序和技术方法进行阐述。

### 一、成本分析的基本程序

成本分析程序应确定分析工作各个步骤的名称、顺序、内容和要求。通常成本分析的基本程序可归纳为以下几个阶段和步骤,图示如下:

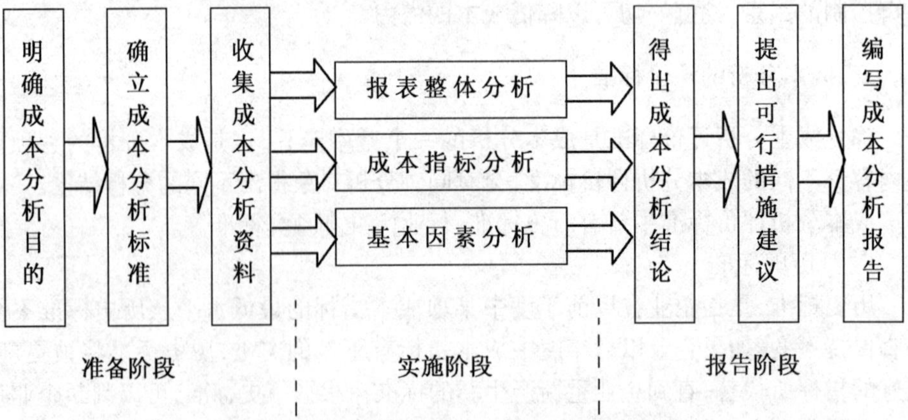


图 14－1　成本分析的基本程序

具体的解释为：

（一）成本分析准备阶段

1. 明确成本分析目的

成本分析的主要目的是全面分析成本水平与构成的变动情况，研究影响成本升降的各种因素及其变动原因，以便挖掘降低成本的潜力，控制成本，促使经济效益提高。为了达到这一目的，必须制订成本分析计划。制订成本分析计划是为了保证分析工作有目的、有步骤地进行，并且不至于因遗漏任何重要问题而影响分析效果。分析计划应确定分析的目的、要求、范围，分析的主要课题，分析工作的组织分工、进度安排、资料来源等。分析工作要按计划进行，但也应根据分析过程中的实际情况修改补充计划，以提高分析质量。

2. 确立成本分析标准

进行成本分析，通常情况下是以企业制订的成本计划指标作为成本分析标准。具体做法是将企业的实际成本指标与计划进行对比，找出差异，并分析原因。也可将企业的实际成本指标与历史标准、同行业标准等进行对比。

3. 收集成本分析资料

在进行成本分析时，必须首先收集内容真实、数据正确的资料。分析所需要的资料是多方面的，不仅需要收集各种核算的实际资料，还要收集有关的计划、定额资料；不仅要收集有关的数据资料，而且还要收集会议记录、决议、报告、备忘录等文字资料；不仅需要国内同行业先进企业的有关资料，而且需要国际先进企业的资料。收集资料要注意日常积累，才能对企业工作逐步形成概念；必须实事求是，并且进行必要的去粗取精，去伪存真的整理工作，以筛选真实反映经营状况的资料，这样才有可能做出正确的结论并提出切实可行的建议。

（二）成本分析实施阶段

1. 报表整体分析

工业企业编制的成本报表，主要有商品产品成本表、主要产品单位成本表和制造费用明细表等。进行成本分析时，首先要对成本报表整体进行分析。例如，对商品产品成本表，可按产品类别和成本项目对全部商品产品成本进行分析，将商品产品的实际成本与计划成本进行对比分析，对其中的可比产品，可将实际成本与计划进行比较，还可以与上年实际比较；对主要产品单位成本表，可将产品单位成本分别与上年或与计划进行比较；对制造费用明细表，可将实际费用与计划或与上年同期水平进行比较，以说明有关成本费用升降情况。

2. 成本指标分析

成本指标分析，或叫做成本指标对比，是在已经核实资料的基础上，对成本的各项指标的实际数进行各种形式、各个方面的比较。经过比较，就可以确定差异，揭露矛盾。这样，一方面可以明确必须深入进行分析的问题，寻找产生问题的原因。另一方面,又为挖掘潜力指出方向和途径。

必须指出,指标对比如果仅仅限于对比经济指标完成的结果,还不能充分揭露矛盾。这就必须同时考察成本指标完成的过程,进一步分析企业是怎样完成成本指标的,亦即按成本指标完成的时间和地点来详细研究其完成的结果,这样才能发现问题的实质。比如,有的企业虽然从某一个整个年度来看,是完成了成本指标,但某些月份可能未完成的成本指标。通过按时间分析,就可以发现某些不良现象。又如,有的企业虽然全企业是完成了成本指标,但是企业内部各单位却各不相同,有的成本超支,有的成本下降。通过按地点进行分析,就可以查明落后单位,从而推广先进经验,消除个别单位落后现象,促进企业各单位效益的共同提高。

3. 基本因素分析

通过对比,揭露矛盾,只能看出数量上、现象上的差异,不能反映差异的根源。因此,还要相互联系地研究各项成本指标发生差异的原因。影响成本指标差异的原因是多种多样:既有人的因素,也有物的因素;既有技术因素,又有生产组织因素;既有经济方面的因素,也有非经济方面的因素;既有企业内部的因素,又有企业外部的因素。因此,只有运用对立统一的方法来分析,才能查明成本指标的差异原因。

(三)成本分析报告阶段

1. 得出成本分析结论

在实际工作中,首先,要在研究有关成本指标差异形成过程的基础上,进行因素分析。其次,将有关因素加以分类,衡量各个因素对指标差异产生的影响程度和影响方式,在相互联系中,找出起决定作用的主要因素。最后,综合分析各方面因素对指标差异的影响程度。

2. 提出可行的措施和建议

成本分析工作的最后阶段,应根据分析的结果,认真总结经验教训,发扬成绩,克服缺点。要依靠群众、针对生产实践中的关键问题和薄弱环节,提出措施,挖掘潜力,改进工作,提高成本效益。同时,必须注意抓好措施的实施与检查,继续开展成本分析工作。只有不断地发现、分析、解决实践中出现的新矛盾与新问题,才能不断提高企业的科学管理水平。

3. 编写成本分析报告。

成本分析报告,是在完成了成本分析全部程序之后,对成本分析结果做出的文字报告。成本分析报告的内容见本节有关内容。

## 二、成本分析的方法

成本分析的方法,在实践中是多种多样的。采用哪种方法,这要按分析的目的、分析对象的特点、所掌握的计划资料和核算资料的性质和内容来决定。通常采用的分析方法有以下几种：

（一）成本整体分析法

1. 水平分析法

水平分析法，是指将反映企业报告期有关成本的信息（特别指成本报表信息资料）与反映企业前期或历史某一种成本状况的信息进行对比，研究企业经营业绩或成本状况发展变动情况的成本分析方法。水平分析法所进行的对比，一般来说，不是指单个指标对比，而是对反映某方面情况的报表的全面、综合对比分析。

2. 垂直分析法

垂直分析与水平分析不同，它是通过计算成本报表中各项目占总体的比重或结构，反映报表中的项目与总体的关系及其变动情况。会计报表经过垂直分析法处理后，通常称为同度量报表，或称为总体结构报表，共同比报表等。

3. 趋势分析法

趋势分析法是通过连续若干期相同指标的对比，来揭示各期之间的增减变化，据以预测经济发展趋势的一种分析方法。采用趋势分析法，在连续的若干期之间，可以按绝对数进行对比，也可以按相对数（即比率）进行对比；可以以某个时期为基期，其他各期均与该时期的基数进行对比；也可以在各个时期之间进行环比，即分别以上一时期为基期，下一时期与上一时期的基数进行对比。

［例 14－1］假定某工业企业从 2008 年到 2012 年间，某种产品实际的单位成本分别为 230 元、240 元、245 元、250 元和 251 元。

从上列各年单位成本的绝对额可以看出，该种产品的单位成本呈逐年上升的趋势。

如果以 2008 年为基年，以该年单位成本 230 元为基数，规定为 100%，可以计算其他各年的单位成本与之相比的比率如下：

2009 年：$240/230 \times 100\% = 104.3\%$

2010 年：$245/230 \times 100\% = 106.5\%$

2011 年：$250/230 \times 100\% = 108.7\%$

2012 年：$251/230 \times 100\% = 109.1\%$

通过上列计算，可以看出该种产品成本 2008～2012 年，单位成本与 2008 年单位成本相比的上升程度。如果分别以上年为基数，可以计算各年环比的比率如下：

2009 年比 2008 年：$240/230 \times 100\% = 104.3\%$

2010 年比 2009 年：$245/240 \times 100\% = 102.1\%$

2011 年比 2010 年：$250/245 \times 100\% = 102.0\%$

2012 年比 2011 年：$251/250 \times 100\% = 100.4\%$

通过上列计算，可以看出，该种产品的单位成本都是逐年递增的，但各年递增的程度不同。

（二）指标分析法

指标分析可以按照基数还是相对数划分为对比分析法和比率分析法。

1. 对比分析法

对比分析法也称比较分析法。它是通过对两个或几个有关的数据进行对比，来揭示差异和矛盾，借以了解经济活动的成绩和问题的一种分析方法。该方法是分析的最基本的方法，没有比较，分析无法开始。企业各种成本报表的分析都要采用这种方法。

成本对比的基数由于分析的目的不同而有所不同，一般有计划数、定额数、前期实际数、以往年度同期实际数以及本企业的历史先进水平和国内外同行业的先进水平等。

将实际数与计划数或定额数对比，可以揭示计划或定额的执行情况。但在分析时还应检查计划或定额本身是不是既先进又切实可行。因为实际数与计划数或定额数之间的差异，除了实际工作的原因以外，还可能由于计划或定额太保守或不切实际。将本期实际数与前期实际数或以往年度同期实际数对比，可以考察经济业务的发展变化情况。将本期实际数与本企业的历史先进水平对比，将本企业实际数与国内外同行业的先进水平对比，可以发现与先进水平之间的差距，从而学习先进，赶上和超过先进。

对比分析法只适用于同质指标的数量对比，例如实际产品成本与计划产品成本对比，实际原材料费用与定额原材料费用对比，本期实际制造费用与前期实际制造费用对比等等。在采用这种分析方法时，应该注意相比指标的可比性。进行对比的各项指标，在经济内容、计算方法、计算期和影响指标形成的客观条件等方面，应有可比的共同基础。如果相比的指标之间有不可比因素，应先按可比的口径进行调整，然后再进行对比。

2. 比率分析法

比率分析法是通过计算各项指标之间的相对数，即比率，借以考察经济业务的相对效益的一种分析方法。

比率分析法主要有相关指标分析法和构成比率分析法两种。

①相关指标比率分析法。它是计算两个性质不同而又相互关联的指标的比率进行数量分析的方法。在实际工作中，由于企业规模的不同等原因，单纯地对比产值、销售收入或利润等绝对数多少，不能说明各个企业经济效益好坏，如果将成本指标与反映生产、销售等生产经营成果的产值、销售收入、利润指标对比，计算成本与产值、销售收入或利润相比的相对数，即产值成本率、销售收入成本率或成本利润率，就可以反映各企业经济效益的好坏。

②构成比率分析法。它是计算某项指标的各个组成部分占总体的比重，即部

分与全部的比率进行数量分析的方法。可以用以说明指标的内部构成情况及其变化。例如将构成产品成本的各项费用分别与产品成本总额相比,计算产品成本的构成比率;又可将构成管理费用的各项费用分别与管理费用总额相比,计算管理费用的构成比率。通过这种分析,可以反映产品成本或者经营管理费用的构成是否合理。

无论采用什么比率分析法,进行分析时,还应将比率的实际数与其基数进行对比,揭示其与基数之间的差异。例如,进行相关指标比率的成本利润率分析时,还应将实际的成本利润率与计划的或前期实际的成本利润率进行对比,揭示其与计划、前期实际之间的差异。进行构成比率分析时也是如此。

(三)因素分析法

因素分析法是依据分析指标和影响因素的关系,从数量上确定各项因素对指标的影响程度的一种分析方法。采用对比分析法和比率分析法,可以揭示实际数与基数之间的差异,但不能揭示产生差异的因素和各因素的影响程度。采用因素分析法就可以解决这一问题,从而找出主要矛盾,明确进一步调查研究的主要方向。

因素分析法的具体步骤是:

①根据成本指标的计算公式确定影响该指标变动的各个相关因素,并分解成基数指标体系和实际指标体系;

②根据“数量在先,质量在后;实物量在先,货币量在后;主要因素在先,次要因素在后”的原则,排列各个因素的顺序;

③按确定的因素顺序,依次将每项因素的基数替换为实际数,逐步进行计算,有几项因素就替换计算几次,每次计算结果与前一次替换的计算结果进行对比,以确定每项因素对成本指标的影响程度;

④将各项因素的影响程度的代数和与成本指标变动的差异总额核对相符。

因素分析法应用时具体分为两种:连环替代法和差额计算分析法。

1.连环替代法

连环替代法就是依次用分析值替代标准值,测定各因素对财务指标的影响。其计算的具体原理和程序描述如下:

(1)确定影响指标的变化受哪些因素影响,根据指标与因素的依存关系,列出计算公式,然后代入基期数字,以基期计划数与报告期实际数之差作为分析对象。

设某一经济指标 A 是由 x,y,z 三个因素组成。其计划指标 $A_0$ 是由 $x_0$,$y_0$,$z_0$ 三个因素相乘的结果;实际指标 $A_1$ 是由 $x_1$,$y_1$,$z_1$ 三个因素相乘的结果:

$$A_0 = x_0 \times y_0 \times z_0$$

$$A_1 = x_1 \times y_1 \times z_1$$

其计划与实际的差异(V)为:

$$V = A_1 - A_0$$

(2)按照公式中所列因素的同一顺序,逐次以各因素的实际数替换其基数;每次替换后实际数就被保留下来。有几个因素就替换几次,直到所有因素都变成实际数为止;每次替换都求出计算结果。

(3)将每次替换后所得结果,与其相邻近的前一次计算结果进行比较,两者的差额就是某一因素变动对综合经济指标的影响程度。

在分析各因素的变动对指标影响时,首先,确定三个因素替代的顺序依次为x, y, z;其次,假定其他两个因素y, z不变,先计算第一个因素x变动对指标的影响;然后,在第一个因素已变的基础上,计算第二个因素y变动的影响;依此类推,直到各个因素变动的影响都计算出来为止。用公式表示:

第一个因素变动的影响 $V_1$ 计算如下:

$A_0 = x_0 \times y_0 \times z_0$ (1)

$A_2 = x_1 \times y_0 \times z_0$ (2)

其计划与实际的差异(V)为:

$V_1 = (2) - (1) = A_2 - A_0$

上述计算,也可用下列公式(差额分析法)计算出 $V_1$ 来。

$V_1 = (x_1 - x_0) \times y_0 \times z_0$

第二个因素变动的影响 $V_2$ 计算如下:

$A_3 = x_1 \times y_1 \times z_0$ (3)

$V_2 = (3) - (2) = A_3 - A_2$

第三个因素变动的影响 $V_3$ 计算如下:

$A_1 = x_1 \times y_1 \times z_1$ (4)

$V_3 = (4) - (3) = A_4 - A_3$

(4)计算各因素变动影响的代数和。这个代数和应等于被分析指标实际与基数的总差异数。

$V = V_1 + V_2 + V_3$

[例14-2] 根据表14-1资料,采用因素分析法分析企业产品的材料费用总额(假定指标为三项因素的乘积)。

表14-1 某企业产品原材料消耗情况表

| 指标 | 单位 | 计划数(基数) | 实际数 | 差异 |
|---|---|---|---|---|
| 产品产量 | 件 | 100 | 120 | +20 |
| 单耗 | 公斤 | 20 | 18 | -2 |
| 材料单价 | 元 | 4 | 5 | +1 |
| 材料总费用 | 元 | 8 000 | 10 800 | +2 800 |

因素分析法的步骤如下:

首先,用比较分析法,将材料费用总额的实际数与计划数对比,确定实际脱离定额的差异作分析对象:10 800 - 8 000 = +2 800(元)。差异是由产量增加、单位产品材料消耗量降低和材料单价升高三个因素综合影响的结果。

其次,材料成本总额实际比计划多2800元,其影响因素依次有产品产量、材料单耗、材料单价,用因素替代法计算和分析如下:

①计划指标:100件×20公斤×4元/公斤=8 000元

②第一次替代(产品产量):120件×20公斤×4元/公斤=9 600元

③第二次替代(材料单耗):120件×18公斤×4元/公斤=8 640元

④第三次替代(材料单价):120件×18公斤×5元/公斤=10 800元

⑤分析:

② - ① =1 600元

由于产量增加使材料成本上升1 600元

③ - ② = -960元

由于材料消耗的节约使材料成本下降960元

④ - ③ =2 160元

由于材料价格提高使材料成本上升2 160元

在各因素共同影响下,使材料实际成本比计划数超2 800元。

从以上分析计算可以看出,该种产品直接材料费用超支2800元。直接材料费用超支的第一个主要原因是材料单价的提高(影响程度为2160元),这是企业材料供应部门的责任。直接材料费用超支的第二个主要原因是产量增加。如果这种产品是适销对路的,由于产品数量增加而引起的材料的超额领用,是允许的,否则将会由于产品积压而造成浪费。在材料消耗方面则不仅没有超支,而且还是节约的。如果产品数量没有增加、材料单价没有提高,直接材料费用不仅不会超支,而且还会节约960元,这一般是生产车间成本管理的成绩。应该在以上分析计算的基础上,进一步查明产品数量增加、材料单价提高以及单位产品材料消耗节约的具体原因,以便采取措施克服缺点、发扬成绩,节约产品的直接材料费用。

从以上举例可以看出,计算某项因素变动的影响程度时,假定其他因素不变(只有这样才能算出该项因素变动的影响程度),还假定前面的因素已经变动,后面的因素尚未变动。因此,采用这种分析方法,必须按照事物的发展规律和各因素的相互依存关系合理排列各因素的顺序。

确定各因素排列顺序的一般原则是:如果既有数量因素又有质量因素,先计算数量因素变动的影响,后计算质量因素变动的影响;如果既有实物数量因素又有价值数量因素,先计算实物数量因素变动的影响,后计算价值数量因素变动的影响;如果有几个数量因素或质量因素,还应区分主要因素和次要因素,先计算主要因素变动的影响,后计算次要因素变动的影响。

2. 差额计算分析法

差额计算分析法是根据各项因素的实际数与基数的差额来计算各项因素影响程度的方法,这种方法的原理与连环替代法相同,是连环替换分析法的一种简化的计算方法。

[例 14-3] 按前例产品直接材料费用的资料,采用差额计算分析法计算如下:

①产量变动的影响:(120 件-100 件)×20 公斤×4 元/公斤=1 600 元

②材料单耗变动的影响:120 件×(18 公斤-20 公斤)×4 元/公斤=-960 元

③材料单价变动的影响:120 件×18 公斤×(5 元/公斤-4 元/公斤)=2 160 元

④各因素综合影响:1 600 元-960 元+2 160 元=2 800 元

这种分析法与因素分析法的因素排列顺序如果相同,则计算结果完全相同。

在只有两项因素的情况下,由于能够简便、合理地排列因素的顺序,因而普遍地采用差额计算分析法。例如,影响单位产品材料费用大小的因素只有材料消耗数量和材料价格(即单价)两项,按照事物总是从量变到质变的发展规律,可以很容易地确定材料消耗数量因素排列在前,材料价格因素(质量因素)排列在后,因而在单位产品材料费用的分析工作中,普遍地采用这种分析方法计算材料消耗数量变动(量差)和材料价格变动(价差)对材料费用变动的影响程度,计算既准确又简便。

以上所述比率分析法、因素分析法、差额计算分析法和趋势分析法,实质上都是对比分析法。比率分析法是分子指标与分母指标的对比,以及据以算出的相对数指标的实际数与基数的对比。因素分析法和差额计算分析法则是各项因素替换结果的对比。趋势分析法是作为分析趋势基础的各期指标之间的对比。应该指出的是:不论什么分析方法,都只能为进一步调查研究指明方向,而不能代替调查研究。要确定经济业务好坏的具体原因,并据以提出切实有效的建议和措施来改进工作,都必须在采用某些分析方法进行分析的基础上,深入实际进行调查研究。

## 三、成本分析报告

成本分析报告是在各部门、各级成本分析的基础上,由成本部门写成的文字报告,是向企业领导或广大群众及职工说明成本情况的书面汇报材料。报告的主要内容分为以下几类:

(一)情况反映

利用成本相关的主要经济技术指标的本期实际数与计划数的比较说明成本计划的完成情况,并做出分析评价。

(二)成绩说明

实事求是地把职工在降低成本、提高效益活动中所取得的成就反映出来,总结和发扬职工降低成本的经验。

(三)问题分析

客观地把成本计划执行中存在的问题揭示出来,并分析原因,分清责任。

(四)提出建议

针对取得的经验和存在的问题提出改进成本工作,提高效益潜力的建议和措施。提出下一期企业成本工作要求和目标。

## 第三节 产品成本分析的具体内容

### 一、全部产品成本计划完成情况分析

分析全部产品成本计划完成情况,目的是从整个核算单位的角度考查全部商品产品、可比产品、不可比产品的成本计划完成情况,并在此基础上分析成本水平变动的基本原因,评价成本管理工作,把握降低成本的方向。根据前一章对产品生产成本报表的编制,对产品成本进行分析时,也要从按成本项目反映和按产品种类反映两个方面来分析。

(一)按产品种类分析

成本表上列明了本年累计实际数、本年计划数和上年实际数,都是整个年度的生产费用和产品成本,可以就产品生产成本合计数、生产费用合计数及其各项生产费用进行对比,揭示差异,以便进一步分析、查明发生差异的原因。

按产品种类反映的生产成本表的分析,一般可以从以下两个方面进行:1.本期实际成本与计划成本的对比分析;2.本期的实际成本与上年实际成本的对比分析。

1.本期实际成本与计划成本的对比分析

进行这一方面成本分析,应该根据表中所列全部产品和各种主要产品的本月实际总成本和本年累计实际总成本,分别与其本月计划总成本和本年累计计划总成本进行比较,确定全部产品和各种主要产品实际成本与计划成本的差异,了解成本计划的执行结果。

2.本期实际成本与上年实际成本的对比分析

对于可比产品(即本企业以前正式生产过的、有历史成本资料的产品),可以进行本期实际成本与上年实际成本的对比分析,分析可比产品成本本期比上年的升降情况。如果企业或上级机构规定可比产品成本降低计划,即成本的计划降低率或降低额,还应进行可比产品成本降低计划执行结果的分析。进行这一方面分析时,应注意可比产品与不可比产品的划分是否正确。

[例 14-4] 按品种类别分析的全部商品产品成本分析表如表 14-2。

表 14-2 全部商品产品成本分析表

（按品种类别分析） 2013 年度

| 产品名称 | 产品总成本 | | 实际与计划比较 | | 对全部成本完成的影响（%） |
| --- | --- | --- | --- | --- | --- |
| | 计划 | 实际 | 降低额 | 降低率（%） | |
| | ① | ② | ③=①-② | ④=③÷① | ⑤=③÷①合计 |
| 一、可比产品 | 6 740 000 | 6 750 000 | -10 000 | -0.1484 | -0.1292 |
| 1. A 产品 | 3 720 000 | 3 690 000 | 30 000 | 0.8065 | 0.3876 |
| 2. B 产品 | 3 020 000 | 3 060 000 | -40 000 | -1.3245 | -0.5168 |
| 二、不可比产品 | 1 000 000 | 980 000 | 20 000 | 2 | 0.2584 |
| 1. C 产品 | 1 000 000 | 980 000 | 20 000 | 2 | 0.2584 |
| 全部商品产品 | 7 740 000 | 7 730 000 | 10 000 | 0.1292 | 0.1292 |

注：表列“-”号表示成本上升，下同。

分析：由表 14-2 可知，实际成本与计划成本比较，企业 2013 年度全部商品产品下降 0.1292%，降低额为 10000 元。可比产品中：A 产品成本下降 0.8065%，降低额 30000 元，使企业成本总水平降低 0.3876%，超额完成计划任务；但 B 产品成本上升 1.3245%，上升额达 40000 元，使企业成本总水平上升 0.5168%；整个可比产品的实际成本比计划成本上升 0.1484%，上升 10000 元。不可比产品下降 2%，下降 20000 元。

总的来看，企业的成本计划执行较好，实际成本水平比计划水平有所降低，超额完成任务。但 B 产品成本计划没有完成，其原因需进一步分析。

（二）按成本项目分析

按成本项目分析全部商品产品计划完成情况，主要是分析全部商品产品实际成本与计划成本的差异，主要是由哪些成本项目的变动引起的，以利于从成本项目上把握降低成本的方向。

[例 14-5] 按成本项目分析的全部商品产品成本分析表如表 14-3。

表 14－3 产品成本分析表

（按成本项目分析）

| 成本项目 | 产品成本 | | 实际与计划比较 | | 对全部成本完成的影响（%） |
|---|---|---|---|---|---|
| | 计划 | 实际 | 降低额 | 降低率（%） | |
| | ① | ② | ③＝②－① | ④＝③÷① | ⑤＝③÷①合计 |
| 直接材料 | 5 304 300 | 5 212 500 | 91 800 | 1.7307 | 1.1860 |
| 直接工资 | 1 427 400 | 1 635 000 | －207 600 | －14.5439 | －2.6821 |
| 制造费用 | 1 008300 | 882 500 | 125 800 | 12.4764 | 1.6253 |
| 商品产品成本 | 7 740 000 | 7 730 000 | 10 000 | 0.1292 | 0.1292 |

分析：由表 14－3 可知，实际与计划相比，企业全部商品产品成本降低 0.1292%，降低额 10000 元，其主要原因是由于直接材料费用和制造费用减少了 217600 元（91800＋125800），使总成本下降了 2.8113%（1.186%＋1.6253%），但由于直接工资增加了 207600 元，使总成本上升了 2.6821%，因此使总成本只下降了 0.1292%。总的来说，企业总体成本计划已完成，直接材料和制造费用消耗都超额完成计划指标，但直接工资上升较多，需要进一步对工资构成进行分析，查明上升原因是主观因素还是客观因素造成。

### 三、可比产品成本降低任务完成情况的分析

可比产品一般是企业的连年正常生产的主要产品，对企业成本影响大，也是企业成本管理的重点。为了促使可比产品的成本不断降低，年度成本计划中通常要单列可比产品成本降低计划表，规定年度降低额和降低率，并要求进行成本降低计划完成情况的分析。这种分析的目的主要是查明影响成本降低计划完成的各种因素，因而一般采用因素替代法。

［例 14－6］某企业 2013 年可比产品的计划和实际成本资料如表 14－4、14－5，分析其降低任务完成情况。

表 14－4 可比产品成本计划表

| 产品名称 | 计划产量 | 单位成本 | | 总成本 | | 计划降低 | |
|---|---|---|---|---|---|---|---|
| | | 上年实际 | 本年计划 | 按上年单位成本计算 | 按计划单位成本计算 | 降低额 | 降低率（%） |
| | ① | ② | ③ | ④＝①×② | ⑤＝①×③ | ⑥＝④－⑤ | ⑦＝⑥÷④ |
| A 产品 | 825 | 50 | 45 | 41 250 | 37 125 | 4 125 | 10 |
| B 产品 | 500 | 100 | 95 | 50 000 | 47 500 | 2 500 | 5 |
| 合计 | － | － | － | 91 250 | 84 625 | 6 625 | 7.260 |

表 14－5　　可比产品成本实际完成情况

| 产品名称 | 实际产量 | 单位成本 | | 总成本 | | 计划降低 | |
|---|---|---|---|---|---|---|---|
| | | 上年实际 | 本年计划 | 按上年单位成本计算 | 本年实际 | 降低额 | 降低率(%) |
| | ① | ② | ③ | ④＝①×② | ⑤＝①×③ | ⑥＝④－⑤ | ⑦＝⑥÷④ |
| A 产品 | 1100 | 50 | 44.5 | 55 000 | 48 950 | 6 050 | 11 |
| B 产品 | 500 | 100 | 94 | 50 000 | 47 000 | 3 000 | 6 |
| 合计 | － | － | － | 105 000 | 95 950 | 9 050 | 8.619 |

由表 14－4、14－5 可计算：企业可比产品成本降低计划的执行结果，实际比计划多降低 2 425 元(9 050－6 625)，多降低 1.359%(8.619%－7.260%)。影响这一结果的因素主要有三个：产品产量变动、产品单位成本变动、产品品种结构变动，需要进一步分析计算其影响程度。

(一)产品产量变动对成本降低任务完成情况的影响

由于可比产品成本降低任务是根据计划产量计算的，而实际完成成本降低任务的结果是根据实际产量计算的，在产品品种结构和产品单位成本不变的情况下，当产品产量增减变动时，只会使成本降低额同比例、同方向增减，而不会影响成本降低率。因此，只需计算产品产量变动对成本降低额的影响，计算如下：

$$\text{产品产量变动对成本降低额的影响程度}=[\sum(\text{本年实际产量}\times\text{上年实际单位成本})-\sum(\text{本年计划产量}\times\text{上年实际单位成本})]\times\text{计划降低率}$$

$$=[(1\ 100\times50+500\times100)-(825\times50+500\times100)]\times7.26\%$$

$$=998(\text{元})$$

(二)产品单位成本变动对成本降低任务完成情况的影响

可比产品成本的计划降低指标和实际执行结果都是以上年成本水平为基数计算的，因此，当实际单位成本与计划单位成本有差异时，就必然引起成本降低额和降低率的变动。实际单位成本比计划单位成本降低越多，降低额和降低率就越大。产品单位成本变动对成本降低额和降低率的影响程度分别计算如下：

$$\text{产品单位成本变动对成本降低率的影响程度}=\frac{\text{单位成本变动对降低额的影响程度}}{\sum(\text{实际产量}\times\text{上年实际单位成本})}\times100\%=\frac{1050}{1\ 100\times50+500\times100}=1\%$$

$$\text{产品单位成本变动对成本降低额的影响程度}=\sum(\text{实际产量}\times\text{计划单位成本})-\sum(\text{实际产量}\times\text{实际单位成本})$$

$$=(1\ 100\times45+500\times95)-(1\ 100\times44.5+500\times94)$$

$$=1\ 050(\text{元})$$

(三)产品品种结构变动对成本降低任务完成情况的影响

产品品种结构是指各种产品产量占全部产品总产量的比重。这里所说的产品品种结构是指可比产品的品种结构。当各种产品的产量不同比例、不同方向增减变动时,就会引起品种结构的变动。各种可比产品成本降低率是不同的,当成本降低率大的品种在全部可比产品中所占比重,实际比计划提高,全部可比产品的成本降低率和降低额就会增大;反之亦然。产品品种结构变动对成本降低额和降低率的影响程度分别计算如下:

$$\begin{array}{c}\text{产品品种结构变动}\\\text{对成本降低率的影响程度}\end{array}=\frac{\sum(\text{实际产量}\times\text{上年单位成本})-\sum(\text{实际产量}\times\text{计划单位成本})}{\sum(\text{实际产量}\times\text{上年单位成本})}\times 100\%-\text{计划降低率}$$

$$=\frac{(1\ 100\times50+500\times100)-(1100\times45+500\times95)}{1\ 100\times50+500\times100}\times100\%-7.260\%$$

$$=0.359\%$$

$$\begin{array}{c}\text{产品品种结构变动}\\\text{对成本降低额的影响程度}\end{array}=\sum(\text{实际产量}\times\text{上年实际单位成本})\times\text{对成本降低率的影响程度}=(1100\times50+500\times100)\times0.359\%=377(\text{元})$$

产品品种结构变动对成本降低额和降低率的影响程度,还可以用余额推算法简化计算。

由于影响成本降低额的因素有产品产量、产品单位成本、产品品种结构三个,如果已经计算出产品产量、产品单位成本对成本降低额的影响程度,那么产品品种结构对成本降低额的影响程度可用下式推算:

$$\begin{array}{c}\text{产品品种结构变动对}\\\text{成本降低额的影响程度}\end{array}=\left(\begin{array}{c}\text{实际成本}\\\text{降低额}\end{array}-\begin{array}{c}\text{计划成本}\\\text{降低额}\end{array}\right)-\left(\begin{array}{c}\text{产量变动对成本}\\\text{降低额的影响程度}\end{array}+\begin{array}{c}\text{产品单位成本变动}\\\text{对成本降低额的影响程度}\end{array}\right)=(9\ 050-6\ 625)-(998+1050)=377(\text{元})$$

同理,影响成本降低率的因素只有产品单位成本和产品品种结构两个,如果已经计算出产品单位成本对成本降低率的影响程度,那么,产品品种结构变动对降低率的影响程度可用下式推算:

$$\begin{array}{c}\text{产品品种结构变动对}\\\text{成本降低率的影响程度}\end{array}=\left(\begin{array}{c}\text{实际成本}\\\text{降低率}\end{array}-\begin{array}{c}\text{计划成本}\\\text{降低率}\end{array}\right)-\begin{array}{c}\text{产品单位成本变动对}\\\text{成本降低率的影响程度}\end{array}$$

$$=8.619\%-7.260\%-1\%=0.359\%$$

根据以上计算结果,各因素对成本降低任务完成的影响程度综合如表 14－6 所示。

表 14－6　各因素对成本降低任务完成的影响程度

| 影响因素 | 影响程度 | |
|---|---|---|
| | 降低额(元) | 降低率(%) |
| 产品产量增加 | 998 | —— |
| 单位成本降低 | 1 050 | 1% |
| 产品品种结构变动 | 377 | 0.359% |
| 合 计 | 2 425 | 1.359% |

由表 14－6 可知，企业可比产品降低计划执行较好，当年实际比计划多降低 2425 元，多降低 1.359%。分析其原因：一是由于产量增加，使成本降低额增加 998 元；二是由于产品单位成本降低而使成本降低额增加 1050 元，多降低 1%；三是由于产品品种结构变动，多生产了成本降低较多的 A 产品，使成本降低额增加了 377 元，多降低 0.359%。

## 四、主要产品单位成本分析

全部商品产品和可比产品成本分析都是从总体上综合评价企业的成本计划完成情况及其原因。为了找出产品成本变动的具体原因，还必须对各主要产品逐一进行单位成本分析，以便与前述综合分析相结合，提出降低成本的措施。主要产品单位成本的分析，主要采用因素替代分析法。

［例 14－7］某企业 2013 年 A 产品单位成本资料如表 14－7。

表 14－7　A 产品单位成本分析表

| 成本项目 | 计划 | 实际 | 实际与计划 | | 各成本项目对单位成本的影响（%） |
|---|---|---|---|---|---|
| | | | 降低额 | 降低率（%） | |
| | ① | ② | ③＝①－② | ④＝③÷① | ⑤＝③÷① |
| 直接材料 | 163 | 161.65 | 1.35 | 0.8282 | 0.5444 |
| 直接人工 | 60 | 60.25 | －0.25 | －0.4167 | －0.1008 |
| 制造费用 | 25 | 24.1 | 0.9 | 3.6 | 0.3629 |
| 单位成本 | 248 | 246 | 2 | 0.8065 | 0.8065 |

由表 14－7 可知：从 A 产品成本项目构成看，主要是由于直接材料费用降低了 1.35 元，影响单位成本下降了 0.5444%；其次是由于制造费用节约了 0.9 元，影响单位成本降低了 0.3629%；但是由于直接人工费用上升了 0.25 元，影响单位成本上升了 0.1008%，三项费用共计使单位成本实际比计划降低了 2 元，下降了 0.8065%，说明企业计划任务超额完成，但直接工资计划没有完成，具体原因需进一步分项目进行分析。

### （一）直接材料费项目的分析

材料费用是成本构成中的主要项目，一般占成本的较大比重，是降低成本的关键，因而也是成本分析的重点。

影响直接材料费用的因素有材料消耗量和材料单价。计算公式为：

单位产品中的直接材料费用＝∑（单位产品材料耗用量×材料单价）

分析这两个因素对计划单位成本影响程度的公式为：

材料消耗量变动对计划单位成本的影响 = Σ（实际耗用量 - 计划耗用量）× 材料单价

材料价格变动对计划单位成本的影响 = Σ（实际单价 - 计划单价）× 实际耗用量

上例中 A 产品的直接材料费用有关资料如表 14 - 8

表 14 - 8　　A 产品直接材料费用分析表

| 材料名称 | 计量单位 | 计划 | | | 实际 | | |
|---|---|---|---|---|---|---|---|
| | | 耗用量 | 单价 | 金额 | 耗用量 | 单价 | 金额 |
| | | ① | ② | ③ = ① × ② | ④ | ⑤ | ⑥ = ④ × ⑤ |
| 甲材料 | 千克 | 4.25 | 30 | 127.5 | 4.1 | 29.5 | 120.95 |
| 乙材料 | 千克 | 2.5 | 14.2 | 35.5 | 2.2 | 18.5 | 40.70 |
| 合计 | — | — | — | 163 | — | — | 161.65 |

材料耗用量变动对单位计划成本的影响 = (4.1 - 4.25) × 30 + (2.2 - 2.5) × 14.2 = -8.76（元）

材料单价变动对单位计划成本的影响 = 4.1 × (29.5 - 30) + 2.2 × (18.5 - 14.2) = 7.41（元）

分析：由于节约了材料单耗，使单位产品的实际材料成本比计划成本下降了 8.76 元；由于材料单价上涨，使单位产品的实际材料成本比计划成本上升了 7.41 元；两个因素共同影响的结果，使直接材料费用实际比计划减少了 1.35 元（ -8.76 +7.41）。材料单耗与材料质量、产品结构、废料数量及其回收利用情况等有关，材料单耗的降低，是企业在管理和技术改进上主观努力的结果。材料价格的上涨，可能是不可控的市场因素造成的，但也需要进一步查明在进货渠道、地点、运输工具的选择等方面有无管理上的问题，以利于采取措施降低材料成本。

（二）直接人工费项目的分析

直接人工费用是产品成本构成的另一个重要项目，在劳动密集型企业，其所占比重并不小。这项费用的变动还反映企业劳动生产率和劳动者生活水平的变动，因而对这项费用的分析，具有十分重要的意义。

直接人工费用的大小，取决于企业的工资制度、分析方法和劳动生产率等。在计件工资制下，直接人工费用随产量变动，单位产品中的工资含量在一定时期内是不变的，所以无需进行分析。但在计时工资制下，劳动生产率提高，单位产品的工资含量就会随产量的提高而降低；而提高工资待遇，就会使单位产品的工资含量上升。反之亦然。因此，直接人工费用的分析，一般是在计时工资制下进行的，分析的方法主要是因素替代法。

1. 多产品生产中的直接人工费用分析

在多产品生产中,单位产品的直接人工费用受单位产品耗用工时和小时工资两个因素的影响。计算公式为:

$$\text{单位产品中的直接人工费用} = \text{单位产品耗用工时数} \times \text{小时工资}$$

分析这两个因素对计划单位成本影响程度的公式为:

$$\text{单位产品耗用工时变动的影响} = (\text{单位产品实际耗用工时} - \text{单位产品计划耗用工时}) \times \text{计划小时工资}$$

$$\text{小时工资变动的影响} = \text{单位产品实际耗用工时} \times (\text{实际小时工资} - \text{计划小时工资})$$

前例中,直接人工费用分析资料如表 14-9。

表 14-9　A 产品直接人工费用资料表

| 项 目 | 计划数 | 实际数 |
|---|---|---|
| 单位 A 产品直接人工费用 | 60 | 60.25 |
| 单位 A 产品耗用工时 | 12 | 10.72 |
| 小时工资 | 5 | 5.62 |

由表 14-9 所列资料,单位 A 产品的直接人工费用分析如下:

$$\text{单位产品耗用工时变动的影响} = (10.72 - 12) \times 5 = -6.4(\text{元})$$

$$\text{小时工资变动的影响} = 10.72 \times (5.62 - 5) = 6.65(\text{元})$$

分析:由于单位产品耗用工时数减少,节约了劳动时间,使单位产品的直接人工费减少 6.4 元;由于小时工资的提高,使单位产品的直接人工费用增加 6.65 元。两因素共同影响的结果,使单位产品的直接人工费用上升 0.25 元(6.65-6.4)。

单位产品耗用工时的变动,受劳动生产率变动的影响,劳动生产率提高,单位产品耗用工时就减少;反之,则增加。小时工资是根据直接工资总额和生产总工时计算的。生产总工时可通过考勤记录确定。对直接工资总额,应分析其增长是否与劳动生产率的提高、生产的增长相适当。

2. 单一产品生产中的直接人工费用分析

若核算单位只生产一种产品,则单位产品中的直接人工费用由产品产量和直接工资总额两个因素决定。计算公式为:

$$\text{单位产品中的直接人工费用} = \frac{\text{直接工资总额}}{\text{产品产量}}$$

用因素替代法作产量和直接工资总额的两因素分析。

$$\text{产品产量变动的影响}=\frac{\text{计划直接工资总额}}{\text{实际产量}}-\frac{\text{计划直接工资总额}}{\text{计划产量}}$$

$$\text{直接工资总额变动的影响}=\frac{\text{实际直接工资总额}}{\text{实际产量}}-\frac{\text{计划直接工资总额}}{\text{实际产量}}$$

前例中,假定企业只生产A产品,有关资料如表14－10。

表14－10　　　　A产品生产工人工资总额及产量

| 项 目 | 计划数 | 实际数 |
| --- | --- | --- |
| 生产工人工资总额 | 840 000 | 903 750 |
| 产 量 | 14 000 | 15 000 |

根据表14－10资料,计算如下:

$$\text{产品产量变动的影响}=\frac{840\ 000}{15\ 000}-\frac{840\ 000}{14\ 000}=-4(\text{元})$$

$$\text{直接工资总额变动的影响}=\frac{903\ 750}{15\ 000}-\frac{840\ 000}{15\ 000}=4.25(\text{元})$$

分析:实际与计划相比,由于实际产量提高使单位产品中直接人工费用下降4元,但由于实际直接工资总额的增加,使单位产品直接人工费用上升4.25元。两因素共同影响,使实际单位产品成本上升0.25元。

(三) 制造费用项目的分析

制造费用项目也是产品成本构成中的基本项目,一般占比重不大。但由于制造费用中相当一部分费用是可控制的费用,进行该项目的分析,可以促进可控费用开支的节约。单位产品中的制造费用的大小,由产品品种结构、产量和费用分配方法所决定。

1.多产品生产中的制造费用项目分析

在生产多种产品的企业或车间,单位产品成本中的制造费用项目,取决于单位产品耗用工时数和制造费用小时分配标准,计算公式如下:

$$\text{单位产品中的制造费用}=\text{单位产品工时耗用数}\times\text{制造费用小时分配标准}$$

分析单位产品工时耗用、制造费用小时分配标准两因素的实际变动对计划成本的影响时,以下列公式计算:

$$\text{单位产品耗用工时变动中的影响}=(\text{单位产品实际耗用工时}-\text{单位产品计划耗用工时})\times\text{计划制造费用小时分配标准}$$

$$\text{制造费用小时分配标准变动的影响}=\text{单位产品实际耗用工时}\times(\text{实际制造费用小时分配标准}-\text{计划制造费用小时分配标准})$$

仍以前例，制造费用项目的分析资料如表 14－11。

表 14－11　　A 产品制造费用资料

| 项 目 | 计划数 | 实际数 |
|---|---|---|
| 单位 A 产品中的制造费用 | 25 | 24.1 |
| 单位 A 产品耗用工时 | 12 | 10.72 |
| 制造费用小时分配标准 | 2.0833 | 2.2481 |

根据表 14－11 所列资料，计算单位 A 产品耗用工时和制造费用小时分配标准变动对计划单位成本的影响：

$$\text{单位产品耗用工时变动的影响} = (10.72 - 12) \times 2.0833 = -2.67\text{（元）}$$

$$\text{制造费用小时分配标准变动的影响} = 10.72 \times (2.2481 - 2.0833) = 1.77\text{（元）}$$

分析：计算表明，实际与计划相比，由于单位 A 产品耗用工时数的减少，使单位产品中的制造费用减少 2.67 元；由于制造费用小时分配标准的提高，使单位产品中的制造费用增加 1.77 元。两因素共同影响，使单位产品中的制造费用减少 0.9 元。

可见，要降低单位产品中的制造费用，就必须提高劳动生产率，减少单位产品的工时耗费，同时要节约制造费用开支，降低制造费用的小时分配标准。

2. 单一产品生产制造费用的项目分析

在生产单一产品的企业或车间，单位产品制造费用可直接根据产量计算，公式如下：

$$\text{单位产品制造费用} = \frac{\text{制造费用总额}}{\text{产品产量}}$$

公式中，单位产品的制造费用由“产量”和“制造费用总额”两个因素决定，因而，可作两因素的替代分析，计算公式如下：

$$\text{产品产量变动的影响} = \frac{\text{计划制造费用总额}}{\text{实际产量}} - \frac{\text{计划制造费用总额}}{\text{计划产量}}$$

$$\text{制造费用总额变动的影响} = \frac{\text{实际制造费用总额}}{\text{实际产量}} - \frac{\text{计划制造费用总额}}{\text{计划产量}}$$

前例中，假定企业只生产 A 产品，有关资料如表 14－12。

表 14－12　　A 产品制造费用总额及产量

| 项 目 | 计划数 | 实际数 |
|---|---|---|
| 制造费用总额 | 350 000 | 361 500 |
| 产 量 | 14 000 | 15 000 |

根据表 14－12 计算如下：

$$\text{产品产量变动的影响}=\frac{350\,000}{15\,000}-\frac{350\,000}{14\,000}=23.3333-25=-1.67(\text{元})$$

$$\text{制造费用总额变动的影响}=\frac{361\,500}{15\,000}-\frac{350\,000}{15\,000}=24.1-23.3333=0.77(\text{元})$$

分析：实际与计划相比，由于实际产量提高使单位产品的制造费用下降 1.67 元，但由于实际制造费用总额的增加，使单位产品的制造费用上升 0.77。两个因素共同影响，使单位产品的实际制造费用降低 0.9 元(0.77－1.67)。

## 五、产品成本的技术经济分析

与企业产品生产的工艺技术特点有关的经济指标称为技术经济指标。各种技术经济指标的变动直接或间接地影响着产品成本，分析这些指标对产品成本的影响程度，从生产技术上查明成本变动的原因，对于寻求降低成本的途径和措施，提高企业的经济效益有重要的现实意义。不同的企业，生产不同的产品，其生产工艺特点不同，进行产品成本分析时，所采用的技术经济指标会有所不同。但通常可以分析产品产量、生产设备利用情况、产品质量、劳动生产率、材料消耗等几个指标对产品成本的影响。

（一）产品产量变动对成本的影响

在一定的生产条件下，增加产量可以降低单位产品成本，减少产量会使单位产品成本上升。这是因为在产品的生产费用中，变动费用总额，如材料费用、计件工资等，随产量增加而增大，随产量减少而降低。但固定费用，如固定资产折旧费、企业的管理费等并不随产量变动。当产量增加时，固定费用总额并不增加，从而使单位产品负担的固定费用下降；而产量减少时，固定费用总额并不减少，从而使单位产品负担的固定费用上升。其原理可通过下式表达：

$$\text{单位产品成本}=\text{单位产品中的变动费用}+\frac{\text{固定费用总额}}{\text{产品产量}}$$

根据上述原理，如果分析产量变动对计划成本的影响，可采用下列公式：

$$\text{实际单位成本变动率}=\text{计划单位成本中固定费用所占比重}\times\left(\frac{1}{1+\text{产量增长率}}-1\right)\times 100\%$$

[例 14－8] 某企业生产 A 产品，计划单位成本 15 元/件，其中固定费用占 35%，本年度实际产量比计划产量降低 10%，计算本年度 A 产品的实际单位成本。

$$实际单位成本变动率 = 35\% \times (\frac{1}{1-10\%} - 1) \times 100\%$$

$$= 3.89\%（上升）$$

实际单位成本 = 15 × (1 + 3.89%) = 15.58（元/件）

（二）生产设备利用情况对成本的影响

企业现有设备利用水平与产品产量成正比例关系。设备利用率高，产品产量就大，而随产量提高，单位产品成本就会降低，因此生产设备的利用情况间接影响单位成本。分析生产设备实际利用水平对计划成本的影响，首先要计算一定设备使用效率下的总产量，其计算公式为：

$$总产量 = 现有设备台数 \times 设备使用率 \times 单台设备台时 \times 台时利用率 \times 台时产量$$

设备使用率是指使用设备量与现有设备量之比；台时是指单台设备工作小时；台时利用率是指使用台时与可用台时之比；台时产量是指单台设备每小时产量。根据总产量计算公式可计算总产量增长率：

$$总产量增长率 = (\frac{实际总产量}{计划总产量} - 1) \times 100\%$$

$$= (\frac{实际设备使用率 \times 实际台时利用率 \times 实际台时产量}{计划设备使用率 \times 计划台时利用率 \times 计划台时产量} - 1) \times 100\%$$

将上式代入前述产量影响的实际单位成本变动率公式，就可计算生产设备效率对单位成本的影响。

[例 14－9] 某企业生产 B 产品，本月计划单位成本 20 元/件，其中固定费用占 40%。生产设备利用情况如表 14－13，计算实际单位成本。

表 14－13　　生产设备利用情况表

| 项 目 | 计划 | 实际 |
|---|---|---|
| 设备使用率 | 90% | 95.4% |
| 台时利用率 | 85% | 91.8% |
| 台时产量 | 20 | 22 |

$$产量增长率 = (\frac{95.4\% \times 91.8\% \times 22}{90\% \times 85\% \times 20} - 1) \times 100\% = 25.928\%$$

$$实际单位成本变动率 = 40\% \times (\frac{1}{1+25.928\%} - 1) \times 100\% = -8.2358\%$$

实际单位成本 = 20 × (1 − 8.2358%) = 18.35（元/件）

（三）产品质量变动对成本的影响

如果产品质量提高，不需要增加生产消耗，也不增加质量预防成本，则必然会使单位产品成本降低。进行这项分析，可用的技术经济指标包括合格品率、废品率、产品返修率、产品平均等级系数、平均单价等等。这里仅以废品率和产品平均等级系数为例进行分析。

1. 废品率对产品成本的影响

由于废品不计入产量，而废品损失却要计入合格品成本，因此，废品率的高低会直接影响产品单位成本。其影响程度可用下列公式计算：

$$单位成本变动率=\frac{废品率\times(1-废品残值回收率)}{1-废品率}\times100\%$$

［例 14－10］某企业生产 C 产品，上月实际废品率为 5%，本月计划废品率 4%，本月实际废品率为 3%。该产品的废品残值回收率为 10%。

$$上月实际废品率对成本的影响=\frac{5\%\times(1-10\%)}{1-5\%}\times100\%=4.74\%$$

$$本月计划废品率对成本的影响=\frac{4\%\times(1-10\%)}{1-4\%}\times100\%=3.75\%$$

$$本月实际废品率对成本的影响=\frac{3\%\times(1-10\%)}{1-3\%}\times100\%=2.78\%$$

本月计划废品率降低 1%（5%－4%），使单位成本降低 0.99%（4.74%－3.75%）。本月实际执行计划结果，废品率比计划多降低了 1%（4%－3%），比上月实际多降低 2%（5%－3%），使单位成本比计划多降低了 0.97%，比上月实际多降低了 1.96%。

2. 平均等级系数变动对产品成本的影响

通过提高管理水平和技术水平使产品质量提高，产品等级系数也随之提高，从而使各等级品折算标准品的产量增多。虽然人为等级品耗用材料和加工过程相同，其单位成本也相同，但在总成本不变的情况下，产品的平均等级系数提高，就必然使折合产量的单位成本相应降低。反之，就会上升。平均等级系数变动对成本的影响可用下列公式计算：

$$单位产品成本变动率=-\frac{变动后的等级系数-变动前的等级系数}{变动后的等级系数}\times100\%$$

［例 14－11］某企业生产 D 产品，原计划平均等级系数为 0.9，实际生产出的产品平均等级系数为 1.05。

$$单位产品成本变动率=-\frac{1.05-0.9}{1.05\%}\times100\%$$

$$=-14.29\%（降低）$$

（四）劳动生产率变动对成本的影响

劳动生产率的提高,单位产品所耗工时会下降,但同时平均工资也会增加。如果劳动生产率提高的速度快于平均工资增长速度,单位产品中的工资含量就会降低;反之,就会上升。由此可根据劳动生产率的提高率和平均工资增长率计算对单位产品成本的影响。计算公式为:

$$\text{单位产品成本变动率} = -\ \text{单位产品成本中的工资含量} \times \left(1 - \frac{1 + \text{平均工资增长率}}{1 + \text{劳动生产率提高}}\right) \times 100\%$$

［例 14－12］某企业生产 E 产品,计划单位成本为 250 元,其中工资及福利费为 75 元。计划执行期间,平均工资增长 20%,劳动生产率提高 25%,则 E 产品实际单位成本计算如下:

$$\text{单位产品成本变动率} = -\frac{75}{250} \times \left(1 - \frac{1 + 20\%}{1 + 25\%}\right) \times 100\% = -1.2\%$$

实际单位产品成本＝250×(1－1.2%)＝247 元

在生产多种产品的情况下,由于生产工资按各产品耗用生产工时比例分配,单位产品成本中的工资额决定于单位产品工时消耗和小时工资两个因素。因此,分析劳动生产率变动对单位产品成本的影响,可改用下列公式计算:

$$\text{单位产品成本变动率} = -\ \text{单位产品成本中的工资含量} \times \left(1 - \frac{1 + \text{小时工资增长率}}{1 + \text{劳动生产率提高率}}\right) \times 100\%$$

(五)材料消耗量变动对成本的影响

产品成本中材料成本通常占相当大的比重,材料费用对单位产品成本影响很大。节约材料消耗,是降低单位产品成本最有效的手段之一。降低材料消耗的主要途径包括:

1. 通过提高材料利用率降低单位成本

通过改进生产工艺、合理下料、想方设法充分利用材料等,来降低单位成本中的材料费用。提高材料利用率对单位成本的影响程度,可按下列公式计算:

$$\text{单位产品成本变动率} = \text{计划单位成本中的材料费用比重} \times \left(1 - \frac{\text{实际材料利用率}}{\text{计划材料利用率}}\right) \times 100\%$$

［例 14－13］某企业生产 F 产品,计划材料利用率为 92%,计划单位产品成本为 60 元/件,其中,材料费用为 42 元。实际材料利用率为 96%。则:

$$\text{单位产品成本变动率} = \frac{42}{60} \times \left(1 - \frac{96\%}{92\%}\right) \times 100\% = -3.0435\%$$

由于材料利用率的提高,使单位产品成本降低 3.0435%。

2. 通过寻求代用材料降低单位成本

在保证产品质量的前提下,合理地使用廉价的代用材料,可降低材料单价,达到降低单位成本的目的。采用代用材料对单位成本的影响程度,可按下列公式计算:

$$单位产品成本变动率 = \frac{代用材}{料单耗} \times \frac{代用材}{料单价} - \frac{原用材}{料单耗} \times \frac{原用材}{料单价}$$

[例14－14] 某企业生产G产品，原使用木质外壳，现改用胶合纸质外壳，用量都是每10件耗1张，木板每张90元，胶合纸板每张40元。则：

$$单位产品成本变动额 = \frac{40-90}{10} = -5(元/件)$$

由于合理使用了代用材料，使单位产品成本降低5元。

3.通过改进产品设计，降低单位成本

在保证产品质量的前提下，改进产品设计，取消不必要的功能，可以节约材料，达到降低单位成本的目的。改变产品设计对材料成本的影响程度，可按下列公式计算：

$$单位材料成本变动率 = \frac{改变设计后的材料成本-改变设计前的材料成本}{改变设计前的材料成本} \times 100\%$$

[例14－15] 某企业生产H产品，改变设计前单位材料成本为45元，改变设计后的单位材料成本为40元。则：

$$单位材料成本变动率 = \frac{40-45}{45} \times 100\% = -11.11\%$$

由于改变产品设计，使单位产品材料成本下降了11.11%。

## 本章小结

1.成本分析是按照一定的原则，采用一定的方法，利用成本核算资料以及其他有关资料，对企业成本费用水平及其构成情况进行分析研究，查明影响成本费用升降的具体原因，寻找降低成本、节约费用的潜力和途径以达到用最少的劳动和资源消耗，取得最大的经济效益的一项管理活动。成本分析的目的是为了改进生产经营管理体制，节约生产耗费，不断降低成本，提高经济效益。

2.影响成本分析的因素可以分为固有(先天性)因素、宏观因素和微观因素三大类。企业成本分析的任务是揭示成本差异原因，掌握成本变动规律；合理评价成本计划完成情况，正确考核成本责任单位的工作业绩；检查企业是否贯彻执行国家有关的方针、政策和财经纪律；挖掘降低成本的潜力，不断提高企业经济效益。

3.成本分析评价标准主要有历史标准、行业标准和预算标准等。

4.成本分析的程序分为三个阶段：准备阶段(包括明确成本分析目的；确立成本分析标准；收集成本分析资料)、实施阶段(包含报表整体分析；成本指标分析；基本因素分析)和报告阶段(包括得出成本分析结论；提出可行的措施和建议；编写成本分析报告)。

5. 通常采用的分析方法有:成本整体分析法(包括水平分析法、垂直分析法、趋势分析法等)、指标分析法(包括对比分析法、比率分析法等)和因素分析法(含有连环替代法和差额分析法)。

6. 按成本项目反映和按产品种类反映两个方面对全部商品成本进行分析。从影响可比产品成本降低任务完成情况的因素(即产量因素、品种构成因素和单位成本因素)对可比产品进行分析。从直接材料费用、直接人工费用、制造费用和技术经济指标四个方面对单位产品成本进行分析,并从原材料利用率、劳动生产率、产品质量和生产设备的利用情况等四个方面展开技术经济指标对成本的影响进行详细分析。

## 本章综合复习题

### 一、思考题

1. 简述成本分析的内容及意义。
2. 成本分析包括哪些基本方法。
3. 如何进行全部产品成本计划完成情况分析?

### 二、选择题

1. 从狭义角度说,成本分析是指(　　)。
A. 成本事前分析　　B. 成本事后分析
C. 成本事中分析　　D. 成本全过程分析
2. 影响产品成本的微观因素是(　　)。
A. 市场需求和价格水平　　B. 生产管理制度的改革
C. 国家经济政策导向　　D. 企业的地理位置和资源条件
3. 成本分析准备阶段的主要工作是(　　)。
A. 确立成本分析标准　　B. 进行成本指标分析
C. 得出成本分析结论　　D. 提出可行的措施和建议
4. 差异分析法是指(　　)。
A. 实际指标与历史数据比较　　B. 本期实际指标与同行业先进指标比较
C. 本期实际指标与上年数据比较　　D. 实际指标与计划指标对比

5. 趋势分析法是将反映企业报告期成本的信息与反应企业前期或历史某一种成本状况的信息进行对比,研究企业经营业绩或成本状况发展变动情况的方法,它属于(　　)。

A. 比较分析法　　B. 因素分析法

C. 成本报表整体分析方法　　D. 连环替代分析法

6. 通过成本指标在本期与历史的数据对比,来揭示成本变动及其趋势的一种方法是(　　)。

A. 差异分析法　　B. 趋势分析法

C. 比率分析法　　D. 因素分析法

7. 把综合性指标分解为各个因素,研究诸因素变动对综合性指标变动影响程度的分析方法是(　　)。

A. 对比分析法　　B. 趋势分析法

C. 比率分析法　　D. 因素分析法

8. 对可比产品成本降低率不产生影响的因素是(　　)

A. 产品品种结构　　B. 产品产量

C. 产品单位成本　　D. 产品总成本

9. 采用连环替代法,可以揭示(　　)

A. 产生差异的因素

B. 实际数与计划数之间的差异

C. 产生差异的因素和各因素的影响程度

D. 产生差异的因素和各因素的变动原因

10. 生产多品种情况下,影响可比产品成本降低额变动的因素有(　　)。

A. 产品产量　　B. 产品单位成本

C. 产品价格　　D. 产品品种结构

**三、判断题**

1. 成本分析报告没有固定格式,企业只要说明成本计划的完成情况,不必提出建议。(　　)

2. 连环替代法先计算数量因素变动的影响,后计算质量因素变动的影响。(　　)

3. 应用连环替代法时,经济指标体系的组成因素必须是确实能够反映形成该项指标差异的内在构成原因。(　　)

4. 在任何情况下,产品产量的变动都会影响可比产品成本降低率。(　　)

5. 可比产品是指以前年度或上年度正常生产过的产品。(　　)

6. 产品成本降低额和降低率指标,计划数和实际数都是与上年进行比较计算的。(　　)

7. 单一产品成本降低率变动不受产品结构变动的影响。(　　)

8. 产量变动之所以影响产品单位成本，是由于产品全部成本中包括了一部分变动费用。(　　)

9. 运用连环替代法，各因素的单项影响值，即使采用不同的替代顺序计算的结果总是相同的。(　　)

10. 可比产品成本计划降低率并非可比产品成本降低计划。(　　)

**四、业务题**

1. 风华公司20××年度及该年12月份有关产品、产量、单位成本等资料如下表所示：

金额单位：元

| 产品名称 | 全年计划产量(台) | 全年实际产量(台) | 12月份实际产量(台) | 上年实际平均单位成本 | 本年计划单位成本 | 12月份实际单位成本 | 本年累计实际平均单位成本 |
|---|---|---|---|---|---|---|---|
| 可比产品 | | | | | | | |
| 甲 | 620 | 600 | 52 | 206 | 196 | 186 | 188 |
| 乙 | 840 | 900 | 75 | 128 | 110 | 112 | 116 |
| 不可比产品 | | | | | | | |
| 丙 | 200 | 220 | 20 | —— | 320 | 326 | 328 |

要求：编制按产品品种反映的商品产品成本表

2. 风华公司20××年甲产品单位成本资料如下表：

单位：元

| 成本项目 | 计划金额 | | | 实际金额 | | |
|---|---|---|---|---|---|---|
| 直接材料 | 110 | | | 102 | | |
| 直接人工 | 48 | | | 50 | | |
| 制造费用 | 38 | | | 36 | | |
| 合计 | 196 | | | 188 | | |
| 主要技术经济指标 | 计划 | | | 实际 | | |
| | 数量 | 单价 | 金额 | 数量 | 单价 | 金额 |
| 1. A材料 | 10kg | 8 | 80 | 10kg | 7 | 70 |
| 2. B材料 | 7.5kg | 4 | 30 | 8kg | 4 | 32 |
| 3. 人工费用 | 5工时 | 9.6 | 48 | 4工时 | 12.5 | 50 |
| 4. 制造费用 | 5工时 | 7.6 | 38 | 4工时 | 9 | 36 |

要求：逐一分析甲产品各成本项目变动对产品单位成本的影响。

# 参考文献

1. 中国注册会计师协会编:《财务成本管理》,中国财政经济出版社,2016 年版。

2. 中国注册会计师协会编:《会计》,中国财政经济出版社,2016 年版。

3. 财政部会计司编:《企业产品成本核算制度(试行)讲解》,中国财政经济出版社,2014 年版。

4. 于富生、黎来芳、张敏主编:《成本会计学》(第六版),中国人民大学出版社,2013 年版。

5. 万寿义主编:《成本会计习题与案例》(第三版),东北财经大学出版社,2013 年版。

6. 刘爱荣,于北方主编:《新编成本会计》,大连理工大学出版社,2012 年版。

7. 乐艳芬主编:《成本会计》(第四版),上海财经大学出版社,2012 年版。

8. (美)威廉 · 莱恩,香农 · 安德森,迈克尔 · 马厄主编,《成本会计精要习题集》, 刘霄仑译,人民邮电出版社,2012 年版。

9. 刘相礼、王苹香主编:《成本会计实务与案例》,北京大学出版社,2012 年版。

10. 查尔斯. T. 亨格瑞主编:《成本与管理会计》(第 13 版),中国人民大学出版社,2010 年版。

**图书在版编目（CIP）数据**

成本会计学/曹庆华，刘芳主编．—2版．—— 济南：山东人民出版社，2008.8（2023.2重印）
ISBN 978-7-209-04539-1

Ⅰ．①成… Ⅱ．①曹…②刘… Ⅲ．①成本会计 Ⅳ．①F234.2

中国版本图书馆CIP数据核字(2008)第128385号

**成本会计学**

曹庆华　刘　芳　主编

主管单位　山东出版传媒股份有限公司
出版发行　山东人民出版社
社　　址　济南市市中区舜耕路517号
邮　　编　250003
电　　话　总编室（0531）82098914
　　　　　市场部（0531）82098027
网　　址　http://www.sd-book.com.cn
印　　装　济南万方盛景印刷有限公司
经　　销　新华书店

规　　格　16开（180mm×240mm）
印　　张　16.5
字　　数　300千字
版　　次　2016年9月第2版
印　　次　2023年2月第14次
ISBN 978-7-209-04539-1
定　　价　30.00元

如有印装质量问题，请与出版社总编室联系调换。